U0113752

新视角读
「二十六史」

新视角读

汉书

宋玉山 著

中国文史出版社

图书在版编目（CIP）数据

新视角读汉书 / 宋玉山著. —北京：中国文史
出版社，2023.3
（新视角读"二十六史"）
ISBN 978-7-5205-4055-1

Ⅰ.①新… Ⅱ.①宋… Ⅲ.①《汉书》–研究
Ⅳ.①K234.104.2

中国国家版本馆 CIP 数据核字（2023）第 061772 号

责任编辑：金　硕
策　　划：金　硕　曲童利

出版发行：中国文史出版社
社　　址：北京市海淀区西八里庄路 69 号　　邮编：100142
电　　话：010 – 81136606/6602/6603/6642（发行部）
传　　真：010 – 81136655
印　　装：北京温林源印刷有限公司
经　　销：全国新华书店
开　　本：787mm × 1092mm　1/16
印　　张：18.25
字　　数：263 千字
版　　次：2024 年 1 月北京第 1 版
印　　次：2024 年 1 月第 1 次印刷
定　　价：66.00 元

总序　历史是最好的老师

魏礼群

习近平总书记多次强调指出，"历史是最好的老师，它忠实记录下每一个国家走过的足迹，也给每一个国家未来的发展提供启示。""领导干部要多读一点历史，从历史中汲取更多精神营养。"

历史是人民创造的。历史经验是社会发展规律的体现和反映，是人类长期生活的总结和升华，是现代人民用来对照的一面明镜。欲知大道，必先知史。学习历史，可以观成败、鉴是非、知兴替、明规律，可以以史资政、修身励志、汲取力量、创造人生。

我党历来重视历史。我党历代领导人都善于把历史经验运用到中国革命、建设和改革的实践当中，都强调领导干部要多学习一些历史知识。在新的历史时期，要实现中华民族伟大复兴的中国梦，更需要我们用好历史这个最好的老师，遵循规律、明确方向、坚定道路、凝聚共识，去书写新的历史，创造新的辉煌。

尊重历史也是中华民族的优良传统。中国历史源远流长，旷古悠久。从黄帝时代开始，中华民族有着五千年的文明史，经历了若干个朝代。一般来说，每个朝代都有为前一个朝代撰修史书的传统，经过官方撰修或认可的史书，称为正史。

清朝乾隆皇帝将《史记》《汉书》《后汉书》《三国志》《晋书》《宋书》《南齐书》《梁书》《陈书》《魏书》《北齐书》《周书》《隋

书》《南史》《北史》《旧唐书》《新唐书》《旧五代史》《新五代史》《宋史》《辽史》《金史》《元史》《明史》等二十四部史书，钦定为"二十四史"。民国时期，大总统徐世昌又把《新元史》列入正史，形成了"二十五史"。但"二十四史"和"二十五史"都只写到明代，如果再加上记载清朝历史的史书，就应该是"二十六史"。

正史是由官方修撰或认可，尤其是由后面的朝代完成的，史料比较全，真实性比较高，史实价值比较大，因而是历史研究中的主要参考依据。由于这些正史数量繁多，语言晦涩，除了专业人员外，很少有人能够通读下来。

"新视角读'二十六史'丛书"，对这些数量繁多的史书，做了精心挑选和简化概括，并有作者读史后的认识和体会，创作形成了一篇篇简明扼要的故事，以新的形式呈现给读者。这些故事，既独立成章，又相互联系、脉络清晰，能使人们大致了解历史进程、重大事件和主要人物。该书语言简练，通俗易懂，适合大部分人群，中学生阅读也没有问题。特别是该书站在现代社会的角度，以新的视角分析看待历史，有许多新观点、新见解，能够给人以启发和借鉴。因此，我认为，撰写"新视角读'二十六史'丛书"，是一项很有意义的工作。

我感觉，"新视角读'二十六史'丛书"的基本特点，是"忠于原著，丰富史料；以史为鉴，启迪人生"。

所谓"忠于原著，丰富史料"，是指作者撰写的每一篇历史故事，都是根据原著的记载写成的，都有史料依据，没有进行虚构。为了增强可读性，在语言细节方面做了适当的文字加工，但主要内容都是原著所提供的。同时，在忠于原著的基础上，为了使一些历史事件和历史人物更加丰满，也适当增加了一些其他史料，增添的史料也是有依据的。该书一个显著特点，就是史料丰富、知识点多、信息量大，能够让人开阔视野，增长知识。

所谓"以史为鉴，启迪人生"，是指作者创作历史故事的目的，是为了借鉴历史经验，服务于现代社会。所以，作者站在历史唯物主义和辩证唯物主义的立场上，辩证地、一分为二地看待历史现象，并且在故事的过程中，或者在故事的结尾，往往有着哲理性的评论和观点，给人以有益的启迪。我们学历史的目的，不仅是要了解历史知识，更重要的是要通过汲取历史经验和教训，对我们的工作和生活有所启发和借鉴。该书较好地做到了这一点，这是该书另一个显著的特点。

　　作者曾经是我得力的部下，我对他十分熟悉和了解。作者勤奋好学，长期从事政策研究和文字工作，理论素养和文字功底较好；先后在乡、县、市、省、国家五个层级工作过，有着丰富的阅历和实践经验；做事严谨，为人厚道，工作勤勉。尤为难能可贵的是，他把退休作为第二生命的开始，退而不休，锲而不舍，继续为社会做贡献，其志可贵，精神可嘉！

　　希望该书能够使人借鉴历史经验，起到以史为鉴、激励人生的作用。

　　是为序。

　　（魏礼群，曾任国务院研究室主任、国家行政学院党委书记、中国行政体制改革研究会会长，现任中国国际经济交流中心常务副理事长兼学术委员会主任。）

前　言

　　《汉书》是中国第一部纪传体断代史，与《史记》一样，在历史上占有重要地位。《汉书》有一百篇，八十多万字，内容繁多，语言晦涩难懂，笔者经过精心挑选和概括，撰写了七十四篇故事，每篇都独立成章，又相互贯通，以新的形式呈现给读者。

　　《新视角读汉书》的主要特点，是"忠于原著，丰富史料；以史为鉴，启迪人生"。每篇故事，都以《汉书》内容为依据，不进行虚构，同时又增加了一些其他史料，形成知识点多、信息量大的特点。笔者写作的初衷是，不仅让读者了解历史知识，而且通过汲取历史经验教训，对我们的人生有所启迪。所以，在叙述故事过程中，或者在故事的结尾，往往有一些个人的评论和观点，希望对读者有些益处。

　　《新视角读汉书》还提出一些新的观点和看法。比如对王莽的评价，笔者认为他是严于律己的正人君子，是可圈可点的历史人物。另外，《刘邦功绩大于秦始皇》《"七国之乱"应能避免》《匈奴也是炎黄子孙》《龙城飞将应是卫青》等篇，也有一些个人的观点。这些观点不一定正确，敬请读者批评指正。

　　笔者将继续撰写《新视角读后汉书》，希望读者给予指导帮助。

目录

《汉书》并非班固一人所著

　　《汉书》，是继《史记》以后又一部影响巨大的史学著作。提起《汉书》，大家都知道，那是东汉时期班固写的。然而，这部重要史书，并不是班固一个人完成的，而是经历了复杂曲折的过程，凝聚着许多人的心血。当然，主要的作者是班固。

　　班固，生于公元32年，是东汉时期扶风人，扶风今属陕西。班固出身于儒学世家，他的祖辈和父辈，都是有名的学者。

　　班固自幼接受良好的教育和熏陶，加上他聪明好学，九岁就能作诗写赋，十六岁时进入洛阳太学学习。太学是当时国家的最高学府，班固在这里如鱼得水，刻苦学习各种经书典籍，在知识的海洋里快意翱翔。但好景不长，班固的父亲班彪不幸去世，全家生活陷入困境，班固只好从京城洛阳迁回扶风老家居住。由京城官宦之家沦为乡里平民，无疑是对班固的沉重打击。但他并不气馁，而是继续博览群书、钻研学问，并且继承父亲未竟的事业，开始撰写《汉书》。

　　后来，班固被召入朝，授予"兰台令史"，属于低级官员。班固工作勤勉，修撰史书，但长期得不到升迁，主要原因是没有靠山。在班固五十多岁时，终于靠上了窦宪这棵大树。窦宪，是皇后的哥哥，有权有势，恰巧他也是扶风人，与班固是同乡。窦宪任大将军，率军攻伐匈奴，班固决定投笔从戎，依附窦宪，出征匈奴，博取功名。窦宪对班固还不错，任命他为中护军，参与军中谋议。没想到，这个靠山并不牢靠，窦宪居功自傲，密谋叛乱，事发身死。班固受到牵连，被捕入狱，又被小人陷害，死于狱中，终年六十周岁。

　　班固投笔从戎，未得善终，但他的弟弟班超，投笔从戎却大获成功，被传为千古佳话。班固虽然没有武功，但文学成就照样流传千古。他是"汉赋四大家"之一，他写的《两都赋》天下闻名，被列入《文选》第一篇。他编辑撰成的《白虎通义》，集当时经学之大成。班固被公认为是历史上著名的史学家、文学家和经学理论家。当然，他最大的成就，还是编撰了《汉书》。

《汉书》最早是班固的父亲开始写的。班固的父亲叫班彪，班彪出身于显贵之家，家世儒学，造诣颇深，当过县令，后入朝为官。班彪既有高才又好写作，专心在史籍方面下功夫，许多人拜他为师。当时，司马迁的《史记》已经流传，但《史记》只写到汉武帝太初年间，于是，不少文人为《史记》编写续篇。班彪精通史籍，对这些续篇感到不满意，他根据自己收集的史料，撰写了《史记后传》六十余篇。这既是《汉书》的开端，也为《汉书》的完成奠定了坚实基础。可惜，班彪只活了五十二岁，就患病死在任上。

班彪死后，班固无奈回到老家。他决心继承父亲遗志，利用父亲留下的史料和家藏的丰富图书，正式开始了撰写《汉书》的生涯。当时，班固只有二十多岁，经过七八年的苦心撰写，《汉书》取得很大进展。不料，祸从天降，有人上书告发他"私修国史"，班固被投入狱中，书稿也被查抄。当时，"私修国史"罪名很重，有人为此被判死刑，班家上下一片恐慌。

班固的弟弟班超，虽然年少，但有勇有谋，敢作敢为，他单人独马直奔京城，找汉明帝去告御状。所幸汉明帝召见了他，班超抓住机会，口若悬河，大谈父兄两代几十年修史的功劳和辛苦，大讲修史的目的是为了宣扬汉德，说得汉明帝动了心。汉明帝把查抄的书稿调来一看，果然是宣扬汉德，对汉朝的统治只有好处，没有坏处，于是下令释放班固，并调他入朝，授予官职，让他继续写《汉书》。

班固由私撰《汉书》到奉诏修史，是一个重大转折，皇宫中又有大量史籍可用，真是因祸得福。汉明帝对班超的勇气和辩才也十分欣赏，这为他日后投笔从戎，出使西域，功成封侯打下了良好的基础。

从此，班固在朝中潜心修史长达二十余年。除了写《汉书》，他还奉诏修撰光武帝一朝的史事，形成《世祖本纪》、列传、载记等二十八篇。班固修《汉书》，旷日持久，虽然得到皇帝和一些人赏识，但长期没有升迁，仍然是个小官。班固渴望建功立业，便投靠了窦宪，不料反受牵连，入狱身死。

班固死时，《汉书》主体部分已经写完，但"八表""天文志"等尚未完成，而且篇章散乱。于是汉和帝刘肇命班固的妹妹班昭继承父兄遗志，继续撰写"八表"。班昭的门生马续补写"天文志"。

班昭，是东汉有名的才女，她当时年纪也不小了，但不辞劳苦，长年累月在藏书阁阅读史籍，整理、核校父兄遗留下来的散乱篇章，并补写了"八表"。此外，她在传播、教授《汉书》方面，也颇有贡献。

《汉书》经过班彪、班固、班昭、马续四人之手，历时三四十年才最终完成，可见过程之艰难。该书共八十多万字，一百篇。其中，纪十二篇，主要记载西汉帝王的事迹；表八篇，主要记载西汉人物事迹；志十篇，专述典章制度、天文、地理以及各种社会现象；传七十篇，主要记载各类人物的生平以及少数民族的历史。《汉书》史料丰富翔实，特别是有大量原始史料，凡是研究西汉历史的，无不以《汉书》作为基本史料。《汉书》在中国史学界具有十分重要的地位。

《汉书》，是中国第一部纪传体断代史，记述了自公元前206年到公元23年共230年的史事。因为《汉书》记载的是西汉一代的史实，所以叫断代史；而《史记》贯通多个时代，所以叫通史。《汉书》开创了断代史之先河，以后各朝代的正史，都沿袭《汉书》的体裁。《汉书》与《史记》一样，对后世影响很大。

《汉书》是在皇帝的支持下完成的，因而不可避免地表露出美化皇权和封建正统的思想，也流露出封建神学思想。但总体来说，《汉书》仍然不失为一部伟大的史学著作和文学著作。

《汉书》的形成过程告诉我们：任何一项大的事业，都要经历磨难曲折和很多人的不懈努力，轻轻松松，是干不成大事的。

西汉王朝兴衰历程

西汉，公元前 202 年至公元 8 年，是中国发展史上一个黄金时期，史学界有"汉强唐盛"的说法。西汉王朝从建立，到兴盛，再到衰亡，总共二百一十年的时间，历经十五位皇帝，如果不算几个小皇帝，也有十二帝之说。

西汉建都在西边的长安，所以叫西汉，也称前汉。王莽篡位后，刘秀恢复汉室，定都在东边的洛阳，被称为东汉，也叫后汉。

《汉书》记述了西汉二百多年波澜壮阔的历史，许多经验教训值得后人深思。

《汉书》有纪十二篇，其中十一篇记载西汉皇帝的事迹，另一篇是《高后纪》，写的是吕后。

《汉书》第一篇，是《高帝纪》，记述的是开国皇帝刘邦。刘邦是历史上第一个平民皇帝，也是一位传奇人物。他出身布衣，胸有大志。在秦末农民起义大潮中，他起兵反秦，很快成为反秦主力之一。他趁项羽与秦军主力决战之际，率军西征，直捣咸阳，灭了秦朝，被封为汉王。随后，他与项羽争夺天下，打了四年多仗，最终灭了项羽，于公元前 202 年建立汉朝，当上皇帝。

称帝后，他又用六七年时间，平定诸侯叛乱，铲除异己，巩固了西汉政权，彻底结束了长达数百年的战乱，真正实现了国家统一。刘邦是杰出的政治家、谋略家，是汉民族的伟大开拓者，他对中国社会进步，对汉民族和汉文明的形成发展，做出了卓越的贡献。

刘邦六十一岁去世，十六岁的嫡子刘盈继位，就是汉孝惠帝。西汉奉行以孝治国，除刘邦外，皇帝谥号中都带有孝字，后人常予以省略。汉惠帝个性仁柔，朝廷大权实际掌握在母亲吕后手里。刘盈在位七年，二十三岁便抑郁而终。

吕后为了控制朝政，先后立了刘盈的两个幼子当皇帝，被称为前少帝和后少帝。这两个幼儿皇帝，史学界一般不予承认。皇帝太小，不能理政，吕后干脆从幕后跳到前台，临朝称制，直接发号施令。吕后遵照刘邦遗嘱，先后任萧何、曹参、王陵、陈平为丞相，医治战争创伤，废止严刑峻法，减轻赋税，推动了经济社会发展。在这方面，吕后做出了贡献。但是，吕后为人心狠手辣，残害刘氏子弟，大封诸吕为王。吕后死后，丞相陈平和太尉周勃等人发动政变，一举荡平诸吕，拥戴刘邦的四子刘恒当了皇帝。

刘恒，就是大名鼎鼎的汉孝文帝。他和儿子汉孝景帝一起，开创了我国历史上第一个治世，被称为"文景之治"。刘恒本来没有当皇帝的想法，他母亲不受刘邦宠爱，娘儿俩在偏远的代国生活了十几年，远离政治中心和宫廷斗争，清心寡欲，默默无闻。大臣灭掉诸吕势力后，想找一个老实巴交的人当皇帝，刘恒就被看中了。

其实，刘恒具有雄才大略但却深藏不露，他登基后采取一系列措施，推动西汉王朝迅速兴盛。在治国理念上，明确实行"黄老之术"，清静无为，与民休息；在政治上，削弱诸侯王势力，巩固中央集权；在司法上，废除酷刑，实行轻刑慎罚；在经济上，轻徭薄赋，鼓励农耕，兴修水利；在外交上，缓和与匈奴等民族的关系。汉文帝本人，则宽厚仁孝，带头节俭，甚至亲自下田耕作。汉文帝被誉为历史上最好的皇帝之一。

汉文帝在位二十三年，四十七岁病逝。他死后，儿子刘启继位，就是汉孝景帝。汉景帝也是个幸运儿，他本来排行老五，没想到前头的四个哥哥全都病死了，他就成了老大，顺利接班当了皇帝。汉景帝继续推行父亲的治国政策，促进西汉王朝进一步繁荣。

汉景帝的另一个重要贡献，是平息了"七国之乱"，基本消除了诸侯王对中央政权的威胁。通过"文景之治"，西汉经济得到根本好转。当时国库里的粮食吃不完，都发霉长毛了，串铜钱的绳子也腐烂了，人口由汉初一千三百万增加到三四千万，这为汉武帝征伐匈奴奠定了坚实的物质基础。

汉景帝在位十六年，四十八岁病逝。他死后，皇十子刘彻继位，就是赫赫有名的汉孝武帝。当时，西汉建立已经六十多年了，天下安定，经济繁荣，百姓富裕，汉武帝便改变了长期实行的与匈奴和亲政策，武力征伐匈奴。他在位五十四年，与匈奴的战争就打了四十多年，最终消除了匈奴对西汉政权的威胁。同时，降服西域，收复南越，远征大宛，开疆拓土，奠定了中华版图的基础。

汉武帝在各个领域均有建树，他颁布"推恩令"，把诸侯王的势力消弭于无形之中，使中央集权空前强大；他"罢黜百家，独尊儒术"，使儒家思想统治中国封建社会长达两千多年；他开辟丝绸之路，使大汉威名传播海外。所谓"汉强"，主要体现在汉武帝时期。汉武帝是历史上最杰出的皇帝之一，他推动西汉王朝达到顶峰。

然而，自然规律表明，达到顶峰以后，就要走下坡路了。由于汉武帝穷兵黩武，好大喜功，造成国库空虚，经济滞缓，民众不堪重负，在西汉王朝强盛的背后，隐藏着许多危机和忧患。汉武帝在晚年的时候，已经认识到这一点，他专门下了一道"罪己诏"，表明要停止军事行动，不再增加民众负担，努力发展农耕生产，可惜，他已经没有时间纠正错误了。汉武帝在位五十四年，活了七十岁，是历史上在位时间和寿命均较长的皇帝之一。

汉武帝临终时，嘱托霍光等人作为辅政大臣，辅佐自己八岁的儿子汉孝昭帝，然后带着无限遗憾离开了人间。霍光是霍去病同父异母的弟弟，在汉武帝身边兢兢业业服侍二十多年，从没出过差错。霍光不负重托，忠实执行汉武帝晚年的政策，重新实行休养生息，鼓励农耕，缓和外部关系，使国力得到恢复。汉昭帝只活了二十一岁，还没有亲政就死了。

霍光立汉武帝的孙子刘贺当皇帝。刘贺当时是昌邑王，已经十八九岁了，还特别贪玩。刘贺当皇帝只有二十七天，霍光看他不顺眼，把他废了，又立了汉武帝的曾孙刘询为帝，就是汉孝宣帝。刘贺在史学界也不被承认。

汉宣帝，也是一位大有作为的皇帝。他是汉武帝太子刘据的孙子，因巫蛊之祸，他爷爷和父亲都被杀了，他当时还在襁褓之中，也被投入监狱，差一点被杀，后来流落民间。因此，汉宣帝深知民间疾苦，登基后励精图治，关心民生，发展生产，达到政治清明，社会和谐，经济繁荣，四夷宾服，被称为"昭宣中兴"，西汉王朝再次兴盛起来。

汉宣帝在位二十五年，四十三岁病逝。他死后，嫡长子刘奭继位，就是汉孝元帝。汉元帝没有经历过父亲那样的磨难，自小受到良好的教育，不料读书读成了书呆子。汉宣帝见儿子缺乏治国能力，叹息着说："乱我家者，太子也！"由于刘奭的母亲许皇后与汉宣帝感情很深，汉宣帝最终没有忍心更换太子，只是临终前安排了三个大臣辅佐他。

汉元帝多才艺，善史书，通音律，好儒学，但为人柔弱，致使大权旁落，朝政混乱，西汉王朝从此走向衰落。汉元帝时期最出名的事，是王昭君出塞；汉元帝最大的失误，是娶了王政君做皇后。王政君是王莽的姑妈，王莽是王政君扶持上台的。

汉元帝在位十六年，四十二岁时死去，他和王政君生的嫡子刘骜继位，就是汉孝成帝。王政君当了皇太后，开始干预朝政，她的哥哥、弟弟、侄子都被封侯，朝廷大权尽在王家掌握之中。

汉成帝则不爱江山爱美人，荒淫无度，特别宠爱赵飞燕、赵合德姐妹俩，结果突然发病，竟然死在赵合德怀里，做了风流鬼。汉成帝在位二十五年，四十四岁去世。成帝时期，西汉王朝每况愈下，更加衰败。

汉成帝没有儿子，皇位只好由侄子刘欣继承，就是汉孝哀帝。汉哀帝比起汉成帝来，有过之而无不及，更加荒淫无道。他不爱江山爱男宠，与董贤大搞同性恋，达到匪夷所思、登峰造极的程度。由于贪色纵欲，汉哀帝在位六年、年仅二十四岁就风流死了。汉哀帝是西汉王朝事实上的最后一个皇帝，因为他之后的两个皇帝，都是幼儿，只是挂名而已，大权落在王莽手里，西汉王朝实际上已经名存实亡了。

王莽，饱读诗书，崇尚儒学，为人谦恭有礼。入朝做官后，在姑妈王政君的关照下，步步高升，汉成帝时期就当了辅政大臣。汉哀帝为了扶持自家势力，把他免官，王莽在家闲居了几年。哀帝死后，王政君立了汉元帝九岁的孙子刘衎当皇帝，被称为汉孝平帝，让王莽回朝重新当了辅政大臣。

从此，王莽独揽朝纲，大力培植个人势力，滋生了篡汉野心。汉平帝十四岁时病死，王莽为了便于控制，立了只有两岁的刘婴，被称为孺子婴，自己代行皇帝职权，称为"假皇帝"。两年之后，王莽觉得当假皇帝不过瘾，干脆当了真皇帝，于公元8年，取消了汉朝称号，定国号为"新"。二百一十年的西汉王朝，就这样静悄悄地消失了。

纵观西汉历史，刘邦用七年时间，创立了汉朝，中间经过"文景之治""汉武盛世""昭宣中兴"，数度兴盛，推动中国社会迅速发展。然而，从汉元帝开始，经过元帝柔弱、成帝享乐、哀帝荒诞，只用四十多年时间，就迅速灭亡了。

《左传》中有一句名言，说一个王朝，"其兴也勃焉，其亡也忽焉"，西汉王朝就是一个很好的例证。西汉王朝的兴衰历程表明：封建王朝的兴衰，关键取决于统治者。皇帝贤明，则国家兴盛；皇帝昏庸，则国家衰亡。

刘邦怎样从平民到皇帝

刘邦，本是一介平民，文不出众，武不压人，却通过三年反秦，被封汉王；又经过四年楚汉战争，荣登皇帝宝座，这在历史上实属罕见。那么，刘邦是怎样实现从布衣到天子华丽转身的呢？

《汉书》记载，刘邦是沛丰邑中阳里人。他不爱读书，不爱劳动，整天游手好闲，喜欢交友、喝酒和女色。他常到酒馆赊酒喝，喝醉了倒地就睡。后来，刘邦谋了一个亭长的差事，负责十里范围内的治安，虽然算不上官，但能同县里的官吏打交道，也能为交友提供便利，他还是挺高兴的。刘邦为人豁达豪放，朋友不少，萧何、曹参、夏侯婴等人，都是他的好朋友。

有一次，刘邦出差到咸阳，偶然碰见秦始皇的车队，只见前呼后拥，十分威风。刘邦不由得感叹道："大丈夫当如此矣！"此时的刘邦，可能还没有当皇帝的念头，但干一番大事业、出人头地的志向，已经显露出来了。

可是，刘邦不仅没有出人头地，反而由亭长变成了逃犯。原来，刘邦奉命押送徒役去骊山，刚走不远，徒役就跑了一大半。刘邦心想：此去骊山有千里之遥，到了那里，徒役恐怕都跑光了，这按秦朝法律是要治罪的。于是，走到丰西泽中亭这个地方，刘邦下令停下，召集大家喝酒。酒酣之时，刘邦说："去骊山服劳役，九死一生。我不忍心看你们受苦，都逃命去吧。"徒役大受感动，磕头谢恩。有十余人佩服刘邦的仗义和勇气，自愿跟随，刘邦就带着他们藏到芒县、砀县的山泽之中。

山泽中生活很苦，刘邦的妻子吕雉常去送些衣服食物。山林很大，刘邦他们又飘忽不定，但吕雉每次都能准确找到他们。众人惊诧，吕雉故作神秘地说："刘邦头顶上空有团云气，顺着云气找，一准能找到。"消息传开，大家认为刘邦不是凡人，纷纷前来投靠，很快聚集了数百人。吕雉的话肯定不是真的，大概是夫妻俩演的"双簧"。

泽中亭纵徒，表现出刘邦为人豪爽仗义，也表明他已经意识到：天下苦秦久矣，秦朝的统治可能不会长久。所以，他并不甘心埋名藏匿，而是与吕雉合演"双簧"，暗中积蓄力量，等待时机。

机会很快就来了。陈胜、吴广揭竿起义，犹如一道闪电，划破秦朝黑暗统治的夜空。各地纷纷响应，杀掉郡守、县令。沛县县令害了怕，为求自保，也想起义，找县府官吏萧何、曹参商量。

萧何、曹参说："您是秦朝任命的官员，恐怕难以服众，不如召流亡在外者，可得数百人，用以要挟众人，众人就不敢不听了。"流亡在外者，明显就是指刘邦。

县令当时六神无主，点头答应了，赶快派樊哙去请刘邦，樊哙是刘邦的连襟。过后，县令回过味来，心想，刘邦来了，能听他的吗，岂不是引狼入室？县令明白了这是萧何、曹参的圈套，于是，一边下令诛杀他俩，一边关闭城门，拒绝刘邦入城。萧何、曹参早有防备，逾城逃跑，去找刘邦。刘邦率众来到城下，并不急于攻城，而是用箭向城内射去书信，号召城中百姓起义。城中百姓群起响应，杀了县令，大开城门，迎接刘邦。

县令已死，城中父老想推举一名县令。萧何、曹参本是县吏，威信也高，但他俩都怕举事不成，会遭灭族之祸，于是极力推荐刘邦当头。刘邦谦让一番后，答应了，号称沛公，招募沛县子弟三千人，举兵起义。当时，刘邦已经四十八岁，早已不是"热血青年"。这表明，刘邦的胆略和见识，高于萧何和曹参，萧、曹两人只能做臣子，刘邦才能当君主。

刘邦起义之初，并不顺利。他派雍齿守丰邑，自己领兵去攻城略地，扩大地盘。雍齿是当地豪强，虽然参加了刘邦的起义军，但从心里看不起他，恰逢魏国来招降，以封侯相许，雍齿就投靠了魏国。

刘邦闻之大怒，丰邑是他的老家和大本营，岂能丢失？于是回兵攻打，但没有打下来。刘邦不甘心，整顿兵马二攻丰邑，结果仍然失败，刘邦气得大病一场。这时，项梁率起义军到来。项梁名气大，人多势众，刘邦便投靠了他。项梁给了刘邦五千士兵和十名将领，于是，刘邦率军第三次攻打丰邑。雍齿抵挡不住，逃到魏国去了。雍齿后来又归降了刘邦，刘邦虽然对他恨之入骨，却没有为难他，还把他封了侯。三打丰邑，表现了刘邦不怕挫折、不达目的誓不罢休的性格。

刘邦投靠项梁以后，实力大增。项梁对刘邦很器重，让他和侄子项羽一起领兵作战。项羽当时二十多岁，血气方刚，勇猛无敌，刘邦则稳重多谋，两人并肩作战，配合融洽，打了许多胜仗，同被封侯。

项梁死后，楚怀王仍然器重刘邦，但忌惮项羽。他任命刘邦为主将，率军西征，直取咸阳，而让项羽当宋义的副职，北上救赵，然后再进军咸阳，并约定，"先入定关中者王之"。项羽怀恨在心，杀了宋义，夺了军权，然后破釜沉舟，在巨鹿歼灭秦军主力，威名大振，诸侯惧服。

在项羽与秦军主力决战之时，刘邦独自率军西征。刘邦西征的过程，充分显示了他的政治远见、谋略胆识和应变能力。西征之初，十分顺利，先是打下了陈留，获得大批粮食，保证了军粮无忧；接着，在韩国连续攻克十几座秦军占领的城池，解救了处于危难之中的韩王成。

韩王成感激涕零，特命张良帮助刘邦西征。张良最早投靠的是刘邦，后来辅佐韩王成去收复韩国，但未能成功。刘邦带着张良继续西进，但越往西，秦兵越多，关口越险，开封就没有打下来。刘邦不愿意消耗兵力和时间，果断放弃了从函谷关进兵的计划，转而掉头向南，攻取南阳，意图进武关，绕到咸阳南边去。

这一招果然英明，南阳郡守毫无防备，只好开城投降。刘邦封他为侯，仍守南阳。刘邦严明军纪，秋毫无犯，沿途百姓纷纷称道，守城官员纷纷投降，刘邦很快攻占武关，进入秦地。秦王子婴慌忙派兵据守峣关。刘邦听从张良之计，奇袭峣关，然后在蓝田一带两战两捷，大败秦军。子婴再也无兵可派，只好投降了。刘邦兵不血刃，进入咸阳，秦朝从此灭亡。

刘邦本是个乡巴佬，进入皇宫，看到富丽堂皇，又有大批天仙般的美女，眼睛都直了，就想住在皇宫不走了。樊哙、张良进行劝阻，刘邦心里也明白，要想得到天下，必须克制私欲，于是，咬咬牙，仍回霸上军营居住。

刘邦与关中父老"约法三章"，宣布废除秦朝的严刑峻法，秦朝官吏一律留用，还婉言谢绝百姓送来的牛羊酒食，因而大得民心，关中百姓唯恐刘邦不当关中王。刘邦在得意之时，也犯了一个错误，他派兵守住函谷关，意图阻挡项羽。

项羽在巨鹿歼灭秦军主力后，率领诸侯进军咸阳，得知刘邦捷足先登，心里不爽，又见刘邦派兵守住函谷关，更是恼火，干脆直接打了进去，大军直抵鸿门，距霸上只有四十里。

这时，刘邦的左司马曹无伤派人来告密，说刘邦想当关中王，让子婴为相，珍宝都据为己有。项羽的谋士范增也进言，说刘邦本是贪财好色之人，但入咸阳后能克制私欲，可见其志不小。项羽犹如火上浇油，下令明天进军，灭了刘邦。当时项羽军队有四十万，刘邦只有十万，刘邦危在旦夕。

在这危急时刻，刘邦的救星出现了。项羽的叔叔项伯与张良是好朋友，他连夜来到刘邦军营，要带张良走。张良赶紧将这十万火急的军情告诉了刘邦。刘邦大惊，但没有办法，只好先说谎话化解危机。刘邦再三向项伯解释，说自己绝没有二心，日夜盼望项羽来，又许诺与项伯结为儿女亲家。项伯相信了，回去劝说项羽，使刘邦在鸿门宴上虎口脱险。然后，刘邦委曲求全地接受了"汉王"封号，率众去了巴蜀之地，并烧毁栈道，表示无意东返。

刘邦志在天下，岂能久居汉中。他在萧何的极力推荐下，拜韩信为大将军，暗度陈仓，直取关中。刘邦在关中深得民心，只用几个月时间，就打败项羽封的三王，平定三秦。然后，趁着项羽在齐国打仗的机会，留萧何镇守关中，自己率大军出关，与项羽争夺天下去了。

刘邦东征，可不是说为了争夺天下，而是打出了一面为义帝报仇的正义大旗。原来，项羽分封时，把楚怀王尊奉为"义帝"，后来派人把他杀了。义帝是各诸侯王名义上的共主，项羽犯下了弑君大罪，所以刘邦师出有名。

刘邦联络了五个诸侯王，组织了五十六万联军，浩浩荡荡，长驱直入，一举攻占了项羽国都彭城。项羽见老巢丢失，急忙从齐国率三万精兵回救。刘邦轻敌，联军又是乌合之众，结果被打得落花流水，诸侯纷纷背汉降楚。彭城之战，刘邦惨败，他的"速胜"破了产，只好退守荥阳、成皋一带，与项羽打起了持久战。

经过彭城之战，刘邦头脑清醒了，他做出了正确的战略部署：一方面，派韩信率军北伐，攻取魏、代、赵、燕、齐等地，意图绕到项羽背后；一方面，联络彭越，策反黥布，让他们在项羽后方断其粮道，攻打城池，不断骚扰；他自己则在荥阳、成皋一带坚守，意图拖住和消耗项羽主力。刘邦就像高明的棋手，运筹帷幄，巧妙布局。

荥阳对峙了好几年，刘邦打得很艰苦，屡战屡败，几次遇到危险，还被射了一箭，身负重伤。然而，刘邦却是屡败屡战，靠着萧何从关中源源不断送来的兵员和物资，苦苦支撑。从局部来讲，项羽强大，刘邦处于劣势，但从全局来看，只要韩信绕到项羽背后，就会稳操胜券。

果然，韩信凭借出色的军事才能，连续夺取北方大片土地，最后攻占齐国，威胁彭城。项羽撑不住了，只好议和东返。刘邦却不肯罢休，乘胜追击，与韩信、彭越等人会合，合围项羽于垓下，项羽兵败自杀，大好河山全部落入刘邦之手。

刘邦灭了项羽之后，等不及班师回朝，于公元前 202 年，在山东定陶举行了登基大典，当上皇帝，定国号为汉，开创了二百多年的西汉王朝。

刘邦从一个平民，只用七年时间，就登基称帝，有人说他幸运，有人羡慕不已。然而，刘邦成功的背后，是巨大的代价和付出。刘邦一生，经历大战七十次、小战四十次，多次负伤遇险，呕心沥血，千辛万苦。所以，我们在看到刘邦成功的同时，更应该看到他的付出。有付出就会有收获，付出越多，收获就越大。

五十六万人打不过三万

刘邦的称帝之路，艰难曲折。他多次吃败仗，败得最惨的一次，是彭城之战，五十六万大军竟然被项羽三万人打败，而且伤亡惨重。有人据此指责刘邦无能，其实，彭城大败的原因是复杂的。

《汉书》记载，刘邦平定三秦以后，出关东征，夺取天下。大军走到洛阳，一位老人拦住去路，号啕大哭。他告诉刘邦，说项羽杀了义帝，并且咬牙切齿说："项羽为无道，放杀其主，天下之贼也。"刘邦一听，觉得大有文章可做，马上也号啕大哭起来，而且是"祖而大哭，哀临三日"，表现得无比悲痛。然后，下令三军穿孝，为义帝发丧，同时昭告天下，发誓为义帝报仇。刘邦的东征大军，俨然成了讨伐无道的正义之师。

刘邦东征道路上，沿途有魏王、韩王、河南王、殷王、赵王等诸侯王。这些诸侯王，或因刘邦师出有名，或慑于刘邦军威，都表示愿意帮助他，去讨伐有罪之人。诸侯王的兵力加在一起，达五十六万之众。然而，这些诸侯王，大多是项羽封的，并非真的愿意与项羽为敌，而是各怀鬼胎。联军人数虽多，表面上看声势浩大，但缺乏统一指挥和协调，属于乌合之众，没有什么战斗力，所以不堪一击。

由于有沿途诸侯王的支持，刘邦东征没有遇到阻力，顺利抵达彭城。彭城，就是现在的徐州，是项羽的都城。项羽不是政治家，也不是谋略家，只是一介武夫。秦朝灭亡以后，项羽主宰天下，但他没有登基称帝，而是封了十八个诸侯王，自称西楚霸王，回到彭城。

不料，分封不久，诸侯之间开战，天下又乱，项羽四处忙着镇压，此时正率大军在齐国作战。由于彭城空虚，刘邦没费多大力气就打了下来。这胜利来得太容易了，刘邦得意扬扬，不由得飘飘然起来。刘邦这次进彭城，与当年入咸阳大不一样，他毫不客气地在楚宫住下，把项羽的美人和财宝都笑纳了，随后大摆宴席，庆贺胜利。将士也都飘飘然，天天置酒高会，欢呼畅饮。俗话说，骄兵必败，彭城之战未打，联军失败的命运就注定了。

项羽得知老巢被占，心中大怒，他留下大军继续在齐国作战，自己只带三万精兵回救彭城。项羽知道联军是乌合之众，对打败联军信心十足，他又善于以少胜多，当年巨鹿之战，他也是用数万之兵，击垮了秦军几十万主力。项羽打仗确实是把好手，他没有从东北方向攻击联军，因为东北方向是齐国，是项羽回兵的必经之地，刘邦可能会重点防御。项羽率军悄悄绕到彭城西南，趁其不备，于拂晓突然发起攻击。

联军还沉溺在胜利的喜悦之中，又在沉睡，毫无防备，顿时乱作一团。项羽士兵因家乡被占，家人不知死活，报仇心切，人人不惧生死，个个奋勇向前。项羽更是一马当先，喝声如雷，大刀闪过，人头滚滚。联军士兵大都在巨鹿之战中目睹过项羽神威，畏项如虎，人人胆肝欲裂，个个争相逃命，只恨爹娘少生了两条腿。兵败如山倒，联军士兵互相拥挤，自相践踏，落入睢水者不计其数，致使睢水断流，惨景不忍目睹。

刘邦不能约束部队，无法组织有效的抵抗，只好带领身边少数士兵落荒而逃。楚军很快追了上来，把刘邦团团围住。刘邦眼见厄运难逃，束手无策，仰天长叹。

突然，狂风大作，飞沙走石，天昏地暗，楚军大乱。刘邦趁机逃脱，身边只剩数十人。这大风刮得太及时了，看来是天不灭刘。刘邦一路西逃，路过沛县时，想带上家眷，不想家眷已经逃散，没有找到，结果刘邦的父亲、哥哥和妻子，都做了项羽的俘虏。

刘邦继续西逃，身边人更少了。路上恰巧遇见自己的一双儿女，就是后来的汉惠帝和鲁元公主，便载上他们一块儿逃命。楚军还在后面紧紧追赶，追兵越来越近，刘邦大急，为了减轻车子重量，狠狠心，把儿女推下车去。两个孩子大哭，夏侯婴不忍，跳下车把他们抱了回来，才使他们幸免于难。

刘邦的马车跑不过楚军骑兵，项羽的部将丁公追了上来，将刘邦截住，眼见刘邦在劫难逃了。刘邦从车上站起身，向丁公拱手施礼，说道："我们两个都是贤者，贤者之间怎么能互斗呢？"丁公沉吟一会儿，不知出于什么考虑，竟然放刘邦走了。等到刘邦灭了项羽、登基称帝时，丁公自认为对刘邦有救命之恩，跑去邀功。想不到刘邦却对大臣说："这小子，作为项王的臣子却不忠，致使项王失去了天下，你们不要学他。"下令把他杀了。

彭城大败，刘邦固然应负责任，但奇怪的是，刘邦的高级参谋张良、陈平，还有一批能征善战的将领，像曹参、周勃、灌婴、樊哙等人，都在彭城战场，却没有一人献计或提醒刘邦，是否也难辞其咎？可惜，韩信当时不在军中，他奉刘邦之命围攻废丘。如果韩信在，或许能避免彭城之祸。

彭城惨败，刘邦清醒了许多。他认识到，打败项羽，不是件容易事，也不能光靠他一个人。刘邦做了一个重大决定：拿出函谷关以东的土地，封赏给有功之人，激励他们合力共同对付项羽。

实施这一重大决策，是刘邦能够战胜项羽、得到天下的重要原因，这也算是因祸得福吧。

刘邦把封王当作手段

在封建社会，称王做侯，是很多人的梦想。一般来说，只有立有大功，才能得到君主封赏。而刘邦则不同，他把封王当作手段，作为诱饵，激励人们为他卖命，真是高招。

《汉书》记载，刘邦拜韩信为大将军以后，问韩信有什么办法夺取天下。韩信讲了几条，刘邦很欣赏，但有一条不合口味，那就是"以天下城邑封功臣"。刘邦本意，是要实行家天下的中央集权，舍不得把城邑土地分给别人。所以，平定三秦之后，刘邦并没有把城邑封给功臣，而是实行了郡县制，在关中设置了陇西、北地、上郡、渭南、河上、中地等郡。后来占领魏国以后，又把魏地设置为河东、太原、上党三个郡。这些郡县，当然都归中央直接管辖。

彭城惨败之后，刘邦迫于形势，决定拿出关东之地封王，以此为诱饵，激励人们的斗志。这是关系全局的一个重大决策，事实证明十分有效，也是刘邦成功的重要原因。

刘邦封的第一个王，是韩王信。韩王信与军事家韩信同名，为便于区别，人们称他为韩王信。韩王信原是韩国贵族，有勇有谋，在韩国有一定势力和影响。刘邦西征时，韩王信佩服刘邦，自愿追随，逐渐成为刘邦的亲信。韩国国君因为派张良帮助刘邦，引起项羽不满，项羽把他杀了，另封自己的老朋友郑昌去当韩王。郑昌不是当地人，没有根基，民心不服。

刘邦看准这个机会，对韩王信说："给你一支队伍，你去收复韩国吧，打下韩国，就封你当韩王。"这虽然是张空头支票，但韩王信很高兴，也特别卖力，马上回到家乡，利用他的势力和影响，与郑昌对抗。时间不长，韩王信打败郑昌，收复了韩国，刘邦就封他为王了。

刘邦封的第二个王，是张耳。张耳是汉初名人，属于贤能之士。刘邦在年轻时，与张耳就是好朋友，经常在他家一住就是几个月，后来又结为儿女亲家。张耳在陈胜起义时期，曾当过赵国丞相，在打败秦军、恢复赵国、拥立赵王等方面立有大功，在赵国名气很大、威望很高。在荥阳与项羽对峙期间，刘邦派韩信、张耳去攻打赵国。收复赵国以后，刘邦就封张耳为赵王。这对于安定赵国局势、稳定人心，再合适不过了。

刘邦为了尽快得到天下，积极招降纳叛，封官许愿。他规定，凡带领一郡人投降的，就封万户侯。那么，带领一国人投降的，像燕王臧荼、衡山王吴芮，自然仍然称王。黥布是项羽的部下，被项羽封为九江王，刘邦派人策反了他，当然要保留他的王位，被刘邦封为淮南王。至于刘邦集团的功臣，刘邦倒没有急于封赏。好在这些将领都明白，只要跟着刘邦打下天下，肯定会弄个王侯当当。但是，有一个人却沉不住气了，他就是功勋卓著的韩信。

刘邦在荥阳一带与项羽对峙，牵制项羽主力，派韩信北伐，夺取北方广大地区。韩信不负重托，几年时间，打下了魏、代、赵、燕、齐等国，可谓厥功至伟。韩信见刘邦已经封了好几个王了，还没有他的份儿，心里着急起来。打下齐国以后，他派使者给刘邦送去一封信，说："齐人狡诈多变，反复无常，请求把我封为假齐王，以便有效地治理齐地。"假齐王，就是代理齐王的意思，韩信公然伸手要王了。

刘邦一见书信，立时大怒，开口便骂："他娘的，老子困在这里，日夜盼他发兵，他却要当什么假齐王。"还没骂完，张良和陈平在桌底下各自踩了他一脚，刘邦顿时醒悟，这个时候，可不敢得罪韩信，于是继续骂道："这小子真没出息，男子汉大丈夫，要当就当真王，当什么假王？"刘邦立即封韩信为齐王，并且让张良亲自去宣布。刘邦虽然把韩信封了王，但心里不知道有多恼恨他呢。

楚汉战争打了四年，项羽已经支撑不下去了。刘邦想让韩信、彭越前来与自己会合，彻底消灭项羽，夺取最后胜利，但韩、彭二人却迟迟不肯前来。刘邦问张良是何原因，张良说："现在项羽败局已定，您马上就要得到天下了，但韩信、彭越却没有得到土地。韩信虽然被封为王，但心里不踏实，彭越则早就想当王了。"刘邦没有办法，只好故技重施，派使者对二人封官许愿，分封土地。此招果然很灵，二人很快就领兵前来，与刘邦一起，把项羽围歼于垓下。灭了项羽以后，刘邦封彭越为梁王，改封韩信为楚王。

就这样，在楚汉战争期间，刘邦为了鼓励人们卖命，一共封了七个异姓王。既然刘邦封王只是手段和诱饵，自然也是权宜之计。刘邦想要建立的，是家天下的中央集权制度。所以，他当皇帝以后，就陆续铲除了六个异姓王，同时，分封自己的儿子、弟弟、侄子等刘姓人为王，西汉王朝最终成了刘氏天下。

可怜那些功臣，多年征战，出生入死，只不过是刘邦夺取天下的工具而已。他们能与刘邦共同打天下，却不能共享天下。看来，只能共患难，不能同富贵，是所有封建帝王的通病。

刘邦能够得到天下，除了在封王方面有高招，在用人上也与众不同。刘邦用人的特点是：疑人也用，用人也疑，边用边疑。

刘邦用人也疑，疑人也用

许多人的用人之道，是"用人不疑，疑人不用"。而刘邦却与众不同，他是用人也疑，疑人也用，边用边疑。刘邦的这一用人特点，主要体现在"汉初三杰"身上。

"汉初三杰"，指的是张良、萧何和韩信。刘邦打败项羽之后，曾经在洛阳南宫大摆宴席，君臣畅饮。喝到高兴时，刘邦对大臣说："你们都说说，项羽为什么会失败，我为什么能得到天下？你们都要讲实话，不许哄老子。"

大臣高起、王陵抢先说："陛下待人粗鲁傲慢，项羽待人恭敬礼貌。但是，陛下能把城邑土地封赏给有功之人，与天下同利。而项羽，打了胜仗不给人功劳，得到土地不给人利益，所以失去天下。"

刘邦得意地说："你们说的只是其一，还有其二，你们不知道，那就是运筹帷幄之中，决胜千里之外，我不如张良；治理国家，安抚百姓，供给军饷，不绝粮道，我不如萧何；连百万之众，战必胜、攻必取，我不如韩信。三者皆人杰，我能用之，所以得到天下。而项羽有一范增却不能用，所以失败。"

《汉书》这段记述，与《史记》相同，作为千古佳话，流传至今，成为刘邦善于用人的标志。按常理来说，刘邦对"三杰"如此赞美，应该是非常信任、亲密无间吧，但事实却并非如此，刘邦对他们，始终怀有猜忌之心。

刘邦疑心最重的是韩信。韩信当大将军之后，曾向刘邦建议"以天下城邑封功臣"，要刘邦实行分封制。刘邦觉得韩信有当王的想法，就起了疑心，但韩信有军事奇才，打天下离不开他。于是，一方面让韩信独当一面，率军去攻占北方土地；一方面采取了"笼、防、压"三手，对他严加防范。

所谓"笼"，就是千方百计进行笼络，从情感上予以控制。刘邦把自己吃的美食，送给韩信吃，把自己穿的衣服，赠给韩信穿，关心得无微不至，表现得亲密无间。韩信出的计策，刘邦言听计从，显得十分倚重。韩信要当假齐王，刘邦很大方地封他当真齐王，还封给他一大片土地，以利益相诱惑。这使韩信感激万分，不忍背叛刘邦。

所谓"防"，就是严密防范，从行动上予以控制。韩信属于军事谋略家，善于出奇谋、用奇计，而冲锋陷阵不是他的强项。刘邦派给韩信的领兵将领，像曹参、灌婴等人，都是刘邦的心腹。这些人能征善战，勇猛过人，刘邦宁可自己在荥阳被项羽打得狼狈不堪，也没有让他们帮助自己，而是派到韩信身边。这些人对刘邦忠心耿耿，韩信指挥他们为刘邦攻城略地，他们自然奋勇向前；韩信若想背叛刘邦，他们岂能答应？

另外，韩信打下了魏国，刘邦马上设置了三个郡，直接归中央管理；韩信攻占了赵国，刘邦又封自己的亲家张耳当了赵王；韩信灭了齐国，刘邦命曹参镇守。韩信虽然打下了半壁江山，但却没有一块地盘属于自己，身边又没有心腹将领，靠什么反叛刘邦呢？

所谓"压"，就是及时压制韩信的势力，在力量上予以控制。韩信率军北伐，打下魏、代以后，刘邦立即把他的精兵调走，只留下数万老弱残兵。韩信确实是军事奇才，靠着这些弱兵，竟然打败了赵国。控制赵国以后，随即扩充、训练部队，很快又有了几十万精兵。这时，刘邦只带夏侯婴一人，凌晨突然来到韩信大营，趁韩信尚未起床，夺其印符，调兵遣将，又把他的精兵调走。韩信真不简单，时间不长，又训练出精兵三十万，打下了齐国，然后率兵在垓下灭了项羽。项羽死后，刘邦没有顾上回自己的营房，他做的第一件事，就是带领几十名骑兵，急驰入韩信军中，立即把他的军权夺了。

刘邦三次轻而易举地夺了韩信军队，是因为将领大都是他的人，说明他对军队有绝对的控制力。韩信是军事奇才，但玩政治和权术，远不是刘邦的对手。

就在刘邦夸赞韩信是"三杰"之一不到一年，刘邦设计将韩信擒获，降王为侯，押往京城，在自己眼皮子底下监视居住。六年之后，吕后设计把韩信杀害。刘邦听说韩信死了，《汉书》说"且喜且哀之"，《史记》说"且喜且怜之"。不管哀也好，怜也罢，都是"喜"字在前。刘邦从此不用再防范韩信了，自然喜上心头。

　　韩信原先是从项羽那边投过来的，不属于刘邦旧人，刘邦对他疑心，还情有可原。然而，萧何是刘邦年轻时的好朋友、铁哥们儿，忠心耿耿，刘邦照样怀疑他，也是边用边疑。

　　刘邦出关打天下，留萧何镇守关中。萧何日夜操劳，兢兢业业，把关中治理得很好。刘邦之所以能够与项羽对峙多年，主要原因是有关中这块巩固的根据地，有萧何源源不断地为他输送物资和兵源。但是，刘邦对萧何却越来越不放心。萧何立有大功，又有治国才能，深得关中民心，他若自立为王，刘邦可怎么办呢？毕竟在乱世之中，想当王的人太多了。刘邦没有别的办法，只好采取怀柔之计，经常派人去慰问萧何。

　　萧何起初并未察觉，直到有一天，有个叫鲍生的人对他说："您固然辛苦，但汉王在前线打仗更辛苦，他却经常派人慰问您，明显对您有疑心。"萧何这才恍然大悟，忙问怎么办。鲍生说："眼下没有别的办法，只有让您的亲人去当人质，才能消除汉王对您的怀疑。"萧何想了想，也确实没有更好的办法，于是狠下心来，把所有成年的儿子、孙子和族人，一股脑儿送到刘邦军营去打仗。果然，"汉王大悦"。

　　按理说，萧何已经把亲人的性命交出去了，应该使刘邦放心了，但并未如愿。陈豨造反时，刘邦率军去平叛，留萧何镇守京城，刘邦又不放心了。刘邦不顾军情紧急，特意从前线发来诏书，把萧何由丞相升为国相，加封五千户，并配给萧何五百人的卫队。

　　封赏十分丰厚，群臣都来庆贺，唯有一个叫召平的人，对萧何说："您的灾祸从此开始了。皇上在外打仗，冒矢石之险，心里却想着怎样赏赐您，很不正常，这是对您不放心啊。"萧何心里也明白，但已经没有人质可用了，只好推辞掉所有赏赐，并拿出全部家资充作军费，这才暂时消除了刘邦的疑心。

　　为了不让刘邦猜疑，萧何已经付出了相当大的代价，但是，刘邦对他仍然放心不下。刘邦死的前一年，黥布叛乱，刘邦带兵去平定。他一边打仗，一边多次派使者回京，查看萧何在干什么。萧何知道，刘邦之所以对他不放心，根本原因是他把国家治理得太好，在百姓中威望太高，只有自污名声，把脏水往自己头上浇，刘邦才会安心。于是，萧何用低价强行购买民田民宅，引起百姓不满。刘邦班师，沿途有数千百姓拦路告状，控告萧何的种种劣行。刘邦十分高兴，见了萧何，把一大堆告状书交给他，笑嘻嘻地说："国相自己去处理吧。"萧何一面磕头请罪，一面心里在默默流泪。

萧何毕竟是贤相，忍不住又向刘邦建议说："长安人多地少，许多人没有田种，皇上的猎苑有很多空地，可以让百姓去种庄稼。"刘邦把脸一沉，心想：这小子还在收买人心，一怒之下，命人给萧何戴上刑具，打入大牢。刘邦是在敲山震虎，过了不久就把他放了。萧何出狱后，光着脚去给刘邦谢恩。可怜西汉第一功臣，被刘邦折腾得终日惶恐不安，如履薄冰，使出浑身解数，才勉强得以善终。

"三杰"当中，刘邦唯一不怀疑的是张良，原因很简单，张良没兵没权，只能提提建议，对刘邦构不成威胁。张良却深知"鸟尽弓藏、兔死狗烹"的道理，又知道刘邦疑心很重，所以，天下平定之后，张良急流勇退，称病不出，专注养生，以求自保。

除"三杰"之外，刘邦对曹参、周勃、灌婴、夏侯婴等一批功臣倒不疑心，一直是信任有加，原因是这些人的功劳和才能比不上韩信和萧何，不会威胁到他的皇权。刘邦猜疑的根据是才能，谁有才能，刘邦就猜疑谁，才能越大，疑心就越重，防范就越严。

平心而论，刘邦的猜忌防范，是可以理解的，也是必要的。纵观历史，背叛君王的事情，实在是太多了。远的不说，同时代的起义领袖陈胜，派出多名将领去攻占各地，结果这些人纷纷自立为王，最后陈胜成了孤家寡人，兵败被杀，而且是死于自己的车夫之手。刘邦雄才大略，像这样的沉痛教训，他肯定会时刻不忘。

刘邦依靠封王和用人，登基当了皇帝，但他并不满足，刘邦的目的，是建立大一统的中央集权制度。所以，他当上皇帝不久，就开始了另一场战争，那就是铲除异姓王，实现家天下。

刘邦称帝后继续战斗

刘邦靠着封王和用人两手，只用七年时间，就从一介布衣登上天子之位，按理说应该心满意足了。可是，刘邦称帝后，四下一看，自己直接管辖的地盘，只有关中及周边十几个郡，而关东大片土地，都在异姓诸侯王手里，那怎么能行呢？刘邦要的，是整个天下都姓刘。于是，他又发动了铲除异姓王的平叛战争，而且平叛战争几乎都是刘邦亲自领兵打的。

《汉书》记载，刘邦第一个开刀的，是燕王臧荼。臧荼原是老燕王韩广的部将，跟随项羽入关。项羽待他不错，封他为燕王，而把韩广改为辽东王。韩广不服，臧荼干脆把他杀了。楚汉战争期间，臧荼归顺了刘邦，刘邦让他继续当燕王。楚汉相争，臧荼谁也没帮，坐山观虎斗，刘邦也无暇管他，如今天下已定，刘邦就要收拾他了。

刘邦征讨燕王的理由，是说他造反。他为什么要造反呢？《汉书》和《史记》都没有说，至今是个谜。臧荼反了，刘邦亲自带兵平定，只用两个月，就把臧荼灭了，然后封自己的发小卢绾当燕王。几年后，卢绾也反了，刘邦又灭了他，让自己的儿子刘建当了燕王。

刘邦灭臧荼不久，就向大功臣韩信下手了。刘邦消灭项羽之后，虽然立即夺了韩信兵权，由齐王改为楚王，但对他仍然很不放心。恰在这时，韩信犯了一个错误，他私自收留了项羽手下的大将钟离眜，有人告他谋反。刘邦召集众将商量，众将异口同声说："赶快发兵，灭了这小子。"

刘邦默然，又问陈平。陈平沉思一会儿，反问刘邦："您手下将领有比韩信强的吗？"刘邦说没有。"您的兵精还是韩信的兵精？"刘邦说不如韩信兵精。陈平接着说：“您的将、兵都不如韩信，贸然去打，岂不危险？您不如假装巡视南方，韩信必来拜见，到那时，只用一名武士，就可以擒住他了。”刘邦大喜，认为是好计，于是依计而行。从《汉书》这段记述来看，韩信当楚王不到一年，就又训练出一支精兵来。韩信有如此大的本领，刘邦怎么会安心呢？

韩信听说刘邦要来巡视，吃了一惊，这个时候，他肯定知道刘邦已经怀疑他了，便想发兵抗拒，但又觉得自己无罪，犹豫不决。有人建议他杀了钟离眜，以求免祸，韩信听从了。钟离眜临死前骂韩信：“你不是一个忠厚之人，我今天死，你明天必亡。”

韩信带着钟离眜的人头去见刘邦，不料，一见面，没等韩信解释，刘邦就喝令武士把他绑了，扔到车上，急速回京。韩信悔之晚矣，流泪叹息道：“果然像人家说的那样，狡兔死，良狗烹。”因韩信谋反证据不足，刘邦把他降为淮阴侯，但不让他去封地，而是在京城监视居住。六年之后，韩信被吕后设计杀害。

韩信被贬以后，刘邦封自己的弟弟刘交为楚王，长子刘肥为齐王，三子刘如意为代王，宗室刘贾为荆王。这样，关东有一大片土地姓刘了。

刘邦又把目光投向韩国。韩国紧靠京城，地理位置十分重要。韩王信虽说是刘邦亲信，但毕竟不姓刘。刘邦借故把韩王信迁到代国，建都马邑，韩王信十分不满。马邑与匈奴搭界，不断遭到骚扰。韩王信打不过匈奴，便进行和谈。刘邦不干，派使者去谴责。韩王信两头受挤，一气之下，投降了匈奴。刘邦亲自率兵征讨，不料被匈奴大军包围在白登山上，差点丢了老命，侥幸逃脱。后来，刘邦派将军柴武，将韩王信杀死。灭了韩王信以后，韩地就归中央直接管辖了。

刘邦被匈奴打败后，回京路过赵国，一肚子火气没地方发泄，见了赵王张敖，劈头盖脸一顿臭骂。张敖是张耳的儿子，也是刘邦的女婿，张耳病死后，他继承了王位。刘邦的粗暴无礼，激起赵国国相贯高等人的愤慨，他们阴谋刺杀刘邦，不料事情败露，张敖、贯高等人被捕入狱。经过严刑审讯，证实刺杀之事是贯高等人所为，与张敖无关。但张敖毕竟要负责任，刘邦借机把他降为侯，让自己的三子刘如意由代王改任赵王。

后来，代国国相陈豨造反，刘邦仍然亲自带兵讨伐。刘邦率军到达邯郸，看到陈豨的部署后，很高兴地说："陈豨不南据邯郸而阻漳水，我料定他必然失败。"事实果真如此，说明刘邦还是有军事谋略的。刘邦想让梁王彭越随军征讨，彭越却称病不来，只派手下一名将领去了。刘邦不满，予以谴责。彭越害怕，想去谢罪。部将扈辄劝道："您若去了，可能会被扣押，韩信就是这样被擒的，不如反了吧。"彭越不同意。后来，有人告彭越谋反，刘邦把彭越抓到京城，剥夺王位，贬为庶人，流放蜀地，但听了吕后的话，为绝后患，还是把他杀了。刘邦封五子刘恢、六子刘友，分别做了梁王和淮阳王。刘邦灭了陈豨之后，封四子刘恒为代王。

至此，汉初三大名将，只剩下淮南王黥布一人了。黥布是囚徒出身，称王以后十分满足，整天打猎游玩。韩信被杀，黥布恐惧，继而彭越又被杀，黥布"大恐"。他预感到自己也难逃厄运，暗地里做好了谋反准备。

恰在这时，后院起火。黥布怀疑中大夫贲赫与自己的小妾有私情，要逮捕他。贲赫逃往京城，告发黥布谋反。黥布干脆一不做，二不休，杀了贲赫全族，起兵造反了。黥布对诸将说："皇上已老，必不能来。我平生只畏惧韩信、彭越，可他俩已经死了，我还怕谁呢？"黥布曾是项羽手下第一悍将，作战勇猛，他率军向东攻占了荆国，杀了荆王刘贾，然后渡过淮河，猛攻楚国，一时间声势浩大。

此时的刘邦，已经六十岁了，而且体弱多病，本不想领兵，但怕别人对付不了黥布，只好抱病亲征。刘邦与黥布相遇，见黥布阵列如同当年项羽一般，心中厌恶，责骂黥布："你小子为什么要造反？"黥布嬉皮笑脸地回答："我也想当皇帝啊。"其实，他是在气刘邦。刘邦大怒，指挥大军冲杀过去。黥布军队没有料到刘邦亲征，又见汉军人多势众，心里发怵，败下阵来。刘邦大军乘胜追击，连战连捷，将黥布军队击败。刘邦打仗还是有两下子的。

军队溃散，黥布只带一百多人逃到江南，去投奔长沙王，长沙王与黥布是亲戚。不料，长沙王慑于刘邦权威，诱骗黥布，设计杀死了他。刘邦诛灭黥布以后，封自己的七子刘长为淮南王，封侄子刘濞为吴王。

刘邦经过六七年的平叛战争，逐步铲除了六个异姓王，只剩下一个长沙王了。长沙王国小势弱，历来顺从，又杀了黥布有功，实在不好意思，也没有必要灭他了。至此，刘邦的八个儿子中，除一人立为太子，其余七个全部封王，兄弟侄子，也封了一批，天下终于都姓刘了。

刘邦年老多病，伐黥布时又受了箭伤，回京第二年就死了。死前仍然挂念刘氏天下，让人牵来一匹白马杀了，当众发下重誓："非刘姓不能当王，谁要违背了，天下共诛之。"刘邦是想让大好河山，千秋万代永远"刘"下去。

刘邦铲除的异姓王，都是为他打天下的功臣，刘邦靠他们登上皇位，又用他们的头颅，构筑了刘氏江山，从这个角度讲，刘邦绝不是厚道仗义之人。但从另一个角度说，刘邦要建立大一统的中央集权，也不得不这样做。

刘邦铲除异姓王的目的，是建立家天下的中央集权。刘邦并非滥杀功臣，像张良、曹参、陈平、周勃、灌婴等一大批功臣，他并没有杀，甚至连他切齿痛恨的雍齿也没杀，原因是他们不会对他的中央集权制度造成威胁。

刘邦也不是杀人成性，他的另一个特点，是杀功臣不杀忠臣。对威胁他皇位的功臣，他杀起来毫不手软，而对于忠实自己主人的忠臣，他却往往能够网开一面。

刘邦杀功臣不杀忠臣

刘邦称帝以后，杀害功臣，暴露了他残忍的一面；然而，对于忠实自己主人的忠臣，即便是敌人，甚至是加害过他的人，刘邦往往也能容忍，又显示出他宽厚的一面。

《汉书》记载，项羽手下有个出名的将领，叫季布。季布忠于项羽，作战勇猛，多次打败刘邦，刘邦对他恨之入骨。项羽灭亡后，季布不知下落。刘邦在全国发出通缉令，悬赏千金，买季布的人头，敢有窝藏者，灭三族，并且到处悬挂季布的画像，派兵四处搜查，必欲置之死地而后快。季布的处境十分危险。

季布藏匿在濮阳一个姓周的人家中，后来风声日紧，眼看藏不住了。周氏征得季布同意，把他的头发剃掉，用铁箍束住脖子，换上粗布衣服，打扮成奴隶模样，把他送到鲁国游侠朱家。

朱家为人侠义，知道是季布，便按奴隶身份买下来，安置在家中，告诉他儿子说："此人是个豪杰，不要当奴隶对待，他是否做工，随他的便，而且一日三餐，你都要陪他吃饭。"朱家有心要救季布，思虑再三，想好计策，便坐马车到了洛阳，去找夏侯婴。

夏侯婴是个忠厚善良之人，与刘邦既是老乡，又是好朋友，关系很铁。朱氏对夏侯婴说："季布忠于项氏，各为其主，何罪之有？如今皇上得到天下，为私怨不肯放过一人，显得胸怀不宽广啊。季布有才，如果逼急了，他跑到匈奴或南越去，对大汉是不利的。"夏侯婴听了，频频点头称是，他马上进宫，去找刘邦。

夏侯婴见了刘邦，把朱氏的话一五一十讲了一遍。刘邦听了，觉得很有道理。当时天下已定，刘邦需要提倡忠臣精神，于是下令赦免了季布之罪，并召季布进宫，拜他为郎中。在汉代，郎中是皇帝身边的官职，地位显赫，体现了皇帝的信任。季布感激刘邦不杀之恩，从此忠心为汉朝做事。汉惠帝时期，季布升为中郎将，汉文帝时又当上河东郡守。季布为官清廉，信守承诺，人们流传说："得黄金百斤，不如得季布一诺。"这就是成语"一诺千金"的来历。

刘邦以谋反为由，杀了大功臣韩信，而对多次鼓动韩信谋反的蒯通（原名蒯彻）却网开一面。蒯通是有名的说客，能言善辩，曾在韩信手下当谋士。韩信打下赵国、逼降燕王之后，想再去打齐国。这时，刘邦派大臣郦食其劝降了齐国。这本来是件好事，蒯通却对韩信说："郦食其凭三寸不烂之舌，就得到齐国七十余城，而将军率数万之众，才占据赵国五十多城，您的功劳反而不如那个书生。应该趁其不备，迅速拿下齐国。"韩信听从了，发动突然袭击，占据了齐国。韩信当齐王之后，蒯通又游说他："当今之时，楚汉相争不下，您不如三分天下，鼎足而立。"这回韩信没听他的。蒯通不死心，又苦口婆心地劝了他多次，还讲了一番"兔死狗烹"的大道理，韩信仍然没听。蒯通害怕惹祸上身，假装疯癫逃走了。韩信在临死之前，仰天长叹："悔不听蒯通之言，竟死于妇人之手。"

刘邦得知蒯通三番五次鼓动韩信背叛他，十分恼怒，下令把蒯通抓来，架起一口大锅，要活煮了他。蒯通不慌不忙地说道："我没有罪，那时候我的主子是韩信，我只知道忠于自己的主人，并不知道有您啊。这就像狗一样，狗对主人十分忠心，而对其他人狂吠，难道有错吗？"刘邦听了，哈哈大笑，赦免了蒯通。

刘邦对曾经加害过他的人，也能宽容。汉七年，刘邦白登脱险之后，来到赵国。赵王张敖是刘邦的女婿，见岳父驾到，十分殷勤，亲自给刘邦端菜送饭。刘邦因为刚打了败仗，心里窝火，看什么都不顺眼，逮住张敖一顿臭骂。

《汉书》用了"箕踞骂詈"四个字，意思是说，刘邦坐在那里，像簸箕一样叉开两腿，把天底下所有难听的话，都网罗起来，一股脑儿全骂了出来。张敖为人谦和，又是晚辈，只能垂手恭听。而国相贯高、大臣赵午等人却忍不住了，气得七窍生烟。他们都是张耳的旧臣，已经六十多岁了，不能忍受刘邦对赵王的侮辱，便建议张敖杀掉刘邦。张敖一听，急忙阻止，并咬破手指发誓，决无此心。贯高等人商量道："赵王仁厚，我们就背着他干，出了事自己承担，决不连累赵王。"

第二年，刘邦又路过赵国，打算在柏人县住宿。贯高等人见机会来了，安排好刺客，准备夜里刺杀刘邦。临睡前，刘邦得知此地叫柏人县，心头一惊，说："柏人者，迫于人，不吉利。"不肯留宿，连夜离去，躲过了一劫。柏人县故城，在今天的河北省邢台市隆尧县一带。

又过了一年，有人告发了贯高等人的阴谋。刘邦大怒，他怀疑是张敖主使的，下令把张敖逮捕入京。消息传来，赵午等人自知罪责难逃，想要自杀。贯高怒骂道："此事赵王并不知情，你们死了，谁来为赵王开脱？"于是，十几个人出面自首，与赵王一起被押往长安。

吕后听说了此事，心中大惊，女婿要出了事，女儿怎么办呢？她急忙向刘邦求情，说："张敖这孩子仁孝，又与女儿感情很好，不会做这等事的。"刘邦怒气冲冲，骂道："妇人之见！这小子要当了皇帝，还会少女人吗？"但毕竟碍于吕后情面，不便对赵王用刑，只得将所有刑具，都用在贯高身上，拷问他赵王是否谋反。贯高被打得体无完肤，又用铁锥刺，最后身上没有一块好肉，竟无下锥之处。

贯高宁死不招，坚称赵王清白。刘邦见酷刑不能让他开口，就派中大夫泄公私下里去问贯高。泄公与贯高是好朋友，他带着酒肉，夜里来到狱中，宽慰一番后，询问赵王是否参与此事。

贯高流着泪说："我犯下灭族大罪，亲人性命难保，我难道会为保赵王而抛弃亲人不管吗？只是赵王确实不知情，我不能昧着良心，害了自己的主子。"泄公把情况汇报给刘邦，刘邦这才相信赵王没有参与此事。

刘邦释放了张敖，但借机削去他的王位，降为宣平侯。刘邦敬佩贯高忠义，赦免其罪，并留他在朝中做官。贯高却说："我之所以活着不自杀，是为了还赵王清白，现在使命完成了，我已无他愿。再说，我毕竟犯下弑君之罪，即便皇上不杀我，我也心有愧疚，无颜见皇上。"于是，在狱中刎颈自杀了。

刘邦知道后，叹息良久，下令把参与阴谋的田叔、孟舒等十几人全部赦免，而且提拔他们去担任诸侯国的国相，或者授予郡守官职，予以重用。忠义之人，家教必好，后来这些人的子孙，都当了二千石以上的高官。

刘邦诛杀功臣，不杀忠臣，虽然做法不同，但目的是相同的，都是为了自己的统治。刘邦宽容忠臣，除了显示仁厚以外，更重要的是，他要宣扬一种忠君思想，让人们树立忠君意识，死心塌地效忠皇帝，这对刘氏王朝是十分有利的。

刘邦为了巩固皇权，能够控制自己的情感，也可以改变某种做法。他起初不喜欢儒学，甚至讨厌儒生，但后来觉得儒家思想有用，就变成尊儒了。

刘邦由诋儒变尊儒

刘邦粗鲁，不爱读书，不喜儒学，讨厌儒生。然而，他当皇帝之后，却逐步变得尊儒起来。

《汉书》记载，刘邦厌恶儒生，是很出名的。他一见儒生，张口就骂"臭读书的"，有时儒生求见，刘邦竟然扯下人家的帽子，往里面撒尿，以致许多人不敢穿儒生衣服去见刘邦。

有个叫叔孙通的人，是个大儒。他在秦朝时期，因精通儒学被召入宫，做了博士，后来投靠项梁等人，最后归顺了刘邦。刘邦见他穿着儒生服装，很不高兴，叔孙通改穿了楚人的短衣服，刘邦的脸色才好看起来。

叔孙通投靠刘邦时，带了一百多个弟子，但他一个也不向刘邦推荐，而是专门推荐一些孔武有力之人，其中有不少是土匪强盗。弟子们很不满意，背后骂他。叔孙通对弟子们说："汉王现在是靠武力打天下，你们能冲锋陷阵吗？你们别着急，以后会有用的。"

确实，在战火纷飞的年代，武士比儒生更管用，刘邦就是这样认为的。在灭了项羽之后，刘邦大摆庆功宴，夸赞武将的功绩，又讲"腐儒无用"，"为天下怎么能用儒生啊！"

有个叫随何的儒生，实在听不下去了，红着脸问刘邦："当年彭城之战以后，黥布还是项羽的手下，假如陛下用五万步兵、五千骑兵，能降服黥布吗？"刘邦说不能。随何接着说："可是，我只带了二十个人，到了黥布那里，就说服他归降了陛下。这表明，我的功绩胜过五万步兵、五千骑兵，您怎么能说儒生没用呢？"

事实的确如此，当年随何凭三寸不烂之舌，成功策反了黥布，使刘邦不费一兵一卒，就得到一员大将。听到随何这一番话，刘邦张口结舌，一句话也说不上来，只好仰脸看天。随何问刘邦在看什么，刘邦嘿嘿一笑，说："我正在想怎样奖赏你呢。"随即任命随何为护军中尉，提升了官职。

有些人不喜欢刘邦，认为刘邦不像皇帝，倒像个流氓无赖。诚然，刘邦的行事风格确实与众不同，他为人粗鲁，喜欢骂人，一口一个老子，有时还骑在大臣脖子上。但这都是他的表象，刘邦实际上是一个满腹计谋、具有大智慧的人。他对人不礼貌，别人对他不恭敬，甚至顶撞他，他也不计较，这很容易与手下人打成一片。所以，很多人愿意聚集在他身边，跟随他打天下。

刘邦称帝以后，手下人仍然是这种习惯，与刘邦称兄道弟。他不懂得皇帝威严，有时在宴会上，狂呼乱叫，酗酒发疯，甚至拔剑击柱，一片混乱。这样时间一长，刘邦感到不成体统，需要树立自己的威严了。叔孙通看透了刘邦心思，对他说："皇宫应该有规矩，儒生虽然不能为您攻城夺地，但可以为您制定朝廷礼仪。"刘邦同意了，但嘱咐道："别太复杂了。"

这回，叔孙通和弟子们有了用武之地，他们在野外拉起绳子，立上草人，演习了一个多月。刘邦看后，十分满意，下令让群臣排练，准备朝会时正式使用。

长乐宫建成之后，举行盛大朝会，诸侯和大臣全都参加。朝会开始，只见谒者引导百官，按照级别大小，依次进入殿门。入门后分作两列，文官站东边，武官站西边。群臣站定之后，刘邦才缓缓而出。刘邦坐定，群臣施礼，高呼万岁。所有人都诚惶诚恐，没有一个喧哗失礼，整个朝会井然有序，威武庄严。刘邦十分高兴，感叹道："我今天才体会到做皇帝的尊贵啊。"于是，提升叔孙通为奉常，赐黄金五百斤。

奉常是九卿之一，属于高官。叔孙通趁机对刘邦说："我的那些弟子跟我多年，制定礼仪出了大力。"刘邦在高兴之际，把他们全都封为郎官，弟子一致称赞老师圣明。两年之后，刘邦又让叔孙通做了太子太傅，当了太子的老师，让太子学习儒学。

刘邦体会到皇帝尊贵之后，也想斯文一点。儒生陆贾经常给他讲解《诗》《书》等儒学古籍，刘邦听得烦了，露出本性，开口骂道："老子是靠马上得天下，要这《书》《诗》何用？"陆贾毫不客气地反驳说："陛下能在马上得天下，岂能在马上治天下？"陆贾接着以商周和秦朝的兴亡为例，向刘邦阐述治天下的道理。刘邦听了，面露惭色，便让陆贾写成文章，论述如何治天下。

陆贾很有才华，是汉代第一位力倡儒学的思想家，他针对汉初的时代需要，以儒家思想为本，融汇其他学说，陆续写了十二篇论著。每写一篇，刘邦都认真阅读，极力夸赞，称其书为《新语》。《新语》的核心观点，是"行仁义、法先圣"，这为西汉前期的统治思想奠定了一个基本模式。刘邦称赞《新语》，说明他已经开始接受儒家思想了。

公元前195年，刘邦平定黥布叛乱以后，路过曲阜，以隆重的"太牢"礼仪祭祀孔子。刘邦是历史上第一个亲临孔庙祭孔的皇帝，开创了帝王祭孔之先河。

曲阜市文物局档案馆，目前保存一幅《汉高祀鲁图》，描绘了刘邦祭孔的生动场景。刘邦率领众臣，恭恭敬敬地向孔子像鞠躬行礼，奉上全牛、全猪和全羊，这是当时最高的祭祀规格。刘邦还特下诏令，诸侯和地方官员上任前，必须先去孔庙拜谒孔子。刘邦已经完成了由诋儒到尊儒的转变。

刘邦一生所做的事情，都是为了建立、巩固西汉政权。刘邦无疑是成功的，他想做的事，几乎没有干不成的。

然而，刘邦也有办不成的事，他想换太子，就因为阻力太大、风险太大，最终没有成功。

刘邦也有办不成的事

刘邦一生，干了反秦、灭项、平叛三件大事，轰轰烈烈，呼风唤雨，似乎无所不能。然而，他想换太子，却四处碰壁，不得不半途而废。

《汉书》记载，刘邦的太子叫刘盈，是刘邦与吕后生的儿子。刘盈在兄弟中间排行第二，但却是正室生的嫡子，符合嫡子继承制度。刘邦在当汉王的第二年，立六岁的刘盈为王太子，后立为皇太子。

刘盈慢慢长大，他仁孝善良，恭敬待人，但性格柔弱，刘邦越看越不像自己，而看三子刘如意，倒很像自己。刘如意是戚夫人所生，戚夫人比刘邦小三十多岁，年轻貌美，能歌善舞，深得刘邦宠爱。爱屋及乌，刘邦对戚夫人的儿子也十分疼爱，经常抱在怀里，不到十岁就封为代王，后来又改为赵王。刘如意虽然当了王，但并不去封地，仍然留在刘邦身边。戚夫人知道刘邦的心思后，又惊又喜，心情迫切，在刘邦面前日夜啼泣，促使刘邦早下决心更换太子。

换太子是件大事，刘邦想与群臣商议，却遭到一致反对。太子的老师叔孙通给刘邦讲了一通大道理，说："过去晋献公因为宠爱骊姬，更换太子，结果晋国乱了几十年，被天下人耻笑。秦朝不早立扶苏为太子，结果使胡亥诈立，二世而亡，这可是陛下亲眼所见啊。如今太子仁孝，天下皆知，吕后与您又是患难夫妻，怎忍心背弃？太子乃天下之本，本一摇，天下震动，怎么能拿天下当儿戏呢？"叔孙通越说越激动，撂下狠话，说："陛下如果执意要废太子，臣就抹了脖子，以颈血污地。"

叔孙通是有名的圆滑之人，曾经六易其主，他饱读诗书，温文尔雅，从不与人争论，如今为了学生，也豁出去了，慷慨激昂，据理力争。刘邦说不过他，只好自己打圆场，说："我是说着玩的，先生别当真。"

刘邦想换太子，最惊心的是吕后。吕后可不是吃素的，她的两个哥哥很早就跟随刘邦打天下，因功封侯，她的妹夫是樊哙，朝中亲信还有一大帮。吕后紧急动员她的亲戚和亲信，展开了一场"太子保卫战"。吕后本人，则以万分的警惕，时刻关注刘邦的动向。

有一次，吕后见刘邦召周昌谈话，怀疑与太子有关，便悄悄躲在侧房偷听。果然，刘邦就废太子之事，征求周昌的意见。周昌是刘邦老乡，属于心腹之臣，当时任御史大夫，位列三公。周昌为人耿直，直接顶撞刘邦，说："臣不会讲道理，但知道此事万万不可。陛下如果执意要换太子，臣决不奉诏。"周昌是个结巴，说话不利索，但语气坚定，刘邦拿他没办法。周昌出来后，吕后跪在周昌面前，万分感激地说："如果没有您，太子几乎被废了。"

吕后为了保住儿子的太子之位，寝食难安，费尽心机。有人对吕后说："张良有计谋，皇上又信任他，可以与他商议。"吕后赶紧让哥哥吕泽去找张良。张良为难地说："皇上在危困的时候，能够用我的计策，如今天下安定，我说话恐怕不管用了。"吕泽不答应，非让张良出个主意不可。张良就献了一计，说："商山隐居着四位高人，被称为'商山四皓'，皇上多次请他们入朝做官，他们始终不肯。如果能把他们请来辅佐太子，可能会起作用。"吕后马上派人，带上措辞谦卑的书信和厚重礼物，去请四位高人。

四位老人素知太子仁义，愿意帮助他，欣然下山。此时，黥布造反的消息传来，刘邦想让太子领兵去平叛，吕后也想让太子借机立功。四位老人劝阻道："不可，太子出征，有功于地位无益，倘若打败了，皇上正好借口废之。"吕后这才恍然大悟，连夜去见刘邦，哭泣着说："太子年少，没有上过战场。黥布是天下猛将，善于用兵，只有您率军前去，才能降服他。"刘邦有些恼怒，气哼哼地说："我就知道这小子不行，还是老子亲自去吧。"

刘邦平定黥布回京，摆宴席庆贺，太子和大臣都参加。酒宴当中，刘邦忽然看见太子身后站着四位老人，气宇轩昂，不同常人。刘邦感到奇怪，叫过来一问，原来是大名鼎鼎的"商山四皓"。刘邦大惊，忙问道："我再三请你们不来，为什么辅佐了太子?""四皓"不卑不亢地回答："皇上不尊重人，我们不愿受辱，所以不来；太子仁孝，恭敬爱士，天下人都愿意为太子去死，所以，我们就来辅佐太子了。"刘邦听罢，沉默良久，最后说："那就烦劳各位，好好调教护佑太子吧。"

四位老人告辞，刘邦目送他们离去，对着他们的背影看了很久，然后，回过头来对戚夫人说："太子羽翼已丰，难以动摇了。"戚夫人泣涕。刘邦说："你来跳舞，我为你唱歌。"刘邦唱道："鸿鹄高飞，一举千里。羽翮已就，横绝四海。横绝四海，当可奈何? 虽有矰缴，尚安所施?"戚夫人边舞边泣，刘邦不忍，起身离席走了，从此再也不提更换太子之事。

刘邦换太子未能成功，固然是因为大臣反对，但从根本上说，是刘邦识大体、顾大局，理智战胜了感情。他如果一意孤行，让只有十岁左右的刘如意当上皇帝，恐怕会出现大臣不服、吕后闹事的状况，后果不堪设想。

所以，刘邦做的事情，一切都是为了他辛苦创立的西汉王朝。刘邦是明智的。

汉承秦制并不准确

人们常说,汉承秦制,意思是说,西汉继承了秦朝的制度。但从《汉书》记载来看,情况并非如此。西汉在法律制度、治国理念和国家大政方针等方面,与秦朝相比,有着天壤之别。

固然,西汉建国初期,国家的官僚体制,甚至官吏名称等,都承袭了秦制;秦朝的法律法令,很多也都存在。这是因为连年战争,还没有来得及改变。秦朝崇尚暴力,实行严刑峻法,以致激起民变,丧失天下。刘邦这些反秦英雄,对秦朝的暴政深恶痛绝,当然不会继承秦朝那一套。刘邦攻占咸阳之后,首先"约法三章",宣布除了杀人、伤人、偷盗获罪之外,所有秦朝法令一律废除,结果大得人心。

当然,光靠"约法三章"是不够的,刘邦统一天下之后,让萧何主持改革秦政,制定了《九章律》。《九章律》包含了九个方面的法律制度,废除了秦律中的一些条款,减轻了定罪和刑罚。吕后时期,宣布废除三族罪和妖言令。到了汉文帝时期,进一步废除黥、劓等酷刑,放开言论自由,甚至对《九章律》中的一些过严条款,也做了删除和缓减,明确提出了"轻刑慎罚",这与秦朝实行的重刑严罚,形成了鲜明的对照。

在治国理念上,秦朝长期奉行法家治国思想,依靠武力和严法。这对于统一天下是有利的,能够在马上得到天下。刘邦称帝后,经陆贾提醒,意识到不能在马上治天下,便让陆贾写出《新语》十二篇,论述新的治国之道。《新语》的基本出发点是实行"仁政",刘邦大加赞扬,表明他要与秦朝的"暴政"彻底决裂。吕后时期,开始实行与民休息政策。到了汉文帝时期,明确提出了以"黄老之术"治国的思想。汉武帝时期，又提出了"罢黜百家，独尊儒术"，使儒家思想登上历史舞台，统治中国封建社会几千年。

在国家体制上，秦朝建立了中央集权制度，全面实行郡县制，这是一个重大贡献。刘邦实际上是赞成中央集权的，而且为之做出了很大努力。但鉴于西汉初期的特定环境，刘邦并没有全面推行郡县制，而是实行了郡国并行制度。在中央势力能够达到的地方，实行郡县制，由中央直接管辖；而在中央势力难以达到的地方，则建立了一些诸侯国。刘邦为了得到天下，先是封了七个异姓诸侯王，后来又把他们一一铲除，换成了刘姓王，形成了皇帝和刘姓子弟共同治理天下的格局。这在当时的条件下，是必要的，也是权宜之计。文帝、景帝时期，开始削弱诸侯王的势力。到了汉武帝时期，通过实行推恩策，肢解了诸侯国，彻底形成了大一统的中央集权制度。

在官僚制度上，秦朝设立了三公，即丞相、太尉和御史大夫，三公之下设置九卿，分别负责某个方面的事务。西汉建立以后，承袭了这一做法，仍然设置了三公九卿，甚至官吏名称也基本没有改变。但到了汉武帝时期，官僚体制发生了重大变化。

汉武帝为了强化皇权、压制相权，实行了"中外朝"制度。中朝，是由大将军和尚书等官吏组成，属于决策和权力机构；外朝，是由以丞相为主的官吏组成，属于办事和执行机构。大将军地位在丞相之上，丞相的地位、权力和作用大大降低。汉武帝临终托孤的四名顾命大臣当中，就没有丞相。汉武帝还在各地建立了刺史制度，加强对地方官吏的监督和考核，形成了皇权专制。

关于西汉时期的经济政策、财政政策以及用人制度、军事制度等等，也与秦朝大不一样。

综上所述，可以看出，笼统地说汉承秦制是不准确的。西汉是在推翻秦朝暴政的基础上建立的，抛弃秦朝的一些制度和做法，是必然的；随着经济社会发展，西汉政权不断变法革新，形成自己的治国制度，也是必然的。正因为这样，西汉王朝才陆续出现了"文景之治""汉武盛世""昭宣中兴"等几个黄金期，统治天下长达两百多年，形成了中国历史上第一个发展高峰。

刘邦功绩大于秦始皇

长期以来，人们都把秦始皇称为千古一帝。然而，通过读《史记》《汉书》，笔者认为，刘邦的功绩大于秦始皇。当然，这仅是一家之言，不一定正确，敬请读者批评。

说刘邦功绩大于秦始皇，可以从以下几个方面来看。

第一，刘邦开创了布衣皇帝之先例，塑造了奋斗成功的人生典范。

刘邦与秦始皇的出身和起点，有着天壤之别。秦始皇出身于秦王之家，十三岁便继承王位，轻轻松松当了秦王。虽然年少，但有吕不韦辅佐他。当时秦国已经十分强大，他的王位十分牢固。这些，都为秦始皇建功立业提供了别人不可企及的有利条件。

刘邦则出身平民，处于社会底层。他是经过个人努力，身经百战，历经艰险，才登上皇帝宝座的。刘邦的经历激励人们：只要不屈不挠，敢于拼搏，就能获得成功。陈胜曾经说过一句名言："王侯将相，宁有种乎？"刘邦则通过个人的实践，诠释了"皇帝宁有种乎"。

第二，刘邦是在乱世之中白手起家，依靠高明的谋略和手段取得天下。

秦始皇的功绩之一，是平定六国、统一中原，但是，他是在祖先多年积累的基础上实现的。秦国在春秋时期就是"五霸"之一，后来，商鞅变法使秦国更加强大。在秦始皇的曾祖父秦昭王时期，就开始了对六国的兼并战争。秦昭王攻占了韩国、魏国、楚国大片土地，并在那里设置了郡县，又坑杀了赵国四十万降兵，使赵国一蹶不振。楚怀王去秦国访问，秦昭王竟敢把他扣留，可见当时秦国之强大。

到秦始皇时期，天下统一的趋势已经形成，韩国、魏国早已称臣服软，赵国元气大伤，燕国弱小，秦始皇没费多大力气就把它们灭了。秦只是与楚国打了一场硬仗，齐国也是不战而降的。所以，平定六国、统一中原，是秦多代人共同奋斗的结果，这个功劳，不应该记在秦始皇一个人头上。

刘邦则不同，他的祖先没有给他留下任何基业，他是一无所有、白手起家，全凭着自己的智慧和能力。刘邦夺取天下的重要原因，是特别善于用人。当时的"汉初三杰""汉初三大名将"，都是顶级人才，全都聚集在刘邦周围。在那个战乱年代，人才都是"择主而事"，如果刘邦没有两下子，这些顶级人才能听他的吗？刘邦能够驾驭这些人才，说明他比这些人才更高明。

刘邦手下有个叫王陵的将领，王陵的母亲被项羽捉去，逼她劝儿子投降。王陵母亲却告诫王陵："项羽残暴，汉王宽厚，你千万不能弃明投暗。"为了坚定儿子的决心，老太太竟然一头撞死了。这表明刘邦有相当大的人格魅力，一大批人愿意死心塌地跟他打天下。

第三，刘邦是真正统一中国的人，将中国带入长期和平稳定的新局面。

综观中国历史，春秋战国五百多年来，战争不断，人民饱受苦难。秦始皇统一了中国，可只是形式上的统一，并没有真正统一起来，所以，只过了短暂的十几年，天下又乱，六国死灰复燃，秦朝的"大一统"荡然无存。

经过三年反秦战争，项羽主宰了天下。项羽大开历史倒车，分封了十八个诸侯王，结果重燃战火，天下分裂，被称为"后战国时代"。在这历史紧要关头，刘邦兴兵，打败项羽，剪除诸侯，真正统一了中国。如果没有刘邦，中国恐怕又要回到春秋战国的混乱状态。刘邦建立西汉政权以后，国家没有再出现大的分裂，也没有发生大的内战，实现了真正的"大一统"，保持稳定长达二百多年。

第四，刘邦建立了实质性的中央集权制度，保证了国家长期统一。

秦始皇的最大功绩，是实行郡县制，建立了中央集权制度。然而，郡县制并不是秦始皇发明的，早在商鞅变法时，就把秦国设置成了四十一个县，到秦昭王时期，又设置了郡。所以，这个功劳也不能算在他一个人身上。当然，秦始皇坚持推行郡县制，功绩也是很大的。秦始皇建立的中央集权，实际上是形式上的，并没有对六国实行真正有效的统治。所以，陈胜一起义，郡县制就瓦解了，中央集权也消失了。

刘邦则不同，他在自己势力能够达到的地方，设置了郡县；在自己势力暂时达不到的地方，设立了诸侯。这种郡国并行的制度，符合当时的实际情况，有利于他的统治。刘邦设立诸侯王，与过去的分封诸侯有着本质的区别，诸侯国的丞相等高级官员，都由中央政府任命，诸侯国的权力大大缩减。所以，西汉时期，中央的权力和实力，是诸侯国不能相比的，即使是七个诸侯国联合起来，也不是中央政府的对手。所以说，实质性的中央集权，是从西汉开始的。

第五，刘邦开辟了新的治国之路，推动中国走向繁荣强盛。

秦朝长期实行法家治国，崇尚暴力和严刑峻法，把天下百姓当作奴隶。刘邦出身平民，深知百姓疾苦，所以，他反对秦朝"暴政"，建国后开始实行"仁政"。他称帝不久，就颁布了"复故爵田宅"令，让在战乱中流离失所的民众各归本土，恢复原来的爵位和田宅；他下令减轻田租，十五税一；因饥饿而自卖为奴的人，一律免除奴隶身份；抑制商人，鼓励农耕，发展经济，实行轻徭薄赋。这些措施，为汉初实行休养生息的治国策略奠定了基础。经过"文景之治""汉武盛世"，西汉达到强盛，国土面积是秦朝的近两倍，人口翻了两番，大汉威名远播西亚、罗马一带。

第六，刘邦是汉族的伟大开拓者，为汉民族和汉文明的发展做出了卓越贡献。

汉族，是世界上人口最多的民族。汉族之名，就来源于汉朝。著名历史学家、国学大师吕思勉就说过："汉族之名，起于刘邦称帝之后。"汉族来源于上古时期炎、黄部落的后裔，在秦汉时期形成了统一的民族。秦朝时间很短，主要在汉朝形成了"文化共同体"，刘邦对汉民族的形成功不可没。刘邦开了封建帝王祭孔的先例，提高了孔子的社会地位，对儒家思想的发展产生了深远影响。汉朝创造的大汉文明，在世界文明史上占据重要地位。

刘邦对中国社会发展做出了巨大贡献，受到后人的高度评价。曹植说："高祖雄才大略，古今之鲜有，历世之希睹。"苏辙说："古之英雄，惟汉高帝为不可及也。"辽太祖因为敬仰刘邦，干脆随刘邦姓了刘。毛泽东说："刘邦是封建皇帝里面最厉害的一个。"

外国人对刘邦的评价也相当高。英国著名历史学家约瑟夫·汤因比说："人类历史上最有远见、对后世影响最大的两位政治人物，一位是开创罗马帝国的恺撒，另一位便是创造大汉文明的汉高祖刘邦。恺撒未能目睹罗马帝国的建立以及文明的兴起，便不幸遇刺身亡，而刘邦却亲手缔造了一个昌盛的时代，并以极富远见的领导才能，为人类历史开创了新纪元！"约瑟夫·汤因比可不是一般的人物，他曾代表英国政府参加两次世界大战后的和平会议，是二十世纪最有影响力的学者之一。

吕后为何执意杀功臣

刘邦诛杀功臣，他的妻子吕后是最大的帮凶。"汉初三大名将"也是三大开国功臣，竟有两个死于吕后之手。吕后与他们并无私怨，甚至还是恩公或者是同乡，那么，吕后为什么要下此毒手呢？

《汉书》记载，吕后名叫吕雉，是单父县人。单父县就是今天山东省菏泽市的单县。吕雉的父亲，人称吕公，他因躲避仇家，举家迁到沛县居住。吕公与沛县县令是好朋友，看来他的家境和社会地位应该是不错的。

吕公在一次酒宴上偶遇刘邦，见刘邦有异相，便决定将女儿嫁给他。吕雉当时只有二十岁左右，而刘邦已经四十多岁了，地位不高，家里又穷，而且还有一个非婚子刘肥，显然不门当户对。吕雉却听从父命，默默地接受了。这表明年轻时候的吕后，是一个孝顺听话的孩子。

吕雉与刘邦在沛县共同生活了四五年，这期间，先生了一个女儿，即鲁元公主，又生了一个儿子，即后来的汉惠帝。刘邦爱交朋友，游手好闲，经常不回家。吕雉独自抚养儿女、赡养公婆、操持家务，还要带两个孩子下田劳动，日子过得很辛苦。有一次，吕雉带孩子去田间干活，遇见一位老人讨水喝。吕雉见他饥饿，不仅给他水，而且主动送他饭吃。老人十分高兴，夸赞吕雉和两个孩子都是大贵之命。由此可见，当年的吕雉，还是挺善良的。

这样的日子，虽说艰难，却还平静，但没过多久，吕雉的厄运接踵而至。刘邦私放徒役，成了逃犯，官府找不到他，就把吕雉抓去，关到大牢里，吕雉第一次遭受牢狱之苦。狱中生活苦不堪言，狱吏还对吕雉任意侮辱，吕雉只能默默忍受。有个狱卒叫任敖，实在看不下去了，把狱吏痛打了一顿。任敖后来跟随刘邦起义，吕后掌权后，把他提拔为御史大夫，吕后还是知恩图报的。吕雉出狱后，经常给躲在山里的丈夫送衣服食物，竭力尽到妻子的义务。

刘邦起兵反秦走了之后，吕雉仍然留在家中，照顾老人和孩子，与丈夫一别就是七年。这期间，吕雉不幸当了项羽的俘虏，第二次遭受牢狱之苦，过了两年半的人质生活，还差点被项羽杀了。后来，韩信率军绕到项羽背后，项羽不得不议和撤兵，放回了吕雉。如果没有韩信，吕雉恐怕很难与丈夫团聚了，韩信是吕后的恩公。

吕雉与丈夫团聚，自然十分高兴，但她却发现，刘邦身边，多了一个年轻貌美的女人，那就是戚夫人。刘邦是在吕雉当人质的时候，另寻新欢，娶了戚夫人。当时，吕雉的心情可想而知，但她什么也没说，只是默默承受着。好在刘邦称帝以后，并没有完全忘记旧情，封她为皇后，立她的儿子为太子。

吕雉当了皇后，位极人臣，尊贵无比，她性格中刚毅的一面开始显露，心中多年积累的怨气也要爆发了。

刘邦当皇帝以后，经常带兵外出平叛，把戚夫人带在身边，而留吕后镇守京城。汉十年，刘邦率军去平定陈豨叛乱。吕后在京城，忽然听到韩信与陈豨勾结、图谋造反的消息，不由大吃一惊。韩信为汉王朝打下了半壁江山，是西汉开国最大的功臣，又具有军事奇才，虽然他在京城被监视居住，虎落平阳，但其影响力仍然很大，他若造反，非同小可。吕后想派兵去抓，怕韩信早有防备，想召他进宫擒获，又怕韩信称病不来，于是找萧何商议。

萧何是韩信的恩公，当年如果不是萧何极力推荐，韩信恐怕难以成名。但此时，萧何不仅没有为韩信说情开脱，反而献上一计，假装说传来消息，刘邦已经杀了陈豨，让群臣进宫庆贺。萧何还亲自跑到韩信家里，说："你虽然有病，还是勉强去祝贺一下好。"萧何生拉死拽，硬把韩信弄进宫去。韩信一进宫，吕后就命令武士把他绑起来，押到长乐宫的钟室，立即把他杀了，而且灭其三族。可怜一代名将和开国功臣，就这样死于妇人之手。

吕后抓住韩信以后，既不审讯，不调查核实，也不向刘邦请示，而是直接把他杀了。所以，对于韩信是否真的谋反，史学界有着不同的看法。其实，不管韩信反也好，不反也好，他都难逃一死，因为韩信太有才了，他的才能威胁到了皇权。

吕后敢于背着刘邦擅杀功臣，是因为她知道刘邦的心思，只有杀了韩信，刘邦才会安心，她只不过是替刘邦操刀而已。果然，刘邦平叛归来，听说韩信死了，虽然有点怜悯他，但心中十分高兴。

如果说杀韩信还有点理由，那么，杀彭越就毫无道理了，因为彭越并没有谋反。杀彭越，赤裸裸暴露了吕后的极端自私和冷酷无情。

彭越，是今山东省巨野县人，巨野和单县，如今都属菏泽市管辖，彭越与吕后算是老乡。彭越也是西汉开国大功臣，当年刘邦与项羽在荥阳对峙期间，彭越在项羽的后方开展游击战，断其粮道，攻打城池，迫使项羽三次回兵救援。如果没有彭越，刘邦在荥阳一带很难坚持。后来，彭越又率军围歼了项羽，因功被封为梁王。彭越当王后，对刘邦仍然十分恭敬，曾经三次去长安朝拜刘邦。但他属于"汉初三大名将"之一，手握兵权，梁国地理位置又十分重要，刘邦仍然对他不放心。

还是在刘邦讨伐陈豨的时候，刘邦想让彭越同去，彭越声称有病，只派部将去了，刘邦十分不满。后来有人告发彭越谋反，刘邦借机派使者去梁国逮捕了彭越，把他囚禁在洛阳。刘邦轻而易举地捉走了彭越，说明彭越并没有谋反的准备。刘邦把彭越降为平民，准备流放到蜀郡青衣县。

彭越在去蜀地途中，不幸遇上了吕后。彭越这时并不知道吕后歹毒，因为是老乡，见了吕后就像见到亲人一样，哭诉自己无罪，想让吕后说情，把自己流放到老家巨野去。吕后假惺惺地答应了，把彭越带回了洛阳。谁知，吕后见到刘邦，阴险地说："彭越是个壮士，您把他流放到蜀地，这是要留下祸患啊！应该把他杀掉。"这话正合刘邦心意，便让吕后去办。吕后找到彭越的一个家臣，再次诬告彭越谋反。这样，彭越就被杀掉了，并且灭其家族。更残忍的是，彭越的尸体被剁成肉酱，装到罐子里，分送给诸侯吃，以此宣扬淫威。

吕后为什么如此丧心病狂地诛杀功臣，通过读《史记》《汉书》，笔者认为，可能有以下几个原因。

第一，本性所致。吕后原先是一个听话善良的姑娘，但经过两次狱中之灾，又经过两年半的人质生活，加上刘邦的感情背叛，使她性格扭曲，变成了一个恶毒的女人，特别是当了皇后以后，尊贵至极，便为所欲为。后来，她残害戚夫人，就暴露了她生性残忍、暴虐无道的本性。

第二，为儿子着想。她的儿子仁义懦弱，吕后怕儿子日后驾驭不了这些功臣，就趁着刘邦在世，杀一个少一个，反正刘邦也乐享其成。刘邦死后，吕后四天秘不发丧，与宠臣审食其商议，想借刘邦的名义，把功臣们全都杀掉，认为只有这样，儿子的皇位才能牢固。幸亏审食其的朋友郦商知道了这一天大阴谋，急忙跑去，晓以利害，进行劝阻。吕后也觉得这样做风险太大，搞不好会立马完蛋，不得已打消了念头。由此可见，吕后不仅对韩信和彭越，对所有的功臣，她都认为是儿子皇权的威胁。吕后杀功臣，本质上与刘邦一样，都是为了皇权。

第三，为自己树威。吕后杀韩信、彭越，都是在刘邦死的前两年。当时，刘邦已是暮年，体弱多病，儿子又很柔弱，吕后不得不考虑，刘邦死了以后，怎样才能威震群臣、支撑朝政呢？于是，她便想杀人立威。果然，这一手十分见效，威名赫赫的大功臣她都敢杀，还有她不敢杀的人吗？从此，人们都知道了吕后心狠手辣，人人内心恐惧。

周昌，被公认为是耿直率真之人，曾经多次顶撞刘邦，还当面骂刘邦是夏桀、商纣一样的昏君，并且有恩于吕后。但是，因为赵王刘如意之事，吕后指着他的鼻子一通大骂，周昌一句话也不敢说。因为他知道，顶撞刘邦没事，冒犯了吕后，后果很严重。连最耿直的大臣都是这样，何况其他臣子呢？陈平本来就是圆滑之人，吕后执政时更是溜须拍马，百依百顺。由于大臣畏惧顺从，吕后掌权期间，无论做什么事情，几乎没有反对的。

其实，吕后后来并没有再杀功臣，王陵顶撞她，她也只是明升暗降，不让王陵当丞相了，并没有为难他。可是，她的虎威已经树起来了，大臣们全都"畏吕如虎"，整个朝廷笼罩在吕后的淫威之下。

吕后如此专横霸道，大臣的日子肯定不好过，而她当皇帝的亲生儿子，处境会怎么样呢？

可怜的汉惠帝和他的皇后

刘邦死后，十六岁的太子刘盈继位。刘盈既不像父亲那样有雄才大略，更不像母亲那样心肠歹毒，而是心地善良，仁义柔弱。刘盈虽然柔弱，也并非不想有所作为，但大权都在吕后手里，他当儿子的又有什么办法？母亲的残暴，更让他善良的心灵屡受创伤。所以，他在位七年，只有二十三岁，就抑郁而死，甚是可怜。

《汉书》记载，刘盈很小的时候，刘邦就起兵打天下去了，他是由母亲独自养大，因而从小缺乏父爱。因为在家里无人照顾，他和姐姐经常跟着母亲去田间劳动，可见生活之艰难。

在他四五岁的时候，爆发了彭城之战，吕后一家为了躲避项羽追捕，四处逃难，刘盈姐弟俩不幸与家人走散。幸运的是，他们遇见了自己的父亲，刘邦把他们抱上车来，一块儿逃命。楚军紧追在后，刘邦大急，为减轻车子重量，几次把两个孩子推下车去。赶车的夏侯婴不忍心，几次下车把他们抱了上来，最后怀抱刘盈赶车，这才使刘盈没有死在乱军之中。父亲的自私和无情，肯定在刘盈幼小的心灵上留下了很深的伤口。

刘盈十分感激夏侯婴，他登基之后，专门赐给夏侯婴一处靠近皇宫的大宅院，体现了一种优于群臣的特殊尊礼。

刘邦彭城脱险两个月后，公元前205年六月立刘盈为王太子，公元前202年二月刘邦在定陶称帝后，立他为皇太子，应该说还不错。不料，后来刘邦看他不顺眼，想废了他，改立三子刘如意，刘盈整日恐慌不安。万幸的是，大臣一致反对，吕后想尽一切办法，最后采用张良之谋，请来"商山四皓"，才使刘邦改变了主意，刘盈的太子之位勉强得以保全。

等到刘邦归天，刘盈就顺利接班了，被称为汉孝惠帝。汉惠帝一登基，就显示出他的仁爱之心。他发出诏令，赏赐臣民爵位一级；朝廷官吏，或予以升职，或给予物质奖励；减轻百姓赋税，恢复十五税一制度；对官职在上造以上及皇家内外公孙、耳孙等减轻刑罚，应判四年的减为三年，七十岁以上的老人和十岁以下的少年，有罪当受刑的，都不残伤其身体，只罚劳役。惠帝还在诏令中强调说："官吏的职责，就是为百姓办事，必须把老百姓的事情办好。"

汉惠帝也想有所作为，他登基不久，就下令修筑长安城城墙，让各郡建立高祖宗庙，后来又兴建长安西市，修建廒仓。汉惠帝还下令废除挟书有罪的法律，删掉妨害吏民的法令。同时，在各地选拔孝悌力田的贤者，免除其徭役负担。

汉惠帝登基第二年，萧何病故。临终前，惠帝亲自去看望，并问他："您百年之后，谁可接替呢？"萧何已经被刘邦驯服了，面对少主，仍然是小心翼翼。萧何没有正面回答，而是说："没有比主上更了解臣下的了。"惠帝点名问道："曹参怎么样？"萧何马上顿首说："皇上得到贤才了，我死而无憾。"这表明，汉惠帝是很重视丞相人选的。

曹参当了国相以后，全部遵照萧何制定的法令办，自己什么也不干，只是日夜饮酒。惠帝有些着急了，但不好责备曹参，便对曹参的儿子曹窋说："高帝刚弃群臣而去，我年富力强，不能毁了高帝事业，可国相天天喝酒，无所事事，你私下里去问问，是怎么回事啊？"后来，曹参给惠帝解释了一番"萧规曹随"的道理，惠帝才放心了。这说明，汉惠帝确实有要干一番事业的想法。

可是，汉惠帝毕竟年轻，能力有限，吕后十分强势，朝中大事都要吕后点头才行。这些还能忍受，最让惠帝不能接受的，是母亲的暴行，使他饱受精神摧残。

汉惠帝登基后，他的哥哥齐王刘肥来朝见。惠帝在皇宫举行家宴，请兄长坐了上座。吕后一见，心中大怒，命人端来两杯毒酒，放在刘肥面前，让刘肥给她敬酒。刘肥没想到酒里有毒，就端起一杯。在这危急关头，汉惠帝伸手端起另一杯毒酒，要与兄长一块儿给母亲敬酒。吕后大惊，来不及多想，一巴掌把惠帝手中的酒杯打翻。刘肥知道情况不好，赶紧装醉告辞了，惠帝救了哥哥一命。事后，刘肥献出一个郡给同父异母的妹妹鲁元公主，并且尊奉鲁元公主为王太后，吕后才饶过他。

吕后为报当年废立太子之仇，召赵王刘如意进宫，想加害于他。惠帝知道母亲没安好心，亲自到霸上迎接弟弟，安置在自己宫中保护起来，日夜不离身边。汉惠帝确实仁慈，刘如意曾经是他的政敌，他却仍念手足之情。这样过了好几个月，吕后始终没法下手。可是有一天，惠帝早起出宫打猎，刘如意贪睡没有起床。吕后抓住这个机会，派人毒死了刘如意。

据《西京杂记》记载，惠帝回来后，见弟弟七窍流血而死，悲愤交加，找出凶手，把他腰斩了。汉惠帝知道是吕后指使的，但对亲生母亲又有什么办法呢，只有杀凶手泄恨。这说明惠帝虽然柔弱，但还是有血性的。

后来，汉惠帝竟敢把吕后的宠臣审食其抓起来，还要处死他。据说审食其是吕后的男宠，吕后尽管内心着急，但不便出面相救，还是别人设法救了审食其一命。这说明，汉惠帝并不完全是逆来顺受，有时还是有点男子汉气概的。

吕后杀了刘如意之后，又残害他的母亲戚夫人。吕后命人砍去戚夫人手脚，剜掉眼睛，熏聋耳朵，灌下哑药，置于厕中，称为"人彘"。不知出于什么考虑，吕后竟然让惠帝去看。惠帝见原本如花似玉的戚夫人，被母亲残害成这个样子，心灵受到巨大创伤，当即大哭一场，病倒不起，在床上躺了一年多。汉惠帝派人斥责吕后说："这不是人干的事情！我作为太后的儿子，无脸再治理天下了。"汉惠帝从此沉湎于酒色，借酒浇愁，不理政事，二十三岁便英年早逝。

班固在《汉书》中评价道："汉惠帝内亲宗室，外礼宰相，可谓仁德宽厚。可惜由于母后的残忍而增加了他的精神痛苦，抑郁而终，可悲啊！"

汉惠帝因为有这样的母亲，下场是可怜的，而他的皇后，是吕后的亲外孙女，下场同样可怜。

汉惠帝的皇后姓张，是他姐姐鲁元公主的女儿。在惠帝四年，吕后为了亲上加亲，也是为了让外孙女能够像她一样尊贵至极，硬是立了张氏为皇后。汉惠帝和姐姐年龄相差不多，他姐姐的女儿能有多大，肯定没有成年。舅舅娶亲外甥女为妻，而且还是幼女，挺尴尬的。所以，汉惠帝与张皇后，只有夫妻之名，并无夫妻之实。

等到张皇后长大以后，汉惠帝就死了，张皇后只能独守空房。第二年，她的母亲鲁元公主也去世了，张皇后更加孤苦伶仃。吕后死后，大臣诛灭诸吕。张皇后虽然是吕后的亲外孙女，但朝野都知道她与诸吕乱政无关，没有为难她，只是废黜其位，把她安置在北宫居住。

北宫是皇宫后面一处极为偏僻幽静的院落，平日里人迹罕见。张皇后独居北宫，身边只有几名宫女，青灯孤影，这样无声无息、日出日落整整十七年。张皇后活到四十岁，同样也是抑郁而终。

汉惠帝和他的皇后固然可怜，但还算不上悲惨，真正悲惨的，是戚夫人和她的儿子。

悲惨的戚夫人和她的儿子

在封建社会，宫廷斗争十分激烈，而且残酷无情，很多嫔妃和皇子，下场都很悲惨。历史上最悲惨的，莫过于戚夫人和她的儿子刘如意。

《汉书》记载，戚夫人是山东定陶人，定陶今属山东菏泽市管辖，吕后与戚夫人算是老乡。戚夫人是在刘邦被封为汉王、与项羽争夺天下的时候，来到刘邦身边的，那时，吕后正在项羽营中做人质。刘邦对戚夫人一见倾心，十分宠爱，日夜不离，很快生了一个儿子。

刘邦经常把儿子抱在怀里，越看越"类我"，十分满意，取名刘如意。刘邦无论走到哪里，总是把戚夫人带在身边，如胶似漆。后来吕后被放回来了，却总是留守京城，很长时间见不到刘邦一面，感情日渐疏远。戚夫人有什么魅力，能得到刘邦长期宠爱呢？固然，年轻貌美是基本条件，但在后宫之中，这样的美女太多了，戚夫人肯定还有其他过人之处。在这方面，《汉书》没有说，《西京杂记》却有记载。

《西京杂记》记载，戚夫人歌唱得好，她唱的《出塞》《入塞》《望归》等歌曲，委婉动人，如泣如诉，使人久久不能忘怀，有数百名侍婢都跟着学唱。有时宫中举办大合唱，戚夫人领唱，众人齐声高歌，歌声响彻云霄。戚夫人舞也跳得好，她特别擅长跳甩袖和折腰的舞蹈，花样繁多，舞姿优美。戚夫人还会各种乐器，经常拨瑟击筑，节奏分明，音律悠长。看来，戚夫人具有文艺天赋，这是吕后远不能及的。

偏巧，刘邦也喜好音乐，会唱歌跳舞和击筑。戚夫人歌舞时，刘邦经常随声唱和，唱到高兴时，两人开怀大笑；唱到忧伤处，两人怆然泪下。刘邦与戚夫人，是一对情投意合的情侣，而与吕后，更多的是政治伙伴。所以，戚夫人能够得到刘邦的长期宠爱，就不足为奇了。

能得到皇帝宠爱，是嫔妃梦寐以求的事情，但如果把握不好，也会因福得祸，戚夫人就是这样。

戚夫人犯的最大错误，是公然挑战太子之位。她利用刘邦对她的宠爱，日夜哭泣，促使刘邦下决心要废了刘盈，改立自己的儿子为太子。戚夫人具有文艺才能，但在政治上却十分幼稚和天真，远不是吕后的对手。她不知道，挑战太子之位，实际上是对封建继承制度的挑战。封建继承制度的原则，是立嫡立长，而废长立幼，是违背祖制的倒行逆施。大臣反对废立，并不完全是觉得刘盈贤能，而是要维护传统的封建继承制度。

戚夫人也不清楚自己和吕后力量的对比，吕后在朝中势力很大，而她却是孤身一人。她依靠的唯一力量，是皇帝，所以，当刘邦改变了主意，她就彻底没戏了。戚夫人挑战太子之位不成，反而引来了杀身之祸，而她对这杀身之祸，也缺乏清醒的认识。

刘邦去世，吕后做了皇太后，大权在握，就把戚夫人囚禁起来，剃去头发，颈束铁圈，穿上囚徒的红衣，让她舂米做苦役。此时，戚夫人的性命捏在吕后手中，危在旦夕。戚夫人却不知利害，反而把希望寄托在自己儿子身上。她一边舂米，一边唱道："儿子当王，母亲为奴，一天到晚舂米，常与死亡相伴。相隔三千里，谁能告诉你？"戚夫人的儿子刘如意，此时在赵国为王，但他只是一个十岁左右的孩子，能有什么作为？这是戚夫人犯下的最致命的错误，不仅使自己的处境更加危险，而且把祸水引到儿子身上。

果然，吕后听说后，勃然大怒，恶狠狠地说："她还想靠她的儿子吗？那就先把她儿子杀了。"吕后下诏，让刘如意进京。此时，赵国的国相是周昌。周昌素有耿直之名，又有恩于吕后，所以，刘邦临终时，派周昌去赵国为相，意图保护自己的爱子。周昌知道，刘如意一旦进京，必定凶多吉少，便不让去。吕后派了三次使者，都被周昌拦住了。

吕后怒不可遏，干脆下诏调周昌进京。周昌作为臣子，不能不来。吕后指着周昌的鼻子大骂："你不知道我恨戚氏吗？你竟敢不把赵王送来！"吕后排除了周昌这个障碍，把赵王顺利召进京来，毒死了他。周昌没有完成刘邦的重托，心情郁闷，称病不上朝，三年之后就死了。

吕后杀了刘如意，就对戚夫人下手了，而且惨无人道地把戚夫人制成"人彘"。彘就是猪，人彘，是把人变成猪的一种酷刑，就是剁掉四肢，挖出眼睛，割去舌头，熏聋耳朵，剃光头发，划破脸面，真是残忍至极，令人发指。遭受此刑的人，一般不会立刻死去，还要在万分痛苦之中活上几天。由于此刑太过恐怖残忍，历史上有记载的只有两例，吕后是一个，另一个是武则天。难怪汉惠帝见到"人彘"后，精神崩溃，斥责他母亲说："这不是人干的事情！"

戚夫人和刘如意被残杀，吕后固然是元凶，但刘邦也难辞其咎。戚夫人天真幼稚，刘邦可是老狐狸，他什么不懂？刘邦明明知道废长立幼有失伦常，仍然动了念头，但又没办成，这明显是把戚夫人母子置于危险境地。刘邦明明知道宫廷斗争之残酷，却对戚夫人没有任何保护措施，对爱子的保护也没管用，以至于他死以后，母子俩就像羔羊一样，任人宰割。

看来，刘邦是爱美人，但更爱江山。后人有诗讽刺刘邦："谁教玉体两横陈，粉黛香消马上尘。刘项看来称敌手，虞美人后戚夫人。"意思是说，刘邦和项羽真是对手啊，项羽的宠姬虞美人死了，刘邦的爱妃戚夫人也没有保住。

戚夫人争夺太子之位，本身有取死之道，如果一刀杀了她，也不为过。但吕后用如此残忍的手段虐杀她，这就泯灭了人性，太过分了。所以，吕后在历史上留下千古恶名。其实，吕后在执政期间，是做过许多好事的，但人们只记住了她的残暴和狠毒。吕后在残害戚夫人的同时，也把自己永远钉在了历史耻辱柱上。

吕氏家族昙花一现

汉惠帝在位时，吕后在后台操纵朝政；惠帝死后，她直接跳到前台，临朝称制。这样，吕后实际执政长达十五年。这期间，社会稳定、经济发展，与此同时，吕氏家族也发达起来，富贵荣华，十分显赫。可没想到，吕后一死，吕氏家族立刻就灰飞烟灭了。

《汉书》记载，惠帝是吕后唯一的儿子，年轻早逝，当母亲的应该万分悲痛，可是，在惠帝葬礼上，吕后却是干哭不掉泪。她在想：皇帝死了，这块招牌没有了，她该怎么样号令天下？群臣是否顺从呢？这是头等大事，比丧子之痛重要。张良的儿子张辟强，只有十五岁，在宫里当侍中，他看穿了吕后心思，就建议丞相陈平，让吕家人掌管军队，入朝为官，这样，吕后安心，大臣也能够自保。陈平本是圆滑之人，赶紧奏请吕后，让吕后的侄子吕台、吕产分别统领南北二军。吕后具有政治才干，深知军权的极端重要性，见军权落到自家人手里，这才大放悲声，泪如雨下。

有了军权，吕后的腰杆子硬起来了，开始实施她的计划。惠帝死后，刘邦还有五个健在的儿子，是可以继承皇位的，但那就意味着吕后会大权旁落，这是万万不行的。吕后有办法，她从惠帝与宫女生的孩子中抱来一个，说是皇后生的，由他继承了皇位，被称为前少帝，并且杀掉了孩子的亲生母亲。

没想到，这孩子稍微懂点事以后，知道母亲被杀，十分生气，说："太后怎么能杀我母亲呢？我长大了，一定要报仇。"真是童言无忌。吕后听说了，吓了一跳，赶紧把他废了，后来又毒死了他。吕后又抱来一个孩子当皇帝，被称为后少帝。像废立皇帝这样天大的事，全凭吕后一句话。群臣不仅不敢反对，反而异口同声说："太后这是为国家考虑的，臣等俯首奉诏。"

皇帝太小，不能理政，吕后直接临朝，代替皇帝发号施令，被称为临朝称制。吕后是中国历史上女性临朝称制第一人，虽无皇帝之名，却有皇帝之实。所以，《史记》和《汉书》在帝王传记中，都把吕后列入其中。

吕后在执政期间，还是有不少德政的。由于多年战乱，民不聊生，西汉初年经济凋零。刘邦贵为皇帝，想找四匹同样毛色的马拉车，都找不到。有的大臣没有马，只能坐牛车上朝。吕后时期，实行与民休息的国策，无为而治，迅速医治战争创伤，恢复和发展生产。吕后提倡勤俭建国，治理铺张浪费之风。她下令废除三族罪、妖言令等严苛法律。三族罪后来还有反复，甚至更甚，明成祖朱棣就曾灭人十族。

吕后还下令减少田租，鼓励农耕。这个时期，尽管宫廷斗争十分激烈，但社会大局保持稳定，经济得到快速发展。班固在《汉书》中这样评价："高后以妇女主持朝政，不出宫门而天下安泰，刑罚少用，人民从事耕种，衣食丰足。"

吕后权倾朝野，掌控天下，唯我独尊，感到心满意足。但是，她还想让姓吕的娘家人都尊贵起来。要想尊贵，除了皇帝以外，就是王侯。可是，刘邦曾经有过"白马盟誓"，不是姓刘的，不能封王，这可是不小的障碍。

吕后去找右丞相王陵商议，王陵耿直，以"白马盟誓"为由，硬邦邦地给顶回去了。吕后恼怒，又问左丞相陈平和太尉周勃的意见，他俩都说："当时高帝当皇帝，自然要封刘姓为王；现在是太后主宰天下，要封吕姓王，也是可以的。"吕后大喜，免了王陵的职务，让陈平当了右丞相。

吕后清除了障碍，开始封王了。吕后还是很讲策略的，她先追封哥哥吕泽为悼武王。吕泽很早就跟随刘邦打天下，屡立战功，被刘邦封侯，此时已经病故。封一个死人，明显是投石问路。这样做，实际上是想打破"白马盟誓"的束缚，看大臣有什么反应，结果大臣没有反应。吕后放心了，开始肆无忌惮地大封吕姓王。

吕后首先封的，是侄子吕台。吕台是吕泽的儿子，他在吕后执政前期已被封侯，封地在陕西。吕后见齐国郡多，齐王刘肥已经死了，刘肥的儿子刘襄当齐王，比较年轻，就硬从齐国拿出了济南郡，改成吕国，让吕台当吕王。吕台命薄，当王不到一年就死了，他的儿子吕嘉继位吕王。吕嘉违法被废，吕产当了吕王。

刘如意死后，赵王之位空缺，吕后便把刘邦的第六子、淮阳王刘友改封为赵王，并指定吕氏之女当王后。刘友不喜欢吕氏，而喜欢别的姬妾。吕氏由妒生恨，到吕后面前告恶状，说刘友说过"姓吕的怎么能当王呢？太后死了以后，我一定杀了他们"。吕后大怒，立即召刘友进京，囚禁在宫邸里，把他活活饿死了。刘友死后，吕后又把刘邦第五子即梁王刘恢改封为赵王，空出来的梁王位置，就把吕产由吕王改封为梁王了。吕产也是吕泽的儿子，吕后对他很器重，让他统领南军，后来又升为国相，把持朝政。

刘恢当了赵王，被迫娶了吕产的女儿为王后，刘恢也不喜欢她。吕产女儿仗着吕后和父亲的权势，飞扬跋扈，为所欲为。刘恢有一个宠爱的妃子，两人十分恩爱，吕产女儿竟然把她毒死了，同时派人对刘恢严密监视。刘恢没了爱情，又失去自由，万念俱灰，悲愤自杀。赵王位置又空出来了，吕后就封另一个侄子吕禄为赵王。吕禄是吕后二哥吕释之的儿子，吕释之被吕后追封为赵昭王。吕后对吕禄也很器重，让他接替吕台统领北军，后来又升任上将军，掌握军权。

吕后封吕姓王上了瘾，她杀一个刘姓王，就封一个吕姓王代替。刘邦第八子燕王刘建，没等吕后去杀，自己先死了。刘建有个儿子，理应继承王位，吕后派人把他杀了。可怜刘建的儿子，还在襁褓之中。刘建绝了后，吕后就封吕台的儿子吕通为燕王。

吕后除了封吕姓王以外，与自己关系密切的，也被封王。她封女婿张敖的儿子为鲁王，封妹妹吕媭的女婿刘泽为琅琊王。琅琊本来是齐国的一个郡，吕后硬夺了过来。齐国连失两郡，加上刘肥献给鲁元公主的那个郡，一半土地没有了。齐王刘襄非常不满，吕后死后，他第一个起兵反吕。

吕后除了封吕姓王以外，还封了一大批吕姓侯，朝中重要官职，也都由吕氏担任。一时间，吕氏家族成了天底下最显赫的家族，刘氏江山似乎成了吕氏天下。吕后这样做，是为了巩固她的统治，她认为，只有娘家人，才最可靠。同时，她想让娘家人都富贵起来，以显示自己的权势。

　　吕后的做法，自然引起朝中大臣的不满，刘氏宗族更是愤恨不平。刘襄，汉高祖刘邦长孙，齐悼惠王刘肥长子，公元前189年，刘肥去世，刘襄即齐王位。刘襄的弟弟刘章在朝中做官，他曾经借着在酒宴上当酒监的机会，杀死一名逃席的吕姓人，以发泄心中怨恨。吕后也知道存在危机，临终前，她再三叮嘱吕产、吕禄两个侄子，不要去为她送葬，一定要待在军营里，牢牢控制住军权。可惜，两个侄子都是平庸之辈，根本不配担当重任。

　　果然，吕后一死，刘章就给哥哥刘襄写信，让他带兵入京，他做内应，灭了诸吕，拥立刘襄当皇帝。刘襄立即发兵，杀向京城。吕产、吕禄慌了手脚，自己无带兵能力，只好请老将灌婴率军阻挡。灌婴是刘邦旧将，忠于刘氏。他领兵到了荥阳以后，就宣布倒戈，与刘襄联合反吕。吕产、吕禄得到消息，惊慌失措，乱了方寸。

　　周勃、陈平趁此机会，哄骗吕禄交出军权。刘章在宫中杀死吕产。周勃派兵分头抓捕吕氏男女，不分老幼一律斩杀。吕后苦心经营的吕氏大厦，顿时土崩瓦解，显赫一时的吕氏，就这样被灭族了。

　　吕氏家族昙花一现的史实告诉我们：依仗权势得来的富贵，只能显赫一时，但不会长久，而且往往是祸根，很容易因福得祸。

天上掉下皇位来

人们常说，机会总是留给有准备的人，其用意是鼓励人们积极进取，不要消极等待。但这话并不绝对，有准备的人，不一定会等到机会，而没有准备的人，机遇可能会找上门来。比如汉文帝刘恒，既没有当皇帝的想法，更没有当皇帝的准备，可偏偏就轻而易举地当上了皇帝，好像皇位是从天上掉下来一样。

《汉书》记载，刘恒是刘邦的第四个儿子。他是不幸的，也是幸运的。他的不幸与幸运，还要从她的母亲说起。

刘恒的母亲姓薄，人称薄姬。薄姬是个私生女，从小由母亲独自养大，童年生活十分不幸。薄姬长大以后，被母亲送到魏国宫中，做了魏王豹的姬妾。后来，魏国被刘邦灭了，魏王豹被杀，薄姬当了俘虏，成了刘邦宫中一名织布的奴隶。

有一次，刘邦偶然碰见薄姬，见她有些姿色，便纳入后宫。但薄姬与刘邦只住了一个晚上，以后就很少能见到刘邦的面了。想不到的是，就这短暂的"一夜情"，薄姬竟然怀孕了，生下了儿子刘恒。

薄姬得不到刘邦宠爱，刘恒自然也得不到父爱。在他八岁的时候，被封为代王。代国当时是汉朝的边疆，地处偏远，寒冷荒凉。一个八岁的孩子，远离父母，身边又没有兄弟姐妹和亲戚朋友，处境可想而知。同样是王，赵王刘如意可以不去封地，留在父母身边，而刘恒却不行。幸运的是，刘邦死后，吕后把刘邦喜欢过的嫔妃都囚禁起来，唯独把薄姬放出宫去，到代国与儿子同住。因为她知道，薄姬是最不受刘邦宠爱的。看来，不幸与幸运，是可以相互转化的。

母亲的到来，使刘恒的心灵得到很大安慰，从此母子团聚，相依为命。娘儿俩知道，他们没有靠山，没有势力，因而也没有任何的非分之想。他们远离京城和权力中心，任凭皇宫内斗得你死我活，全都与己无关，不与朝廷任何人联系，清心寡欲，与世无争。

这期间，吕后想让刘恒去当赵王。赵国富裕，条件远比代国好，但靠近京城，并且已有刘如意、刘友、刘恢三个赵王被杀，是个是非之地。刘恒婉言谢绝了，表示要在代国继续为吕后守卫边疆。吕后见刘恒既无野心，又无作为，就不拿他当回事了。所以，其他刘氏子弟遭到迫害，刘恒却能安然无恙。就这样，刘恒母子俩在遥远的北方，默默无闻地度过了十七个春秋。

等到诸吕被灭，京城归于平静的时候，谁来当皇帝，就成了头等大事。有资格继位的，人还真不少，由于没有嫡子，刘邦的儿子、孙子，甚至兄弟、侄子们，都可以考虑。吕氏势力被消灭以后，政坛上只剩下两派力量，一派是以陈平、周勃为首的功臣派，另一派则是以齐王刘襄为主的皇族派。

当时，人们普遍看好由刘襄当皇帝。一是刘襄是刘邦的长孙，血缘关系近；二是刘襄能力强，又有弟弟刘章、刘兴居相助，兄弟三个都是年轻有为，不是平凡之辈；三是刘襄三兄弟在铲除诸吕中立有大功；四是齐国地盘大、势力强。

刘襄本人，也觉得皇位非己莫属，跃跃欲试，暗中做了各种准备。宗室刘泽对刘襄说："大王是高帝长孙，应该当皇帝。我是刘氏子弟中年龄最大的，可以帮您促成这事。"刘襄很高兴，派车把他送到京城。

然而，刘襄的这些优势和强项，正是功臣派忌惮的。大臣都不愿意立个强势皇帝，而愿意立个软弱老实的，这样既有安全感，又便于操控。所以，当有人提出立刘襄为帝时，大臣都说："齐王母亲家势力很大，齐王的舅舅很凶暴，如果齐王当了皇帝，恐怕又会出现像吕氏擅权那样的局面。"多么冠冕堂皇的借口啊！

刘襄的弟弟刘章没有参加朝议，陈平、周勃派他到刘襄那里，通报灭吕情况，传达让刘襄罢兵的命令，因而刘章失去了发言权。刘泽倒是参加了朝议，但他其实与刘襄有矛盾，不仅没有为刘襄说好话，反而起了反作用。功臣派权力很大，丞相、太尉、御史大夫等重要职位，都由他们担任，因此，刘襄尽管内心很窝火，但没有办法。

排除了刘襄，大臣们的目光不约而同地瞄向了代王刘恒。刘恒仁厚老实，在边疆无声无息待了十几年，在朝中没有任何势力，他母亲家庭更是弱小。这些，都十分符合功臣派的择主标准。何况，在刘邦仅存的两个儿子中，他年龄居长。所以，刘恒当皇帝，似乎成了不二人选。这真是人在家中坐，皇位从天降。

公元前180年，刘恒登基当上皇帝，被称为汉孝文帝。那么，刘恒这皇帝当得怎么样呢，会不会像功臣派希望的那样，是个弱势皇帝呢？

仁孝宽厚的汉文帝

陈平、周勃等功臣派灭了诸吕之后，想立一个弱势皇帝，选中了刘恒。然而，他们全都看走了眼。汉文帝表面宽厚，内心却很强势，而且具有雄才大略。他登基之后，果断压制功臣派和皇族派势力，迅速巩固了自己的皇权地位，大力推行一系列经济、政治政策，把西汉王朝推向第一个治世，被称为"文景之治"。

汉文帝是一位大有作为的皇帝。刘邦说三子"类我"，太子"不类我"，其实，真正像他那样有谋略的，只有四子刘恒，刘邦也看走了眼。汉文帝身上具有许多好的品质，通过读《汉书》，笔者概括了以下几点。

一是孝顺。汉文帝知道薄姬一生坎坷，对母亲十分孝顺恭敬，尽量让母亲过得开心一些。在代国时，薄姬得过一次重病，病了三年。汉文帝在这三年时间里，从不脱衣睡觉，每天都在母亲病床前精心侍候，熬好的汤药，他都要亲口尝一尝，才让母亲喝。人们称赞他，说他在孝顺方面，超过了历史上有名的孝子曾参。元代郭居敬编录的《二十四孝》，汉文帝名列第二。一般来说，凡是孝顺之人，品德都不会差。

二是稳重。大臣派出使者，来到代国，要迎接刘恒进京当皇帝。若一般人，肯定会被这从天而降的大喜事砸晕了头，而刘恒却出奇地冷静，做出了六项安排。第一，召集群臣商议。臣子有的说是好事，有的担心是圈套，意见不统一。第二，向母亲请示，薄姬拿不定主意。第三，占卜，结果大吉。第四，派舅舅薄昭进京核实情况。薄昭回来后说是真的，刘恒这才带人启程。第五，走到京城附近停下，再派亲信宋昌前去打探情况，看有无变化。等到宋昌回来报告说，群臣都在渭桥迎接，没有任何异常，刘恒才继续前行。第六，进京后不去皇宫，先到代王在京的馆舍。群臣也紧跟着到了馆舍，呈上奏议，请刘恒登基。刘恒推辞，说自己德才不够，不足以担此大任。群臣都拜伏于地，坚决请求刘恒同意。刘恒向西辞让三次，向南辞让两次。群臣趴在地上不肯起来，苦苦相劝。刘恒仔细观察了群臣的表情和现场情况，确信没有问题，这才同意当皇帝。可见，汉文帝是多么冷静、沉着和稳重。一般来讲，凡是沉稳之人，是不会做出鲁莽之事的。

三是强势。刘恒答应了当皇帝，于当天夜里进入皇宫。那一夜，刘恒几乎没有睡觉，连发几道诏令。第一，命令丞相、太尉、御史大夫及以下文武百官，各负其责，不得擅离职守。第二，谴责吕氏专权，阴谋篡逆，危害刘氏宗庙，肯定了众臣灭吕是正义之举。第三，任命宋昌为卫将军，统领南北二军，周勃不再兼管南北二军的事务。南北二军何等重要，直接关系京城安危，刘恒首先把这个大权抓了过来。第四，任命另一个亲信张武为郎中令，负责保卫皇宫，刘恒的安全无忧了。第五，大赦天下，赐天下男子爵位一级，女子每百户赐牛和酒，允许聚饮五日。

几道诏令一下，大臣全都目瞪口呆。这哪里是弱势皇帝所为，分明是个强势皇帝啊！汉文帝之所以敢如此强势，表明他已经洞察了大臣拥戴他为帝的用意，用实际行动表明自己决不弱势，而且他确信，在当时情况下，他的皇位无人能够代替。在后来的施政过程中，汉文帝仍然表现出强势，像废除苛法，尽管有些大臣不同意，汉文帝仍然坚持。

四是仁爱。这主要体现在汉文帝对待老百姓的态度上。汉文帝明确提出了以"黄老之术"治国的思想，清静无为，与民休息。他称帝后的第二年，就下令田租由十五税一减为三十税一，逢灾荒年还全部免去田租。他规定，成年男子的徭役每三年才服一次，这在历代是独一无二的。汉文帝下令废除"连坐法""诽谤朝廷罪""妖言惑众罪"等严刑苛法，还废除了长期存在的肉刑。这样，通过实行"轻徭薄赋、轻刑慎罚"的政策，实现了政治清明、社会安定，百姓丰衣足食、安居乐业。

汉文帝还十分重视民间疾苦，特别倡导尊老爱幼。他下诏说："孝敬父母，尊敬兄长，这是顺乎伦常天道的。"他规定，年龄八十岁以上的老人，赐每人每月米一石，肉二十斤，酒五斗；九十岁以上的，再增加帛二匹，絮三斤。赐物及发粮时，对九十岁以上的老人，县令要亲自督查，县丞或县尉要亲自送交；不满九十岁的，由农政官员、令史送交。

五是宽厚。这主要体现在汉文帝对待臣子的态度上。汉文帝的强势，表现在他要办的事情，必须坚持办成，但在态度上并不严厉，更不暴虐。他想废除"连坐法"，主管官员不同意，说："亲属连坐，是让人们心有牵挂，不敢犯罪。此法自古就有，不宜废除。"汉文帝并不强硬推行，而是耐心地讲了一番道理，然后让他们再议，一次不行，复议多次。官员们知道皇上非办不可，同意了，文帝这才下诏推行。

汉文帝坚持以德服人、以理服人，很少惩罚臣子，更无滥杀之事。有时候臣子冒犯了他，他也生气，但只是一走了之，并没有别的惩罚。

六是节俭。汉文帝是历史上有名的俭朴皇帝，平时吃饭穿衣都很平常，一点也不奢华。为了节省布料，他不允许嫔妃穿拖地长裙。有一次，他想建一座亭台，让人一算，需花黄金百斤。那个时候的黄金，实际上是黄铜。文帝说："百斤相当于十户中等人家的产业，太浪费了，还是不建了吧。"

文帝在位二十三年，宫内建筑和车马等物，一样也没有增加。汉文帝还亲自下田耕作，收获的谷物，用来祭祀宗庙。汉文帝临终时，仍然念念不忘节俭，嘱咐道："陵墓内一律用瓦器，不准用金银。服丧的麻带，宽度不要超过三寸，免得浪费。丧事一切从简，不得扰民。"

班固在《汉书》中评价道："文帝以德化民，致使四海殷富，礼义之风兴起，断狱仅数百人，几乎到了刑罚不用的程度，真是仁德之帝啊！"

然而，对于皇帝来说，光有仁德是不够的，还要有政治智慧和手段。在这方面，汉文帝也是高人一等。

仁德不如皇位重要

汉文帝宽厚仁义，被公认为是历史上最好的皇帝之一。他实行仁德，根本目的是巩固自己的皇权，当皇权受到威胁的时候，仁德就显得不那么重要了。

《汉书》记载，汉文帝进入皇宫的当天晚上，汉惠帝四个未成年的儿子，包括后少帝刘弘在内，全部被杀死在他们的府中。谁干的呢？《史记》和《汉书》都说是"有司"干的。"有司"，就是有关部门。那么，是谁下令让有关部门干的呢？直到现在，仍是众说纷纭，莫衷一是。但不管是谁干的，受益者只有汉文帝。因为这几个孩子，都是有皇位继承权的，况且后少帝，当时就是名义上的皇帝。他们一死，就消除了汉文帝皇位的一大隐患。

汉文帝初登皇位，身边除了从代国带来的宋昌、张武等六个亲信以外，在朝中几乎没有势力，而功臣派和皇族派的势力都很强大。功臣派认为他们灭了诸吕，匡扶刘氏江山，又拥戴刘恒当上皇帝，功劳巨大，有些居功自傲。周勃每次上朝，都是昂首挺胸，扬扬自得，下朝时则快步走出，旁若无人。而汉文帝对他十分恭谨，常常目视送他。皇族派觉得刘恒在灭吕中未有寸功，是"摘桃子"的，当皇帝太便宜了，心中不服。尤其是刘襄、刘章、刘兴居三兄弟，觉得自己费心费力，到头来却为别人做了嫁衣，心中窝了一肚子火。所以，汉文帝的皇位基础并不牢固，如何巩固皇权，是他首先要考虑的头等大事。

汉文帝上台后，先是安抚群臣，收买人心。他加封周勃邑万户，赐金五千斤；加封陈平、灌婴邑各三千户，赐金二千斤；加封刘章邑二千户，赐金一千斤，其他有功人员均有赏赐。他把吕后从齐国夺走的城阳、济南、琅琊三郡归还给齐王，刘泽由琅琊王改封为燕王。

汉文帝为被吕后迫害致死的刘氏子弟平反昭雪，封刘友的长子为赵王，另一个儿子为河间王，这使刘氏宗族对文帝十分感激。汉文帝还对刘邦时期的旧臣老将予以施恩，跟随刘邦进入蜀汉的六十八人，各增封邑三百户；曾随从刘邦的颖川守尊等十人，各增封邑六百户；淮阳守申屠嘉等十人增邑五百户，各个时期的老将均有奖赏。诏令一下，这些旧臣老将纷纷叫好。

与此同时，汉文帝抓紧培植自己的势力。他登基不久，就立儿子刘启为太子，任命舅舅薄昭为将军，并封为轵侯。封宋昌为壮武侯，其他从代国来的亲信都当了九卿高官。自己的三个儿子，分别被封为梁王、代王和太原王。汉文帝还十分注重发现和培养年轻才俊，像袁盎、贾谊、晁错等一批人才，都来到文帝身边，得到信任和重用。通过采取各种措施，汉文帝的皇权很快得到巩固。

汉文帝巩固皇权之后，开始对功臣派和皇族派进行压制。此时，陈平已死，周勃担任丞相，是功臣派的首领。有一次，袁盎问汉文帝："皇上认为丞相怎么样？"文帝回答："是社稷之臣。"袁盎说："臣以为周勃只是功臣，而不是社稷之臣。社稷之臣，应该是主在臣在，主亡臣亡。而在吕后专权时期，周勃担任太尉，掌握兵权，却不能匡扶挽救，所以他不是社稷之臣。如果周勃对皇上有骄傲之色，皇上又谦虚退让，那就违背了礼节，是不妥当的。"从此，汉文帝对周勃的态度逐渐庄严起来，周勃感到了畏惧。

汉文帝登基后第二年，为了稳固皇权，听从贾谊建议，采取了一个重大措施，要求列侯都回到自己的封地去。这些被封为侯的，多数是功臣派，也有皇族派。京城生活条件好，离权力中心近，这些列侯大多居住在京城，客观上对皇权构成了威胁。

于是，汉文帝下诏说："朕闻古时诸侯众多，但各守其地，上下和睦快乐。如今列侯多居于长安，离封邑甚远，不能教化百姓，运送物资又十分困难。现令列侯都要到自己的封邑去，各守其土，各司其职。在朝中担任高位不能离开的，由其世子代替去封邑。"

这理由十分充足，列侯不好反对，但内心里却都不愿意去。汉文帝找到周勃，说："丞相德高望重，能不能带个头啊？"周勃知道皇上对自己已经起了疑心，哪还敢说什么，赶紧辞去丞相职务，回自己封地去了。

汉文帝略施小计，很客气地把周勃赶下台，马上任命太尉灌婴为丞相。灌婴当初率军驻守荥阳，虽然宣布倒戈反吕，但同时也阻止刘襄西进。当时如果让刘襄带兵入京，那皇位肯定就是他的了。因为这个缘故，汉文帝对灌婴十分感谢和信任。周勃当初由太尉升为丞相，实际上是夺去了他的军权，如今灌婴也由太尉升为丞相，却仍然让他掌管军队。

周勃回到封地以后，十分担心自己的安全，每逢郡县官吏来巡视拜访，周勃都身披铠甲，让家人手持武器，如临大敌，气氛十分尴尬。时间一长，有人告他图谋造反，汉文帝借机把他逮捕，关到监狱里。因缺乏证据，薄太后又干预，很快便把他放了。

其实，汉文帝是学他老子刘邦对待萧何的做法，只是敲山震虎而已。周勃回到自己家中，从此闭门不出，老老实实，几年后病死了。汉文帝为他举办了隆重的葬礼，让他儿子继承了爵位。

降服了周勃，功臣派群龙无首，汉文帝不足为虑了。而对付皇族派，汉文帝需要花费大心思，因为毕竟都是刘氏自家兄弟啊！

当初，齐王刘襄率先起兵反吕，刘章、刘兴居在朝廷为内应，兄弟三人都立有大功。大臣们曾商议，让刘章当赵王，刘兴居为梁王。赵、梁两国，地理位置重要，并且富裕，兄弟俩很高兴。可是，汉文帝登基后，知道了刘襄想当皇帝的事情，哪里还敢把赵、梁之地给他们呀。好事泡了汤，兄弟俩闷闷不乐。

到了第二年，汉文帝忽然大方起来，说刘章、刘兴居灭吕有功，把兄弟俩一下子都封成了王。刘章被封为城阳王，刘兴居被封为济北王。可是，这两块地盘，都是齐国的。齐王刘襄，在刘恒称帝的当年，就窝火死了，现在是他儿子做齐王。这等于是把侄子的东西，拿过来给了他两个叔叔，"羊毛还是出在羊身上"。刘章兄弟俩，一边磕头谢恩，一边气得肚子鼓鼓的，不到一年，身强力壮的刘章就死了。

刘兴居却不想窝囊死，他趁着匈奴入侵、汉文帝去前线督战的机会，铤而走险，起兵造反了。汉文帝听说后，立即调兵遣将，派出十万大军，不到两个月，就平定了叛乱。刘兴居兵败被俘后，悲愤自杀。他的窝囊气是出了，可命也没有了。

平定叛乱以后，汉文帝下诏说："济北王背叛朝廷，坑害吏民，是罪魁祸首。对其他参与叛乱的官吏和百姓，一律赦罪，官吏仍居其职，与济北王有联系的，也予赦免。"众人喜出望外，感恩戴德，局面很快稳定下来。

平定刘兴居叛乱以后，为了安抚齐国人心，汉文帝把刘肥健在的七个儿子全部封侯，几年后，又将健在的六个儿子全部封王，加上刘章儿子继承的城阳王，偌大的齐国，就被一分为七，再也构不成对皇权的威胁了，汉文帝还落了一个仁德的好名声。

解决了齐国问题，消除了汉文帝皇权的一大隐患。可是，汉文帝还有一个同父异母的弟弟呢，他同样有皇位继承权。那么，宽厚仁义的汉文帝，该如何对待他这个弟弟呢？

汉文帝"溺杀"其弟

　　汉文帝同父异母的弟弟，名叫刘长，是刘邦的第七子，被封为淮南王。当时，他和汉文帝是刘邦八个儿子中仅存的两个。汉文帝是大孝之人，对兄弟自然也很友爱。刘长骄横无礼，汉文帝娇惯纵容，致使刘长无法无天，最后竟然参与叛乱，不得善终。有人说刘长是咎由自取，有人说是汉文帝故意所为，溺杀了他。

　　《汉书》记载，刘长的身世十分可怜，他一生下来，母亲就死了。刘长的母亲姓赵，是赵王张敖宫中的一个美人。汉八年，也就是赵国国相贯高阴谋刺杀刘邦的那一年，刘邦从东垣经过赵国，张敖仍然十分殷勤，把赵美人献给刘邦侍寝。

　　刘邦与赵美人只有一次接触，连"一夜情"都算不上，因为刘邦连夜就走了。但就是这一次接触，赵美人竟然怀孕了。张敖不敢再让她回宫，给她另建了房子在宫外居住。

　　第二年，贯高刺杀刘邦的阴谋被人告发，刘邦把张敖、贯高等人押往京城，同时把张敖的家人和他的姬妾，全都关到监狱里，赵美人也在其中。

　　当时，赵美人挺着大肚子，快要分娩了。她对狱吏说："我去年得到皇上宠幸，怀了身孕，请你们赶快禀告皇上。"狱吏不敢怠慢，马上逐级上报刘邦。刘邦正在气头上，没有理睬。

　　赵美人的弟弟赵兼，托人找到吕后的宠臣审食其，送上厚礼，请他帮忙。审食其告诉了吕后，吕后醋性大发，不肯相助，审食其也没有再尽力。

　　赵美人绝望了，怨恨刘邦无情，在狱中生下刘长后，含恨自杀。

后来，刘长就把母死之仇记到审食其头上了。刘邦听说赵美人自杀了，有些后悔，厚葬了她，把刘长抱回宫中，交由吕后抚养。刘长算是吕后的养子，所以吕后迫害刘氏子弟时，没有对他下手。

说来也怪，吕后的亲儿子刘盈，一点也不像母亲，可养子刘长，倒有几分像吕后。他性情刚烈，专横跋扈，任性放纵。刘邦灭了淮南王黥布以后，封刘长当了淮南王。

汉文帝登基后，刘长去朝拜，他不遵循君臣之礼，不称皇上，而叫"哥哥"。他跟随汉文帝去打猎，与文帝同坐一辆车，说话十分随意。汉文帝没有责怪他，大概也愿意让他一口一个哥哥叫着吧。刘长并不是小孩子，当时也是二十多岁的成年人了。刘长仗着哥哥宠爱，任意胡为，有好几次犯法，文帝都宽恕了他，没有追究。刘长愈加骄横，终于闯了大祸。

文帝三年，刘长又进京朝拜。在此期间，刘长带领随从，直奔审食其府上，要为母亲报仇。审食其却不知道刘长恨他，听说淮南王到来，慌忙出门迎接，躬身行礼。刘长二话没说，趁其不备，取出袖中藏的铁锥，照他的脑袋砸了过去。审食其没哼出声来，就倒地身亡。随从挺剑上前，又砍下他的头颅。可怜审食其，至死也不明白是怎么回事。

审食其可不是一般的人物，他是沛县人，是刘邦旧臣，跟随刘邦起义。刘邦去打天下，委托审食其在家里照顾他的父亲和妻子儿女，可见刘邦对他很信任。审食其精心照顾刘邦家眷，也曾被项羽俘虏当过人质。因此，刘邦后来封他为辟阳侯。审食其与吕后关系亲密，吕后执政时，任命他为左丞相。

刘长擅杀朝中大臣，成为轰动一时的京城大案。群臣纷纷要求予以严惩，可汉文帝觉得他身世可怜，又是为母报仇，因而赦免了他，没有给予任何处罚，仍然让他回到封国去了。

刘长回到封国后，觉得杀了一个大臣都没事，就更加肆无忌惮了。他滥杀无辜，曾经一次处死七个无罪之人，而且自己还亲手杀了一个。生活上更是穷奢极欲，荒淫无度。最严重的是，刘长多次违背汉文帝的旨意，我行我素；不用汉朝汉律，而自己制定法令；驱逐朝廷任命的官员，自己设置丞相和其他高官；车马仪仗，仿照皇帝的规格。这些，都是大逆不道之罪啊。汉文帝听说弟弟的劣行以后，很是忧虑，就让舅舅薄昭给刘长写信，进行规劝。

薄昭当时位高权重，又是长辈，他给刘长写了一封长信，历数了刘长不仁、不孝、不明、不贤、不义、不礼、不顺、不智八大错误，让其反省警惕，改过自新。薄昭在信中还回顾了高帝创业之艰难，劝刘长珍惜江山；叙述了文帝对刘长的慈爱宽容，劝刘长牢记兄弟之情意。

《汉书》几乎全文记载了此信，信中既有严厉谴责，又有婉言相劝，情真意切，感人至深。薄昭的信，肯定是经过汉文帝看后同意的，这说明汉文帝对刘长，不是没有管束，只是管束得不够严厉罢了。

刘长看到书信，不仅没有醒悟，反而十分生气，他想：同样都是高帝的儿子，凭什么你刘恒能摘桃子？凭什么管教自己？此后，刘长对汉文帝的态度，越发傲慢无礼。

有一次刘长病了，汉文帝很担心，派使者前去慰问，并带去枣脯，刘长却不接见使者。还有一次，刘长派兵平息了庐江一带的叛乱，汉文帝派使者送去丝帛五十匹，赏赐给平叛有功人员。刘长却轻蔑地说"这里没有有功之人"，把丝帛退了回去。南海王给汉文帝写信，想给皇宫进献璧玉和丝帛。刘长的手下蔺忌，竟敢擅自烧毁书信，不予上报。汉文帝知道此事后，诏令蔺忌进京，刘长却阻拦不让他去。

刘长收聚一批各诸侯国犯罪逃亡之人，给他们安排住处，置办家产，赐给钱物，有的还升官封爵。文帝六年，将军柴武的儿子柴奇，网罗开章等七十人，阴谋叛乱，并策划请匈奴和闽越出兵，南北夹击汉朝，刘长也参与阴谋。

事情败露以后，朝廷追捕开章，刘长把他藏了起来，后来又与蔺忌密谋，杀了开章灭口。柴奇谋反案大白以后，汉文帝知道刘长参与其中，这事不能不管了，于是，派人召刘长进京。

从《汉书》记载来看，刘长并非真的叛乱，也没有举兵造反的行动，他只不过是蔑视朝廷和法令，胆大妄为而已。但这也是大罪啊，再加上他从前的种种不法行为，经丞相、御史大夫和廷尉联合审理，判刘长斩首，奏请皇上批准。

汉文帝说："我不忍心治刘长死罪，你们和列侯及二千石官员再商议一下吧。"于是，丞相与诸侯高官共四十三人，又进行了一番商议，结果一致认为："应该依法判死罪。"汉文帝仍不肯杀刘长，叹口气说："这样吧，刘长死罪赦免，王位废除。"

皇上下了令，群臣只得奉诏。有官员上奏道："刘长死罪可免，但应该流放蜀郡，家属可以同去居住，沿途县令提供物资保证。"汉文帝同意了，下令："每天供给刘长五斤肉、二斗酒，可带他宠爱的十名姬妾同去。"

袁盎向文帝谏言："皇上一向纵容刘长，以致到了今天这个地步。刘长性格刚直，忽然受到这么大的打击，我怕他经受不住而死，那么皇上就有杀弟的名声了。"汉文帝说："我也因此而苦恼啊。我只是想让他悔过，以后会召他回来的。"

刘长坐在囚车里，踏上了去蜀郡的漫长之路。刘长平日里骄横惯了，经受不住辛苦和屈辱，悔恨交加，说："都说老子勇敢，我因为骄纵而不知道过错，如今落得这样的下场。"于是拒绝吃饭，绝食而死。也有史书说他是病死的。护送的人不敢打开囚车，到了雍县，县令打开囚车，将刘长已死之事报告了朝廷。

汉文帝听说刘长死了，悲伤哭泣，对袁盎说："后悔没听你的话，结果让淮南王死了，如今怎么办？"袁盎说："只有斩杀丞相和御史大夫，才能向天下谢罪。"

汉文帝不想杀丞相等人，只杀了沿途各县不开囚车送饭的人，然后，按照列侯的待遇，在雍地安葬了刘长。给刘长安排了三十户守坟人家，还封了他四个未成年的儿子为侯。

几年之后，民间有人作歌唱刘长说："一尺布，尚可缝；一斗粟，尚可舂，兄弟二人不相容。"

汉文帝听了，十分不悦，说："过去尧舜放逐他们的亲生骨肉，周公杀死兄弟，天下都称他们是圣人，他们不因私而损害国家利益。如今，人们怎么能认为我是贪图淮南王的土地呢？"于是，分别封刘长健在的三个儿子为淮南王、衡山王、庐江王，追封刘长为厉王。

从以上《汉书》记载来看，刘长之死，到底是他咎由自取呢，还是汉文帝放纵而致呢？笔者认为，这两个因素都有，但刘长咎由自取是主因、是内因，汉文帝的纵容只是外因。至于汉文帝的纵容是不是有意为之，那就只有文帝自己心里清楚了。

刘长一死，客观上为汉文帝的皇位又清除了一个隐患，汉文帝的皇权更加牢固了。汉文帝在处理国内问题上游刃有余，但此时的西汉王朝，还面临着北方匈奴、南方南越两大外部威胁，汉文帝该怎么办呢？

一封书信降南越

汉文帝时期，对匈奴继续采取和亲政策，但匈奴仍然不断骚扰边界，有时还入侵内地。南方的南越，本来在刘邦时期就归顺了汉朝，但后来又自立为帝，也试图向外扩大地盘。汉文帝面对来自南北两个方面的威胁，采取了不同的策略。

《汉书》记载，文帝三年，匈奴大规模入侵北地和河套以南地区，烧杀抢掠。文帝派丞相灌婴率兵反击，自己亲自监军，击败了匈奴。文帝十四年，匈奴又犯边境，汉军不敌，都尉孙碩战死。汉文帝大怒，调集了十万骑兵、上千辆战车，要御驾亲征。大臣苦谏，文帝不听。大臣无奈把薄太后请了出来，汉文帝只好派张相如为大将军，领兵打退了匈奴。

由于国力不强，汉军不得不采取克制忍让的态度，只是把匈奴赶出边境，并不越界追击，汉文帝感到遗憾。当时李广已是抗匈名将，文帝感叹地说："可惜啊，你生的不是时候，如果生在高帝时代，封个万户侯不成问题。"

除了坚决反击以外，汉文帝还在边地建立城邑，迁徙人口，囤积粮草，进行积极防御。同时，仍然采取和亲政策。汉朝无力制服匈奴，可武力征服南越还是可以的。但汉文帝并未发动战争，而是靠仁德降服了南越。

南越，也叫南粤，分布在现在广东、广西和越南部分地区。秦始皇时期，在那里设置了南海郡、桂林郡和象郡，派去了官吏和军队。

秦末大乱的时候，南海郡尉任嚣想自立为王，不料得了重病，临死前把龙川县令赵佗召来，说："我听说陈胜起兵，中原大乱，各地豪杰纷纷称王。南海郡处于偏远之地，地势险要，方圆几千里，又有很多中原人辅助，可以立国。"

任嚣死后，赵佗当了南海郡尉，便断绝通道，聚兵自守。赵佗是秦朝名将，智勇双全。秦朝灭亡以后，他率兵攻占了桂林郡、象郡，建立了南越国，自立为南越武王。

刘邦统一天下之后，由于连年战乱，百姓劳苦，不想再用武力收复南越，便派陆贾为使，前去劝降赵佗。陆贾学识渊博，谋略过人，口才极好，赵佗很佩服他。经过陆贾劝说，赵佗归顺了汉朝。在赵佗治理下，南越发展很快。

吕后执政时期，由于担心南越强盛对自己不利，就耍了一个小心眼。她下令不准卖给南越铁器和金属农具，马牛羊等牲畜只卖公的，不卖母的，想限制南越的发展。赵佗三次上书请求，都无回音，又听传言说，他父母的坟墓被损坏，兄弟族人被诛杀，赵佗恼了，宣布脱离汉朝，自立为帝，并发兵攻占了汉朝边境几个县。

吕后派将军周灶前去讨伐，结果吃了败仗。南方阴雨酷暑，中原士兵不服水土，很多人染上瘟疫，军队难以越过山岭。赵佗打败了汉军，信心大增，趁机攻占闽粤等地，扩张领土，使南越国东西达万余里。赵佗公开使用皇帝的车辆仪仗，尊称为南越武帝，与汉朝相抗衡。

南越的实力，比不上汉朝，但汉文帝不想诉诸武力，而想采用怀柔政策。他知道赵佗是河北真定人，真定在今天的正定县一带，就派人把赵佗父母的坟墓修缮一新，并设置了守墓的居民，按时供奉祭祀。汉文帝对赵佗的兄弟族人给予优待，有的封官，有的加赏，千方百计进行笼络。赵佗得知这一情况后，自然心中感激。

汉文帝知道陆贾出使过南越，赵佗很敬重他，专门把陆贾请来，任命他为太中大夫，让他再次出使南越。陆贾临走时，汉文帝亲笔写了一封书信，让他带给赵佗。

汉文帝的书信是这样写的："我以最诚挚的心情，恭敬地问候南越王。我曾经长期在代国，由于孤僻愚陋和路途遥远，没有机会与您相见。高帝驾崩后，吕氏作乱，破坏法纪，如今已被诛灭。群臣拥立，我不得已当了皇帝。当皇帝就应该行仁义，为天下百姓谋福利。我听说您以前给周灶写过信，请求寻找您在真定的兄弟，并撤回在长沙国的两位将军。如今，我已经按照您的要求做了。您在真定的兄弟，我已进行了抚慰，他们生活得很好；您先人的坟墓，我也派人修缮好了，按时代您祭祀，请您不要挂念。我还听说，您以前攻打过边境，那一定会牺牲大批士兵，使慈爱的母亲失去儿子，贤惠的妻子失去丈夫，无辜的百姓遭受苦难，这是我不忍心看到的。我希望与您捐弃前嫌，双方像原来一样互通使者，从今以后直到永远。所以，我派陆贾乘快车去您那里，表明我的想法，希望您能接受我的意见。顺便带去厚绵衣五十件，中绵衣三十件，薄绵衣二十件，赠送给您。"

赵佗看了书信，没想到汉朝皇帝如此谦恭地对待自己，心中十分感动。他本是中原人，自小受中原文化的熏陶，懂礼仪、识大体，又经陆贾劝说，便叩头谢罪，表示愿意遵天子之命。

赵佗向国内下令说："汉朝皇帝是贤明的天子，天无二主，从今以后，南越国取消帝号，永远做汉朝的藩臣，履行贡纳之职。"从此，南越重新归于汉朝。

赵佗还给汉文帝写了一封语言诚恳的检讨书，并恭敬地按照臣礼，献上白璧一对，翠鸟千只，犀角十个，紫贝五百枚，翡翠四十对，孔雀两对。汉文帝大为高兴。

赵佗是明智之人，他为国家统一和南越地区发展，做出了重要贡献，名垂青史；汉文帝是仁德之君，他以德服人，一封书信降南越，流传千古。

天才还须逢天时

　　贾谊，是汉文帝时期著名的政论家和文学家。他少年出名，被誉为"天才"。汉文帝很欣赏他，破格提拔。但是，他提出了许多好的治国之策，汉文帝却没有完全采纳。主要原因是不逢天时，就是不符合当时的形势，贾谊年纪轻轻就忧郁而死。可见，只有顺应天时，"天才"才能发挥作用。

　　《汉书》记载，贾谊是洛阳人。他小时候是个"神童"，十八岁就因擅写文章闻名当地。河南郡守吴公，赏识他有才，将他招至门下。在贾谊辅佐下，吴公治理河南郡成绩卓著，朝廷评议为第一名。

　　汉文帝登基之初，急于培植自己的势力，听说吴公治理有方，提拔他当了廷尉。吴公因势推荐了贾谊，说他虽然年少，却精通诸子百家之书。汉文帝求贤心切，召来一谈，果然有才，便委以博士之职。当时贾谊只有二十余岁，是博士中年龄最小的。

　　贾谊入朝为官，常在皇帝身边，便如鱼得水，施展出满腹才华。每逢汉文帝出题让大家讨论时，贾谊都侃侃而谈，对答如流，见识超群，获得同僚一致赞许。汉文帝十分欣赏，连续破格提拔，在一年之内就当上了太中大夫。太中大夫俸禄千石，官职不小。陆贾是刘邦旧臣，在刘邦西征灭秦时就立过功，后来为刘邦撰写《新语》，还两次成功出使南越，年龄六十多岁了，也只是一名太中大夫。

　　贾谊年纪轻轻就做了高官，更加踌躇满志，开始向汉文帝建言献策。贾谊上《论积贮疏》，提出重农抑商的主张，建议大力发展农业，加强粮食贮备，预防饥荒。这符合当时经济社会发展情况，很有针对性，汉文帝采纳了，并下诏强调："农业，是天下的根本。"

贾谊旗开得胜，兴致更高，又提出一个重大建议，就是让列侯都回自己的封地去。当时，列侯大都住在京城，离自己的封邑很远，既不利于教化百姓，又需要从封邑给他们运送物资，劳民伤财。更重要的是，列侯都聚在京城，便于他们串通，干预朝政。

贾谊的这个建议，正好符合汉文帝巩固皇权的需要。文帝十分高兴，立即采纳，但施行起来难度很大，用了很长时间才完成。贾谊为此也得罪了这些列侯贵族，成了众矢之的。

汉文帝见贾谊确有才能，想提拔他担任公卿之职。没想到，周勃、灌婴、张相如、冯敬等一批权臣，全都反对，说："洛阳来的这个小子，年纪不大，却想独揽大权，把许多事情都搞乱了。"汉文帝不能把这些重臣都得罪了，只好作罢。文帝知道贾谊在朝中对立面不少，只好让他暂离京城，去做长沙王太傅。

一年多以后，汉文帝想念贾谊，召他回京，给他最喜欢的小儿子刘揖当老师。贾谊又不停地向汉文帝进献治国之策，不过，这些治国之策虽然很好，汉文帝却很少采纳。

西汉建国之初，儒生陆贾、叔孙通等人在总结秦亡教训的基础上，提出了用儒家治国的设想。此时，贾谊写了著名的《过秦论》，认为秦朝灭亡的原因，在于"仁义不施"，要想汉朝长治久安，必须施仁义、行仁政，主张建立一个仁以爱民、礼以尊君的儒家式的统治模式。

贾谊的这个建议，对于汉朝的长期统治是有利的，具有超前意识。但是，这个时候，西汉面临的形势，是要医治长期的战争创伤，最重要的是与民休息，尽快恢复和发展经济。所以，汉文帝没有采纳贾谊的意见，而是确立了"黄老之术"的治国思想。到了文帝孙子武帝时期，民富国强，儒家思想才被统治者接受，正式登上历史舞台。

贾谊提出的另一个具有历史意义的重大建议，是"众建诸侯而少其力"。主要内容是：把诸侯王的土地，分给他们的子孙，子孙们再分给子孙。这样，一个庞大的诸侯国，就被肢解成若干个小国，力量自然就分散变小了。

这是加强中央集权的重大而有效的举措，是汉武帝实行的推恩策的最初版本。在汉武帝时期，当主父偃向汉武帝建议实行推恩策时，汉武帝如获至宝，马上施行，结果彻底消除了诸侯王的势力，使中央集权空前强大。但在汉文帝时期，中央势力还不是特别强，社会需要稳定，所以，汉文帝只是部分地采纳了贾谊的意见，通过封王的方式，把齐国、赵国、淮南国化小了，而没有全面推开，以免引起社会动荡。

贾谊见自己这么有价值的意见不被采纳，心情不悦，恰在这时，汉文帝最宠爱的小儿子刘揖，在骑马时不幸摔死了，贾谊觉得自己作为太傅，没有尽到责任，愧疚自责，经常哭泣，过了一年，就在忧郁中死去，年仅三十三岁。

贾谊的一生，虽然短暂，但他具有远见卓识的政论和建议，为汉朝的长期统治起到了重要作用，他的文学作品，也为中华文化宝库留下了一份珍贵的文化遗产。

贾谊的一些建议尽管具有战略意义，但不符合当时的形势，当时最重要的是社会稳定和经济发展，因而不被文帝完全采纳；他的意见被后世所用，也是因为形势发生了变化。贾谊没有看清当时的大势，说明他只是一位政论家，而不是政治家。汉文帝才是能够把握大势、顺势而为、雄才大略的政治家。

贾谊作为一代天才，因不逢天时而难以发挥作用，但在同一时期，有一名弱女子，却因正逢天时，只做了一件事情，就留下了千古美名，她就是著名孝女缇萦。

天时造就一代孝女

缇萦救父的故事，几乎家喻户晓。缇萦救父之所以能够成功，是她恰巧生在汉文帝时代，恰巧汉文帝想营造一个清明社会。所以，缇萦不仅救了父亲，还促使汉文帝废除了肉刑。

《汉书》为了宣扬汉文帝的仁德，记述了这个故事，使缇萦成为中国古代著名孝女，流传千古。假如缇萦生在秦始皇或者汉武帝时期，会是什么结果呢？所以说，是天时造就了一代孝女。

《汉书》记载，缇萦是山东人，她的父亲担任齐国的太仓令，就是管理粮仓的长官，叫淳于意，人称"仓公"，所以《汉书》称他为淳于公。淳于公为官清廉，尽职尽责。他还喜欢医术，拜名医阳庆为师，学了三年。老师传他"黄帝、扁鹊之脉书，五色诊病"，所以，他的医术很高明，救治了很多病人。淳于公没有儿子，只有五个女儿，缇萦是他最小的女儿。

文帝十三年，淳于公因吏坐法当刑，按律当判肉刑。当时的肉刑有：黥刑，即在脸上刺字；劓刑，即割掉鼻子；刖刑，即砍掉左脚或右脚；笞刑，即打板子；宫刑，即男子去势，女子幽闭。按汉初规定，官员受肉刑，有些需要到京城诏狱去执行。诏狱，是奉皇帝诏令而设的高等监狱。

淳于公被押解进京，五个女儿围着他哭哭啼啼。淳于公心里烦躁，骂道："你们就知道哭，有什么用呢？可惜我只有女孩，没有男孩，紧要关头没有用处。"

缇萦当时只有十几岁，但她性格刚强，决定随父进京，一路照顾，并设法营救父亲。淳于公劝阻，缇萦不听，毅然陪着父亲踏上西行之路。从齐国到长安有两千多里地，路途遥远，困难重重，一个只有十几岁的小姑娘，肯定吃了不少苦头。

缇萦到了长安，没有其他办法救父亲，就给汉文帝写了一封信，说："我的父亲作为官吏，齐国人都称赞他廉洁公正，现在犯了罪，应当受到处罚。可是，我哀痛那些死了的人不能复生，那些受肉刑的人不能恢复，即便想改正错误，也没有办法了。我作为女儿，心疼我的父亲，心中万分悲痛。我请求把我没入官府，作为奴婢，以此赎解父亲的刑罚，使他能有改过自新的机会。"

汉文帝看到此信，十分哀悯缇萦的心意。文帝本是大孝之人，自然能够感受到缇萦的一片孝心，又听说了她千里陪父的事情，内心被深深打动了。于是，汉文帝下诏，赦免了淳于公的刑罚。

缇萦上书救父的孝行，千古流芳，成为后世孝道的典型。有人写诗赞道："欲报亲恩入汉关，奉书一阙拜天颜。世间不少男儿汉，可似缇萦救父还。"

汉文帝赦免淳于公，不仅是因为缇萦的孝行，更重要的原因，是他要致力于建设一个以德化民、轻刑慎罚、百姓安乐的清明社会。汉文帝登基当年，就排除阻力，坚决废除了"连坐法"，此后，又陆续废除了"妖言惑众罪""诽谤朝廷罪"等一批严刑苛法。现在，汉文帝想借缇萦上书的机会，废除长期实行的肉刑。

肉刑，是损害人的肉体的一种刑罚。肉刑起源于"杀人者死，伤人者创"的原始同态复仇论，在远古时代就有，到夏商周时期成为国家常刑，汉初仍然沿袭。受肉刑的人会终身残疾，而且由于有了明显标记，不能为社会所容，属于野蛮的刑罚。

汉文帝决定废除肉刑，他召集群臣说："我听说有虞氏时期，刑罚很轻，但老百姓很少犯罪，这该多好啊！现在刑罚很重，但邪恶仍然没有停止，主要原因是教化不够，训诫引导不正，这都是我的过错。现在有三种肉刑，受刑的人被截断肢体，刀刻肌肤，终生不能再生长复原，即便想改正错误去做善事，也没有办法了，这是何等的痛苦而又不道德啊。我哀怜他们，决定废除肉刑。"群臣都称赞汉文帝仁德。

汉文帝废除肉刑，是促进社会进步的一大贡献，成为刑罚由野蛮转入文明的重要标志，尽管后世仍有反复，但已经属于个例了。

当时，汉文帝的皇位已经十分牢固，威望也高。丞相张苍、御史大夫冯敬上奏说："以肉刑禁止邪恶，由来已久。如今废除肉刑，可改为笞刑。应当处劓刑的，打三百竹板；应当斩左脚的，打五百竹板；应当斩右脚的，改为死刑。"

汉文帝同意了，结果，肉刑是废除了，但实际上处罚更重了。该斩右脚的，直接被处死；该斩左脚的，五百大板下来，几乎全部毙命；该受劓刑的，挨了三百大板，能活下来的寥寥无几。这严重违背了汉文帝废除肉刑的初衷，也表明汉文帝推行"轻刑慎罚"之艰难。

后来，到了汉景帝时期，对笞刑做了具体规定：五百板和三百板分别减为二百板和一百板；竹板长五尺、宽一寸、厚半寸，而且要把竹节削平；行刑时始终由一个人完成，不得中间换人。这样，才改变了"在外有轻刑之名，在内实际杀人"的状况。

汉文帝在改革刑制、建立清明社会过程中，有一个人发挥了重要作用，他就是历史上负有盛名的张释之。

"四海遍夸张释之"

张释之，是西汉著名的法学家。他担任汉文帝朝的廷尉，执掌司法，以"刚正不阿、公平公正"而著称，为汉文帝时期的法治建设和社会稳定做出了重大贡献。人们称赞说："张释之当廷尉，天下无冤民。"

《汉书》记载，张释之是南阳堵阳人，堵阳在今天河南省南阳市方城县一带。张释之早年和哥哥张仲一起生活，家境比较富裕。张仲花钱为弟弟买了一个官，张释之便做了骑郎。官职很小，他默默无闻，十年未能升迁。

张释之感到没有前途，不忍心长期耗费哥哥的钱财，就想辞职回家。这时，受到皇帝宠信的袁盎已经当了中郎将，他知道张释之有才能，便劝他留了下来。等到谒者有空缺时，袁盎向文帝推荐，张释之补谒者缺额，后来张释之趁朝会之时言事，得到文帝赏识，擢升为谒者仆射。

谒者仆射相当于高等秘书之类，常在皇帝身边。张释之的才能和见识，逐渐被汉文帝发现和欣赏，从此官运亨通，一路升迁。

有一次，张释之跟随汉文帝到上林苑观看虎圈。文帝问上林尉关于禽兽的事，问了十几个问题，上林尉张口结舌，答不上来，汉文帝很不高兴。旁边有个小吏主动回答，十分详尽，极力表现自己。汉文帝很满意，随即就想让小吏顶替上林尉的职务。

张释之进谏道："周勃、张相如是国家重臣，但他们都不善言谈，所以，不能光凭能说会道就越级提拔，那会形成一种不好的风气，于国家不利。"张释之就秦亡汉兴问题发表了自己的见解，说国家现在需要的，是扎实干事的人，而不是伶牙俐齿之辈。汉文帝觉得张释之确有见识，就没有提拔那个小吏。回来之后，汉文帝任命张释之为公车令。

公车令，负责宫门警卫及传达事务，责任很重。张释之恪尽职守，严格按规定办事，不管是谁，都一视同仁。有一次，太子刘启和梁王进宫，按规定，在宫门口应该下车，但他们却长驱直入。张释之追了上去，阻止他们，不让入宫，并以"不敬"之名上奏皇帝。直到薄太后下诏赦免了太子和梁王，张释之才放他们进宫。

这事搞得太子很没面子，从此怀恨在心。而汉文帝却对张释之大加赞赏，认为他不是寻常之辈，提拔他当了中大夫，很快，又任命他为中郎将。过了不久，张释之当了廷尉，成为九卿高官之一。

廷尉，掌管天下刑狱，有生杀之权。张释之掌司法，有三大特点。一是坚持司法为民，明德慎罚。他执法平和，依法量刑，绝不轻罪重判，特别对普通百姓不加重治罪，体现了中国法文化传统所颂扬的"与其杀不辜，宁失不经"的执法精神，与秦朝的判案苛酷、严刑重罚，形成了鲜明对照。二是刚直不阿，法律面前人人平等。张释之坚持"王子犯法与庶民同罪"，不管是王侯，还是权贵，只要违犯，绝不妥协，依法惩处。这在等级森严的封建社会，是十分难能可贵的。三是公平公正，一切以法律为准绳，即便是皇上说了，也不盲从，而是依法办事，体现公平正义。

有一次，汉文帝外出，按惯例清道禁行，走到中渭桥，忽然从桥下跑出一人，惊了文帝的马，使文帝差点摔倒受伤。侍卫赶紧上前，抓住那人，交由廷尉治罪。

张释之亲自审理，那人说："见皇上出行清道，我就躲在桥下，等了很长时间，以为皇上已经过去了，才出来，不料惊了皇上的马。"当时法律规定，违背清道规定行走者，罚金四两。张释之就按这条法律，处罚了那人。

文帝不满意，说："那人惊了我的马，幸亏我的马温顺，不然我就受伤了，廷尉怎么只处罚金呢，太轻了吧？"张释之说："法律，应该是天子和天下人共同遵守的。处罚金是法律规定的，如果加重惩罚，那法律就不能取信于民了。廷尉，是天下公平的象征，所以执法不敢有偏，望陛下明察。"文帝沉默了一会儿，说："廷尉做得对！"

又有一次，有人偷了高祖庙内神座前的玉环，文帝大怒，交由廷尉处置。张释之按照法律规定，判处斩首。汉文帝不同意，把张释之叫来，说："那盗贼胆大妄为，竟敢偷盗先帝宗庙的器物，应该灭族才对啊。"张释之脱帽叩头，解释说："按照法律，斩首已是上线，不能再加重刑罚了。况且，假如有愚民偷盗了高祖陵墓，陛下该如何再加重处罚呢？"汉文帝与薄太后商议后，同意了廷尉的判决。张释之由此受到天下人的称颂。

张释之在担任廷尉期间，为汉文帝广施仁德、轻刑慎罚、建设清明社会发挥了极其重要的作用。不仅如此，他的执法理念和执法精神，在中国法制史上产生了深远影响。张释之被誉为理想执法者的典范，受到人们颂扬。后人有诗赞曰："汉庭贤士虽无数，四海遍夸张释之。"

汉文帝去世后，太子刘启继位。他为泄当年私愤，把张释之贬为淮南王的国相，过了很长时间，张释之去世。

张释之所以能够秉公执法，根本在于汉文帝的信任和支持，所以，在"四海遍夸张释之"的同时，更应该遍夸汉文帝。汉文帝不愧是一位贤君、明君，他开创了西汉第一个治世，有力地推动了社会进步和历史发展。

然而，汉文帝开创的事业，他的儿子能否延续下去呢？

好运笼罩汉景帝

汉文帝当了二十三年皇帝，开创了一个清明社会，在他四十七岁的时候，正值壮年却不幸因病去世。他死后，儿子刘启继位，被称为汉景帝。汉景帝在仁德、胸怀等方面，赶不上他父亲，但总体来看，仍然是一个有为君主。他继续执行汉文帝的政策，父子俩合力打造了历史上著名的"文景之治"。

《汉书》记载，汉景帝是一位幸运儿。他父亲的皇位，似乎是从天上掉下来的；他的皇位，好像也是上天赐予的。汉文帝一共生了八个儿子，刘启排行第五，原本离皇位比较远，可谁能料到，在文帝当皇帝之前，刘启前头的四个哥哥全都病死了，他就成了老大，被立为太子。

后来，汉文帝十分宠爱小儿子刘揖，年龄不大就封他为梁王。刘揖聪明好学，汉文帝喜欢他胜过其他儿子，专门请大才子贾谊做他的老师。刘揖对刘启的太子之位构成了威胁，可是天不保佑，在文帝十一年的时候，刘揖不幸骑马摔死了。又过了几年，汉文帝的另一个儿子刘参也病死了。这样，到汉文帝去世时，他的儿子只剩下刘启、刘武这亲兄弟俩了。刘启没有任何竞争对手，毫无悬念地顺利接班当了皇帝。

汉景帝继位后不久，爆发了历史上有名的"七国之乱"。以吴王刘濞为首，联合了七个诸侯国，共同向中央政府发难。这是西汉历史上第一次诸侯王联合叛乱，也是唯一的一次。叛军来势凶猛，汉景帝起初惊慌失措。但幸运的是，他父亲早就为他准备好了平叛将领，这就是周勃的儿子周亚夫。

原来，在汉文帝去世的前一年，匈奴大举入侵，汉文帝除了在边境抵御外，为了京城安全，还在长安附近驻扎了三支部队，其中一支部队的将领是周亚夫。汉文帝亲自去三个军营视察慰问，那两个军营都是防备松弛，随便出入，只有周亚夫军营戒备森严，连皇帝都被挡了驾。汉文帝当时就感叹地说："那两个军营，简直是儿戏，如果敌人来袭，恐怕就要当俘虏了，只有周亚夫，才是真正的将军!"

汉文帝临终前，嘱咐儿子说："如果发生危急事情，周亚夫是真正可以担当重任的人。"现在危急事情真的来了，汉景帝想起父亲的话，便任命周亚夫为太尉，率军平叛。周亚夫确实堪当大任，只用三个月时间，就平定了"七国之乱"。

"七国之乱"本不是好事，但却又给汉景帝带来好机会。他借机大力"削藩"，把各诸侯王的地盘大部分收归中央管辖。西汉初年，中央直接管辖的土地只有十五个郡，到汉景帝时，迅速扩大到四十四个郡。绝大部分诸侯王只有一郡之地，势力薄弱，再也构不成对中央政府的威胁了，汉景帝的统治十分牢固。

汉景帝的父亲汉文帝，经过二十多年的治理，政治清明，社会稳定，经济发展，百姓安居乐业。这些，都为汉景帝打下了坚实基础，创造了良好条件。汉景帝继续遵循"黄老之术"的治国思想，坚持实行"轻徭薄赋""轻刑慎罚"政策。

汉景帝把三十税一作为定制明确下来，切实减轻了百姓负担；他允许人们从土地贫瘠的地方，迁徙到土地肥沃的地方从事垦殖，从而解放和发展了生产力；他采取"租长陵田"的政策，解决了部分农民无田可种的问题；他下令提高男子服徭役的年龄，缩短了服役时间，尽量不扰民，与民休息；他继续减轻刑罚，对法律做了进一步修改；他允许儒家思想和其他各派存在和发展，为汉武帝推行儒学奠定了基础；他继续采取与匈奴和亲的政策，扩大与匈奴的贸易，同时，十分重视养马，使汉朝的马匹迅速增加，为建设强大的骑兵创造了前提条件。

通过采取以上措施，西汉政局稳定，经济快速发展，实现了民富国强。当时，粮食充足，粮仓里放不下，有些就堆在外边，以至于腐烂变质；国库中的钱很多，有些长期不用，穿钱的绳子都腐烂了，可见其富裕程度，这就是"文景之治"的效果。"文景之治"主要是汉文帝开创的，但汉景帝也功不可没。

汉景帝在位十六年，四十八岁时因病去世。

"七国之乱" 应能避免

汉景帝时期，发生了一件大事，震惊朝野，那就是历史上著名的"七国之乱"。过去，都是诸侯之间相互攻打，而这一次，是七个诸侯国联合起来，攻击中央政府。对这一事件，史学界一般认为，是中央政府与地方政权之间长期矛盾的爆发。然而，通过读《汉书》，笔者认为，如果处置得当，这次"七国之乱"，是应该能够避免的。

《汉书》记载，"七国之乱"的组织者和策划者，是吴王刘濞。刘濞是刘邦二哥刘仲的儿子。刘邦称帝以后，封刘仲为代王。有一次，匈奴攻打代国，刘仲吓得弃城而逃。刘邦生了气，废了他的王位，把他降为合阳侯。刘仲怯弱无能，他的儿子刘濞却英勇善战，屡立战功。刘邦平定黥布叛乱之后，觉得吴地一带民风强悍，需要一个能力强的诸侯王镇抚，而他的儿子们年龄还小，于是，封侄子刘濞为吴王，管辖三郡五十三城。刘濞当吴王时，二十多岁，正值年富力强。

《汉书》说，刘邦封刘濞为吴王之后，盯着他的脸看了半天，说："你有反叛之相。"刘邦心里后悔，不该封他，但又不好收回成命，于是，拍着刘濞的后背说，"五十年以后，东南会有反叛之乱，难道会是你吗？天下刘姓是一家，你可千万不要反叛啊！"刘濞磕头说："我不敢。"

其实，刘邦哪里有这么大的神通，能预知五十年以后的事情，刘邦如果真的能掐会算，那他的儿子们也不会被吕后杀得七零八落了。再说，刘邦又不是第一次见刘濞，刘濞如果有反叛之相，不早就看出来了吗？所以，笔者认为，刘邦预料刘濞五十年后造反之说，是后人杜撰的，目的是表明刘濞造反的必然性，但这恰恰是欲盖弥彰。

在惠帝和吕后统治时期，尽管宫廷斗争风云变幻，刘濞却并未参与，而是专心治理吴地，安抚百姓，发展经济，使吴地很快富足起来。

到了汉文帝时期，刘濞和朝廷的关系仍然很好，不仅他经常进京朝见，还常派他的世子刘贤到京城走动。刘贤和皇太子刘启年龄相仿，经常在一块儿喝酒下棋，可见关系之融洽。不料，就在这和睦的气氛中，突然发生了祸端。

有一次，刘启与刘贤又在一块儿下棋，因为棋路发生了争执。两人都是十几岁的少年，意气用事，互不相让，越吵越凶。刘启一时性起，抓起棋盘，砸向刘贤的脑袋，竟然把他砸死了。人命关天，非同小可，但刘启是皇太子，身份特殊，并没有受到责罚。朝廷把刘贤的尸体送回吴国。

刘濞见自己的爱子惨遭横祸，进京时活蹦乱跳，回来却成了一具僵尸，心中自然悲痛愤恨，恼怒地说："天下刘姓是一家，死在长安，就葬在长安，何必归葬吴地。"

刘濞拒绝接受尸体，表现出他内心的强烈不满。朝廷只好又把尸体拉回，安葬在京城。刘濞从此称病不再去朝见皇帝，只是派使者去应付。朝廷知道他是因为儿子被杀的缘故，查验后实际上没有病，便把使者扣留责罚。刘濞害怕，萌生了造反之心。

后来，汉文帝觉得自己儿子有错在先，下令释放了使者，并特颁诏令，说吴王老了，可以不到京城朝见天子，并赏赐给刘濞手杖和凭几。汉文帝对刘濞采取了怀柔政策，又派自己信任的大臣袁盎去担任吴国丞相。袁盎经常劝慰刘濞，刘濞对他很优待。所以，在文帝时期，吴国与朝廷相安无事。

汉景帝登基之后，很想有一番作为。他最宠信的大臣晁错进言道："当初，高祖为了便于统治天下，封了一些王，这不利于中央的统一管理，应当削减他们的封地。特别是吴王，因为儿子的原因，多年不来朝见。先帝宽容他，本当改过自新，他却利用富饶之地，收留亡命之徒，图谋叛乱。现在削减他的封地，可能会反；不削减，最终也会反。"

其实，晁错这话只说对了一半，削减他的封地，可能会逼他造反；不削减，他可能不会反。因为刘濞虽然对朝廷有怨恨，但几十年过去了，他都没有反。如今他已经六十二岁高龄了，如果再等上几年，他即便想反，年龄也不允许了，"七国之乱"自然可以避免。

晁错主张"削藩"，并不是第一次了，早在汉文帝时期，他就多次上书，建议消除诸侯王势力。晁错的意见，对于加强中央集权是有利的，但不逢天时，所以汉文帝并未采纳。如今，汉景帝却听从了，他找借口削了楚国一个郡、赵国一个郡、胶西国六个县，还打算削减吴国两个郡。"削藩令"一下，各诸侯都惶恐不安。

晁错的父亲听到这个消息，专门从老家赶来，对晁错说："皇上刚刚继位，你就损害诸侯的利益，疏远人家的骨肉，大家都怨恨你。你为什么要这样做呢？"晁错回答："这是为了国家的安宁。"

晁错父亲哭着说："刘家天下是安宁了，可我们晁家却危险了。"回去之后，晁错父亲服毒自杀了。这老先生还真有先见之明。

吴王刘濞见汉景帝对他下手了，他总共有三个郡，被削去两个，难以接受，又担心以后的日子也不好过，新仇加旧恨，终于爆发了。他知道，凭他一国之力，是难以与中央政府抗衡的，便联络了同被削地的楚国、赵国和齐国的几个王，打着"清君侧，诛晁错"的旗号，举兵造反了。

"七国之乱"消息传来，汉景帝有些惊慌。晁错劝他御驾亲征，自己留守京城，汉景帝没有听从。大臣袁盎对汉景帝说："如今之计，只有杀了晁错，派使者赦免七国之罪，恢复封地，这样，兵不血刃，叛乱自会平息。"

景帝沉默了很长时间，说："我不会因为爱一人而拒绝天下的。"十几天以后，丞相陶青、廷尉张欧等人，上奏弹劾晁错，说晁错建议皇上御驾亲征，是存心不良，应当处死。汉景帝终于下了决心，下令将晁错腰斩于街市，并诛杀他全家。

汉景帝杀了晁错，便派袁盎为使者，去劝刘濞退兵。刘濞知道覆水难收，开弓没有回头箭，不肯罢兵，反而将袁盎扣留，要他帮助自己。袁盎不从，刘濞派一个校尉，带领五百士兵看守他，如果袁盎再不答应，就杀掉他。

袁盎当年担任吴国丞相时，手下有一个从史，与袁盎的婢女有私情。袁盎并不追究，装作不知。后来从史知道事情泄露，吓得逃跑了。袁盎亲自把他追回来，并把婢女赐给了他，从史感激不尽。此时，从史恰巧担任围困袁盎的校尉司马，见袁盎有难，便决定救他。从史买来酒肉，把士兵灌醉，趁夜色把袁盎放跑了。袁盎当年的宽宏大量，换来了今天的性命。

袁盎逃回去，报告了汉景帝。景帝见劝抚不成，只有武力平叛这一条路了，于是，任命周亚夫为太尉，率领三十六名将领，最终平定了"七国之乱"。

俗话说，凡事要三思而后行。即便是应该做的事，也要顺势而为，不能操之过急。汉文帝懂得这个道理，所以容忍了刘濞几十年。刘濞虽然有造反之心，但终究没有叛乱。如果汉景帝也懂得这个道理，再容忍他几年，还会有"七国之乱"吗？

平叛首功应是梁王

大家都知道，领兵平定"七国之乱"的总指挥，是西汉名将周亚夫。但是，周亚夫并没有与叛军直接对抗，真正与叛军硬碰硬浴血奋战的，是梁国的军队。等到双方打得精疲力竭、两败俱伤的时候，周亚夫才坐收渔翁之利，轻松击败了叛军。所以说，平定"七国之乱"的首功，应该是梁王刘武。

《汉书》记载，刘武是汉景帝的同母兄弟。他最初被封为代王，后改封为淮阳王，最后被封为梁王。梁国在今天的河南、山东交界地区，地理位置十分重要。叛军要想攻打长安，必须要经过梁国。俗话说，打虎亲兄弟，上阵父子兵。汉文帝一生共有八个儿子，此时只剩下景帝和梁王亲兄弟俩了。面对叛军的疯狂进攻，梁王自然拼死抵抗。

刘濞起兵之时，盘算得很好。吴楚联军从南向西打，赵国从北往西打，齐国几个王从东向西打，三路大军会合，直取长安。可没料到，赵国军队还没开拔，就被朝廷军队团团包围，动弹不得。齐国的几个王，本来商议好要共同举兵，可济北王被部下胁迫，失去军权，不能发兵；齐王则临时变卦，不想造反了。胶西王刘卬大怒，带领其他几个王攻打齐王，齐国自己先窝里斗起来了。这样，只有吴楚联军向西攻击。所谓"七国之乱"，实际上只有吴、楚两国的军队，直接与朝廷对抗。

刘濞起兵，任命田禄伯为大将军。田禄伯很有谋略，他建议说："大王率大军西进，臣愿带五万人，另行沿长江、淮河西进，收复淮南、长沙之地，攻占武关，而后与大王会合，这是一条好计。"刘濞儿子却说："我们是造反之师，这样的军队，是不能委托他人的，如果委托之人也反叛了我们，该怎么办呢？"刘濞认为儿子的话很有道理，这说明他们十分心虚。

有个姓桓的年轻将领建议说："我们应该趁着朝廷大军未到，迅速西进，不必攻打沿途城邑，先去占领洛阳。洛阳有兵器库和粮仓，武器和粮草就有保障了。"刘濞征求年老将军的意见，老将军怕后路被断，都不同意。于是，刘濞决定，集中兵力先攻占梁国，解除后顾之忧，再向西进军。

据《汉书》的《地理志》记载，梁国是高帝五年所建，最初辖八个县，有三万八千七百零九户，十万六千七百五十二人。刘武当梁王时，封地和人口有所增加，但人口仍然不是很多。当时，吴楚联军有三十万，刘濞认为，拿下梁国不成问题。

刘濞亲自统兵，把手下人都封为将、校尉、司马等官职，一时间群情振奋，一举攻占了梁国的棘壁。棘壁，在今河南永城一带，是梁国的东大门。大门一开，吴楚联军长驱直入，锐不可当，梁国军队不敌，纷纷后退，最后退守睢阳。睢阳，在今河南商丘市睢阳区一带，当时是梁国的都城。睢阳一失，梁国就完了。梁王刘武一边调动全国兵力，据守睢阳；一边赶紧上书朝廷，请求派军队前来救援。

汉景帝任命周亚夫为太尉，担任平叛总指挥。周亚夫在离开长安之前，向景帝建议说："楚兵勇猛轻捷，直接交战没有取胜的把握。我希望把梁国丢给他们，拖住和消耗他们的兵力，然后断其粮道，这样就能把他们制服了。"

单从军事谋略讲，这是条好计策，但这样做，无疑是把梁国置于万分危险的境地。梁王是汉景帝唯一的弟弟，景帝会同意吗？让人想不到的是，汉景帝竟然同意了。原因很简单，梁王是窦太后最宠爱的小儿子，窦太后有意在景帝死后，让梁王接班。所以，汉景帝心里巴不得梁王战死呢。

周亚夫得到皇帝旨意，胸有成竹。他迅速出武关，到达荥阳，调集各路人马，急速向东赶来。但是，他并没有去解梁国之围，而是率军直奔昌邑。昌邑，在今天的山东省巨野县一带，在睢阳的东北方向，距离三百里左右。周亚夫率军到达昌邑，立即派兵南下，去截叛军粮道，同时，修筑营垒，深挖战壕，据守不出，等待时机。

梁王刘武在睢阳城内，兵少将寡，形势危急，日夜盼望救兵。起初，听说朝廷大军到来的消息，军心振奋，连续打退叛军多次进攻。后来见周亚夫在昌邑驻军，并不来救，梁王着急了，一天数次派出使者，请求周亚夫出兵相救，但就是不见救兵的影子。梁王恼怒，转而向汉景帝求救。景帝没有理由不救弟弟，下了诏令，命周亚夫出兵救梁。周亚夫仍然不为所动，不遵诏令，没有派出一兵一卒。当时昌邑一带，并无叛军，周亚夫的军队没啥事情，而且手下有三十六名将领，完全可以派出一支部队，从背后袭击吴楚联军，减轻睢阳城内的压力。周亚夫不救梁国，目的是让梁国牵制和消耗叛军兵力，自己派兵去断叛军粮道，等待叛军疲劳，可以轻松获胜。

周亚夫的做法，从军事战术上说，未尝不可，但从道义上讲，明知梁国危急而不相助，有点说不过去。特别是从政治上看，更不划算，因为梁王是窦太后的心头肉，得罪了梁王和窦太后，是没有好果子吃的。果然，后来周亚夫被捕入狱，死在狱中。历史上有许多军事家，打仗很有两下子，但不懂政治，下场很惨。韩信是这样，周亚夫也是这样。

梁王见周亚夫不来相救，恨得咬牙切齿，但没有办法，只好独自与叛军血战。叛军多次攻城，都被打退，城下叛军尸体堆积如山。战后统计，梁国杀死的叛军，和后来周亚夫军队所杀的，大体相当。时间一长，城内守军精疲力竭，伤亡惨重，危在旦夕。

梁王手下有个将领，叫韩安国，他后来回忆说，当时叛军攻城甚猛，城破在即，梁王本是骄横之人，此时竟然屈尊向将士下跪，哭着请求他们一定要守住城池，可见情形之危急。这样，梁国与吴楚联军在睢阳整整对抗了三个月。在此期间，周亚夫大军在三百里以外的昌邑，静静地待着，坐山观虎斗。

刘濞见睢阳城如铜墙铁壁一般，久攻不下，失去信心，转而率军去昌邑，攻击周亚夫的部队。周亚夫真沉得住气，仍然坚守壁垒，任凭叛军叫骂挑战，就是不出来。叛军夜里偷袭，但周亚夫守备严密，无懈可击，根本攻不进去。叛军见求战不能，取胜无望，军心涣散。这时，周亚夫派出去的轻骑兵截断了叛军粮道，军中无粮，士兵饥饿，人心惶惶，失去了战斗力。

周亚夫几个月不出战，等的就是这个机会，见时机已到，一声令下，大军出击。周亚夫军队憋了几个月，此时全都发泄出来，士气高涨，人人奋勇杀敌。叛军士兵饿着肚子，早已失去作战能力，周亚夫一战大获全胜，叛军兵败如山倒，死伤无数。刘濞只带着几千人逃到东越，被东越王杀了。楚王刘戊见大势已去，也自杀身亡。几十万的吴楚联军，就这样完了。

刘濞兵败被杀之时，齐国的窝里斗仍没有结束。胶西王刘卬，率三国之兵围攻齐王都城临淄，也是三个月没有攻下来，听说刘濞兵败，心中恐慌，便各自撤军回去了。

事后，朝廷追究责任，胶西王、胶东王、济南王、淄川王被杀，封地收归中央。城阳王、济北王没有参与叛乱，幸免于难。齐王虽然抗击叛乱，但事前参与预谋，心中害怕，也自杀了。汉景帝念其守城有功，让他的儿子继位当了齐王。赵国被朝廷大军围困十个月，最终被攻破城池，赵王自杀。

"七国之乱"表面上轰轰烈烈、声势浩大，实际上就像一场闹剧。平定了"七国之乱"，汉景帝腰杆子硬了，开始大力削减诸侯王的地盘，同时，把官吏任命权和征收赋税权都收归中央，中央集权得到极大的巩固和加强，坏事变成了好事。

在平定"七国之乱"过程中，梁国起到了"中流砥柱"的作用。那么，梁王刘武后来的结局怎么样呢？

太后偏爱小儿子

　　人们常说，做父母的，往往偏爱最小的孩子，这是人之常情，无可厚非。但是，如果过分偏爱，就容易出问题，可能会造成不好的后果。窦太后偏爱小儿子刘武，就是这样。

　　《汉书》记载，窦太后是汉景帝刘启和梁王刘武的亲生母亲。窦氏身世十分可怜，小时候家里很穷，父母双亡，她有一个哥哥，还有一个四五岁的小弟弟。因为父母死得早，弟弟就由她照顾，她对弟弟特别疼爱。窦氏年龄不大，就为生活所迫，进宫当了宫女。不久，她的弟弟被人拐卖，生死不明，窦氏哭了个半死。

　　吕后掌权时，用不了那么多的宫女，就给每个诸侯王送了五个，窦氏也在其中。窦氏是赵国清河郡人，想回赵国，可偏偏把她分到偏远的代国。窦氏痛哭流涕，但毫无办法。没想到代王刘恒十分喜欢她，不久生下一个女儿刘嫖，后来又生下了刘启、刘武兄弟俩。十分幸运的是，刘恒的王后和她的四个儿子，先后都病死了，窦氏就当了王后，后来又成了皇后，她的大儿子刘启被立为太子，小儿子刘武被封为梁王。真是三十年河东，三十年河西。

　　窦氏当了皇后以后，忽然有一天，她那失散已久的小弟弟找来了。由于多年不见，姐弟俩都不认识了，窦皇后问他小时候的事情，回答得都对。弟弟说："记得有一次，姐姐带我去采桑叶，我从树上掉下来，姐姐心疼得哭了。"窦皇后一听，心中怦怦直跳，又小心翼翼地问道："你还记得和姐姐分别时候的事吗？"弟弟流着泪说："这事我一辈子也忘不了。我是在驿站里和姐姐分别的，姐姐讨来沐具，一边哭，一边给我洗头，还要来食物给我吃，然后一路哭着走了。"窦皇后听罢，一把抱住弟弟，放声大哭。侍从哀怜皇后身世，全都趴在地上，哭成一团。大概是因为疼爱小弟弟的缘故，窦太后特别偏爱自己的小儿子刘武。

当大儿子做了皇帝以后，窦太后越发惦记小儿子。她想：如果大儿子去世以后，由小儿子接班，兄弟俩都当皇帝，那该多好啊！她的这个想法，有意无意地就流露出来了。当父母的疼爱儿子，固然没错，但窦太后也不想一想，人家汉景帝也有儿子啊！

汉景帝知道了母亲的心思，感到很为难。他虽然很孝顺，但皇位不可能让给弟弟，兄弟亲不如儿子亲，何况这是违背祖制的事情。汉景帝城府很深，并不把真实想法说出来，而是迎合母亲，先哄她高兴再说。当时汉景帝年轻力壮，谁知道什么时候死啊？

汉景帝的皇后姓薄，是薄太后的娘家人。刘启还是太子的时候，薄太后就给他指定了这个妻子。刘启很不乐意，但不敢违背祖母，硬着头皮娶了她。因不被宠爱，薄皇后没有子女，刘启与其他嫔妃生的子女倒有一大堆。由于没有嫡子，汉景帝登基后一直没有立太子，这在客观上为窦太后想让小儿子接班提供了条件。

有一次，梁王刘武进京朝见，景帝设家宴招待他，窦太后和她的侄子窦婴也在场。喝到高兴时，汉景帝讨好母亲说："我死之后，把皇位传给弟弟。"窦太后一听，心花怒放，直夸儿子孝顺懂事。刘武却知道哥哥并非真心，虽然心里也高兴，但并没有当真。窦婴耿直，却当真了。他站起身来，端一杯酒敬给景帝，正色说道："天下是高祖的天下，帝位应该父子相传，这是祖制，皇上怎么能传给梁王呢？"窦太后一听，恼了，她平时很喜欢这个娘家侄子，现在却很厌恶他。窦太后一怒之下，把窦婴随意出入宫廷的特权取消了，每逢节日，也不准他进宫朝见。过了好长时间，才缓和了关系。汉景帝却很高兴，对窦婴另眼相看，平定"七国之乱"的时候，任命他为大将军，协助周亚夫平叛。窦婴在平定"七国之乱"中也立了大功，被封为魏其侯。

梁王在平叛中立有大功，他坚守睢阳，始终没让叛军西进一步。窦太后心里更加高兴，这无疑为梁王接班提供了重要筹码。不料，汉景帝忽然宣布，立庶长子刘荣为太子，确定了皇位继承人。刘荣是栗姬所生，并非嫡子。当时薄皇后还很年轻，她如果生了嫡子，可怎么办呢？汉景帝此时顾不了那么多了，先堵住老娘的嘴再说吧。

梁王毕竟功劳很大，也不好亏待他。汉景帝给他很多赏赐，还增加封地，使梁国北到泰山，西到高阳，共有四十余城，多数是大县。梁王见接班暂时无望，就尽情享乐。他大兴土木，修建东苑，方圆有三百多里，比睢阳城还广七十里。他在东苑大建宫室，楼阁之间修建了空中通道，十分豪华气派。梁王出入打着天子赐予的旌旗，随从千乘万骑，清道禁行，与天子差不多。梁王入朝时，景帝派人乘四马之车出城迎接。梁王入则与景帝同辇，出则与景帝同车，兄弟之间显得十分亲密。

几年后，薄太后死了，汉景帝便废了薄皇后。不久，因栗姬得罪了汉景帝，汉景帝废了她儿子的太子之位。窦太后见太子之位空缺，想让小儿子当继承人的欲火又燃烧起来。这一次，她先下手为强，叫来景帝，直截了当地说："你死之后，你弟弟继位；你弟弟死后，再由你的儿子继位。"汉景帝毕恭毕敬地说："儿子早就有这个心意，只是事情重大，需要与群臣商议。"窦太后同意了。

汉景帝召集众臣，把窦太后的意思一说，群臣立刻就炸了锅，纷纷表示反对。汉景帝心里高兴，这正是他需要的结果，但却表现出一脸的无奈，说："太后是我母亲，当儿子的不能不遵母命。要不，你们去劝劝太后吧？"汉景帝巧妙地把球踢给了大臣。

于是，以袁盎为首的十几个大臣就去拜见太后，大讲了一通祖制不可违的道理，而且还旁征博引，指出了这样做的危险性。袁盎说："春秋时期，宋国就是这样做的，结果，弟弟死了以后，他们的儿孙们却不肯相让，相互攻打，骨肉相残，造成国破家亡。那是多么悲惨的情况啊，希望太后明察。"窦太后尽管偏爱小儿子，但并不糊涂。她见大臣都不同意，而且说得有理有据，便打消了念头，从此不再提让小儿子接班的事了。

梁王听说了此事，把满腔怨恨都集中到袁盎等大臣身上，怒不可遏。他自恃有母亲袒护，胆大妄为，竟然派出刺客，去刺杀袁盎等人。刺客来到关中，询问袁盎的为人，大家都称赞他。刺客不忍杀袁盎，找到他说："梁王派我刺杀您，您是个有修养的人，我不能杀您。但您要警惕，梁王可能还会派人来的。"袁盎提高了戒备，但防不胜防，最后还是死在梁王派出的刺客手里。

袁盎是朝廷重臣，朝廷自然全力缉凶。景帝怀疑是梁王指使的，一调查，果然是他。但汉景帝知道，只要有母亲在，是无法向梁王问罪的，只有抓住刺客，才能了结此案。

此时，刺客就藏在梁王宫中，梁王不想交出。韩安国等人哭着规劝梁王，说此事太大了，必须交出刺客，才能保住自己。梁王无奈，让刺客自杀，然后将尸体交了出去。梁王又派韩安国进京，找窦太后和姐姐刘嫖进行疏通，费了一番周折，终于摆平了此事。

汉景帝虽然没有追究梁王，但心里十分生气，便疏远了他，再也不与他同乘车辇了。梁王再入朝时，想在京城留下，也被景帝拒绝。

梁王的皇帝梦破灭了，又失去了皇帝的宠信，从此闷闷不乐，郁郁寡欢，没过几年，就得病死了。梁王死时，财产以万万计，数不胜数，府中藏的黄金，就有四十多万斤。

听说小儿子死了，窦太后悲痛欲绝，不吃不喝，日夜哭泣，还怀疑是大儿子杀了他。汉景帝见母亲这样，伤心害怕，手足无措。后来，他与姐姐刘嫖商量，把梁王的五个儿子全部封王，五个女儿也都有封地俸禄，窦太后的情绪才好一些。窦太后可能不曾想到，如果不是她过分偏爱，使小儿子产生了非分之想，刘武也可能不会死得那么早吧。

班固在《汉书》中评论道："梁王封得肥沃之地，收敛大批财物，然而他超越制度，贪得无厌，终于担忧而死，真可悲啊！"

太子母亲不懂事

汉景帝立的第一个太子，名叫刘荣，但没过几年，就把他废了。刘荣是历史上第一个被废的皇太子。刘荣被废，不是他自身的问题，而是由于他的母亲不懂事，不会处理关系，得罪了汉景帝，因而祸及于他。

《汉书》记载，刘荣的母亲是栗姬。栗姬是齐国人，在景帝还是太子的时候，就来到他身边。薄太后为景帝指定了一个太子妃，景帝不喜欢，而栗姬十分俊美，又活泼可爱，景帝十分倾心，日夜缠绵，如胶似漆。栗姬接连为景帝生了三个儿子，汉景帝一共有十四个儿子，前三个都是栗姬生的，可见受宠之深。

景帝四年，汉景帝立栗姬的长子刘荣为皇太子。当时薄皇后还占着位子，没法封栗姬为皇后，但"母凭子贵"，儿子当了太子，成为皇位的法定继承人，母亲自然尊贵无比。此时，汉景帝对栗姬仍然宠爱有加，没有任何嫔妃能超过她。

然而，栗姬却有三大弱项。一是政治上幼稚，不知道宫廷斗争十分凶险。她认为儿子的皇太子之位已是事实，不容动摇，不懂得如何保护儿子，更不知道如何保护自己。二是感情上糊涂，不知道皇帝并不专属她一人。皇帝可不是一般的丈夫，不能按正常的夫妻关系来对待，要求皇帝感情专一，无疑是痴人说梦。栗姬不懂这些，见景帝乱找别的女人，她忍受不了，经常吃醋妒忌。三是性格上任性，不知道如何处理人际关系。栗姬性情耿直，表里如一，不怕得罪人，而且常常意气用事。在宫廷复杂的环境中，这样的性格，终究是要吃大亏的。

栗姬第一个得罪的，是汉景帝的姐姐长公主。长公主名叫刘嫖，是一个圆滑而有心计的女人。刘嫖知道景帝好色，为了讨好弟弟，经常搜罗一些美女送进宫来，而且都是一些年龄不大的小美女。汉景帝十分喜欢，与姐姐的关系自然十分密切。而栗姬却不能忍受，她既不满意汉景帝，更恨长公主刘嫖。

刘嫖却不知道栗姬恨她，有一天，主动找到栗姬，堆着笑脸，热情地说："我看太子这孩子不错，我想把女儿阿娇许配给他，咱们亲上加亲，多好的事啊！"刘嫖是想让女儿阿娇日后当皇后，她认为凭自己的身份和威势，栗姬一定会同意的。可没想到，栗姬板着脸，冷冷地说："我的儿子，可配不上你家女儿。"刘嫖碰了一鼻子灰，脸色一阵红、一阵白。

栗姬毫不客气地拒绝了刘嫖的提亲，是很不明智的。如果与刘嫖结为亲家，刘荣的太子之位就无忧了。栗姬的这一任性做法，导致了严重后果。刘嫖从此怀恨在心，天天在景帝面前说栗姬和刘荣的坏话。刘嫖后来将女儿许配给了王夫人的儿子刘彻，就是后来的汉武帝。刘嫖为了自己的女儿能当皇后，王夫人为了自己的儿子能当太子，两人联合起来，变着法地诋毁栗姬母子，甚至诬陷栗姬，说她施用巫蛊之术，诅咒景帝的其他嫔妃。说得多了，汉景帝相信了，开始疏远和恼恨栗姬，但并没有废太子的打算。

栗姬得罪了长公主，给自己带来了危险，但这还不是致命的，她致命的错误，是得罪了汉景帝。

有一次，汉景帝得了病，很长时间没有好，而且病情越来越重。汉景帝认为自己可能不行了，就把栗姬召来，嘱咐她："我死了以后，那些夫人和皇子就托付给你了，你要好好照顾他们啊！"这明显是临终托孤。按理说，照顾嫔妃和皇子，是皇后的责任，而当时薄皇后刚刚被废，这明显就是要承认栗姬皇后的地位。再说，景帝死后，刘荣继位，栗姬就是皇太后，所以景帝要向栗姬托孤，这蕴含了景帝莫大的信任。这个时候，稍微明智点的人，肯定会一口答应，而且会马上磕头谢恩。可栗姬呢，此时脑海中，却浮现出景帝与那些嫔妃欢爱的场景，心中恼怒，不仅不肯答应，反而出言不逊。

栗姬说的什么，《汉书》没有记载，大致意思应该是说，你平时宠爱那些嫔妃，现在快死了，却要我来照顾她们，我不干。不管栗姬说的什么，总之是没有答应，而且说话很难听。这毫无疑问，栗姬辜负了景帝的好意，伤了景帝的心，狠狠地把汉景帝得罪了。皇帝，那是万万不能得罪的。

后来，汉景帝的病奇迹般地好了。景帝对栗姬彻底失望了，从此不再见她。景帝还担心他死后，栗姬当上皇太后，会出现吕后杀戮刘氏子弟那样的情况，于是，起了废太子之心。

不久，有个不识趣的大臣上书，要求册封栗姬为皇后，理由很过硬，太子既然是皇位继承人，太子的母亲就应该是皇后。汉景帝以为是栗姬指使的，勃然大怒，下令把上书的大臣杀了，同时废了太子，改为临江王。

周亚夫、窦婴等一些大臣为刘荣求情，说太子贤德，没有过失，不应废除，汉景帝置之不理。汉景帝比他爷爷刘邦手段强硬，刘邦想换太子没有办成，汉景帝却说废就废，谁的意见也不听。汉景帝也知道太子没有过错，关键是不能让栗姬当皇太后。

栗姬感到委屈、愤怒，想找景帝申辩，汉景帝根本不见她。栗姬郁闷生气，很快就气死了。她死后，汉景帝封王夫人为皇后，立刘彻为皇太子。

刘荣被贬为临江王的第二年，因占了文帝庙地，被捕入京。刘荣所犯之事，与当年晁错差不多，汉景帝对晁错百般包庇，却对亲生儿子毫不留情。最让人不解的是，景帝指派西汉第一酷吏郅都审理此案。郅都心狠手辣、铁石心肠，刘荣在狱中不愿受辱，自杀身亡。汉景帝就像死了别人的儿子一样，无动于衷。

不料，窦太后听说长孙死在狱中，怒不可遏，非要杀了郅都不可。汉景帝赶快让郅都去当雁门太守，躲了出去。不想窦老太太这次大发母威，不依不饶，逼得汉景帝没有办法，只好把郅都杀了。看来，汉景帝是有意让刘荣死，目的是为刘彻登基扫除障碍，因为朝中有一批大臣，都是拥护太子派，刘荣不死，终究是个不稳定因素。

由此看来，人世间最美好的情感，像父子之情、手足之情、夫妻之情，在皇宫里统统都是零。皇宫表面上金瓦红墙，里面却是一团漆黑。

刘荣是因为母亲，失去了太子之位，而刘彻正好相反，是因为母亲才当上了皇帝。那么，刘彻的母亲是个什么人物呢？

刘彻母亲不简单

汉武帝刘彻，是历史上鼎鼎大名的人物，而他的母亲，也十分了得。刘彻就像鲤鱼跳龙门一样，从排行第十，一跃登上太子之位，这主要是他母亲的功劳。刘彻的母亲叫王娡，是汉景帝的姬妾，后来升为皇后。

《汉书》记载，刘彻之所以有一位了不起的母亲，是因为有一位了不起的姥姥。刘彻的姥姥名叫臧儿，她出身显赫，是燕王臧荼的亲孙女。后来，臧荼被刘邦所杀，家族败落，臧儿只好嫁给一个姓王的平民，生了一个儿子叫王信，又生了两个女儿，长女叫王娡，次女叫王儿姁。臧儿的丈夫不幸得病死了，她又改嫁给一个姓田的，生下两个儿子，取名田蚡、田胜。

王娡成年后，由母亲做主，嫁给一个叫金王孙的人，不久生下一个女儿。金家富裕，王娡衣食不愁，相夫教子，过起了普通农妇的生活。

臧儿却不甘心生活平庸，时刻梦想恢复昔日家族的荣耀。她请来相面大师，为子女们相面。大师说，她的儿子们都是寻常之辈，唯有两个女儿，却是大贵之人，尤其是王娡，贵不可言。臧儿一听，就像打了鸡血一样，异常兴奋。她强行把王娡接回家中，不让她再当农妇了。金王孙很是愤怒，但没有办法。把王娡弄回家后，臧儿托了很多关系，把她送进了太子宫。王娡也很想出人头地，毅然抛夫弃女，重新开始了新的生活。

臧儿和王娡的做法有点疯狂，谁知道王娡进宫以后会怎么样啊，能否受宠？能否生子？能否当皇后？这些都是未知数。宫中女人很多，大多下场悲惨，王娡前途渺茫，充满风险。她们的做法，既是冒险，也是赌博。臧儿也知道这些，所以，她把大女儿送去之后，又把小女儿也送进了宫，来了个双保险。臧儿豁出去了，她觉得，只要有一个女儿受宠，她就是赢家，结果两个女儿都受宠，臧儿成了大赢家。

王娡自幼生活在民间，熟悉人情世故，又结过婚，各方面都很成熟，再加上她母亲肯定传授了不少宫中经验，所以，王娡很快得到了太子刘启的宠爱，一连生了四个孩子，前三个是女儿，最后一个就是刘彻。生刘彻那年，刘启登基，十分高兴。王娡故作神秘地告诉刘启，她梦见太阳入她怀中，因而怀孕。刘启大喜，说："这是贵兆啊！"由此对刘彻另眼相看，为他当太子埋下了伏笔。王娡的妹妹也不简单，同样得到刘启宠爱，一连生了四个儿子。汉景帝一共生了十四个儿子，她姐妹俩就有五个，占三分之一还多。

王娡受到景帝宠爱，在宫中站稳了脚跟，但她的目标远不是这个。她的奋斗目标是：自己当皇后，儿子做太子。不过，当时栗姬的受宠程度比她高，栗姬的儿子已经做了皇太子。王娡需要付出很大的努力，使出浑身的解数，才有希望成功。

王娡与栗姬相比，有三大强项。一是政治上成熟，知道宫廷斗争之残酷，因而小心谨慎，思虑周全，而且广交朋友，少树敌人。二是感情上清醒，知道当皇帝的，都是这个德行，所以无论汉景帝找多少女人，她都不在乎，从不流露一丝不悦情绪。这是汉景帝最满意的。三是性格上圆滑，知道对什么人说什么话，人际关系搞得很好。王娡不仅与景帝姐姐刘嫖打得火热，而且哄得婆婆窦太后很开心。所以，当汉景帝废掉刘荣、改立刘彻的时候，窦太后尽管很疼爱刘荣这个长孙，但却什么也没有说。

王娡在宫中的一大优势，是与刘嫖结成了同盟。刘嫖为了让女儿能当上太子妃，向栗姬提亲，结果碰了一鼻子灰，从此怀恨在心。刘嫖见景帝的其他儿子中，只有刘彻聪明伶俐，转而又向王娡提亲。王娡一听大喜，这可是千载难逢的机会啊，立刻满口答应，十分高兴。当时刘彻只有四五岁，刘嫖把他抱在膝上，指着自己的女儿陈阿娇说："阿娇姐姐好吗？给你做媳妇怎么样？"刘彻天真无邪地回答："阿娇姐姐好，如果能娶她当媳妇，我就造一个金屋给她住。"逗得刘嫖和王娡一齐哈哈大笑。这就是成语"金屋藏娇"的来历。不过，这个故事是其他史书记载的，《汉书》上并没有。不管这个故事是否真实，王娡与刘嫖结成了儿女亲家，这是真实的。

王娡与刘嫖结成了同盟，两人有了共同的目标，就是扳倒刘荣，刘彻当太子，阿娇做太子妃。为了这个目标，两人天天在景帝面前说栗姬母子的坏话，变着法地诬陷栗姬。同时，刘嫖经常夸赞刘彻，说他聪明智慧，有贵人之相。这个同盟的力量是强大的，再加上王娡的妹妹也会从中相助，而对手栗姬又不懂事，所以，时间一长，汉景帝对栗姬日渐疏远，而对刘彻，则越来越喜欢。

汉景帝在病重之时，托付栗姬照顾自己的嫔妃和皇子，任性的栗姬竟然拒绝了，汉景帝十分恼怒。刘嫖与景帝的关系十分密切，肯定知道了这个情况，她也肯定会告诉王娡的。在这关键时刻，王娡使出了一个阴招，她鼓动一个大臣，上书要求立栗姬为皇后。汉景帝没有想到是王娡干的，而误以为是栗姬指使的。汉景帝正在恼恨栗姬，生怕栗姬当了皇太后，会危及其他嫔妃和皇子的安全，一见上书，犹如火上浇油，勃然大怒，立刻斩了那个大臣，同时废了太子刘荣，栗姬悲愤而死。聪明一世的汉景帝，就这样被王娡耍了。

王娡的目的达到了，刘荣被废三个月后，汉景帝册封王娡为皇后。王娡当了皇后，那他的儿子就是嫡子了，所以，紧接着，汉景帝立七岁的刘彻为太子。汉景帝还把王娡的哥哥王信封为盖侯，以示恩宠。

儿子终于如愿当上太子，王娡心中十分高兴，但并没有放松警惕。儿子年幼，景帝的儿子又多，很容易出现变故。王娡更加周到地侍奉汉景帝，小心翼翼地保护着儿子。所以，刘彻当了九年太子，这期间风平浪静，没有出现任何问题。刘彻十六岁时，景帝驾崩，他就顺利当上皇帝，被称为汉武帝。

汉武帝登基后，尊祖母窦太后为太皇太后，尊母亲王娡为皇太后。汉武帝也没有忘记他的姥姥，尊臧儿为平原君。若干年后，汉武帝又把王娡与金王孙生的那个女儿找来，使其母女团聚。

汉武帝没有辜负母亲的一片心血，称帝后大展宏图，励精图治，开创了一代盛世，留下了千古美名。

可见，一个成功男人的背后，往往站着一个不简单的母亲。

雄才大略汉武帝

汉武帝刘彻，是历史上著名的政治家、战略家。他当皇帝五十四年，在军事、政治、经济、文化、外交等各个领域，都取得新的成就，开创了"汉武盛世"，推动中国社会发展达到第一个高峰，被公认为是封建社会有作为的皇帝之一。《汉书》第一次称他"雄才大略"，从此，这个美誉流传至今。

汉武帝最大的功绩，是开疆拓土，奠定了中国版图。西汉初期，汉朝的国土面积，主要是在中原和长江以南部分地区，而南方的闽越、南越，北方的匈奴，西方的西域各国，都是相对独立的国家。特别是匈奴，地域辽阔，人马强悍，经常侵犯汉界，烧杀抢掠，是西汉王朝最大的外部威胁。当时西汉国力虚弱，从刘邦开始，一直到汉景帝，都不得已采取与匈奴和亲的政策，以换取短暂的和平。经过几十年的"文景之治"，积累了大量财富，国家实力大增。汉武帝果断放弃和亲政策，开始武力征服匈奴。经过四十多年的汉匈战争，终于击败了匈奴，占领了北方大片土地。与此同时，汉武帝派出大军，远征大宛，降服西域各国。汉武帝还将南方和西南一带广大地区，全部纳入汉朝的统治范围。汉武帝时期，领土扩大了两倍多，成为世界上国土面积最大的国家之一。

汉武帝最突出的贡献，是强化了中央集权，真正实现了国家的"大一统"。西汉初期，由于形势需要，除了中央政府以外，还设置了一些诸侯国。文景二帝采取了许多措施，削弱了诸侯国的实力，但在形式上仍然存在，不利于中央统一管理。汉武帝采纳主父偃的建议，实行推恩策，将诸侯国化整为零，消弭于无形之中。同时实行刺史制度，加强对地方政权的监督和管理。创建太学、乡学，设立举贤制度，形成了中国独特的文官制度。汉武帝还实行"中外朝"制度，大大削弱了丞相的权力，把大权集中到皇帝一人手里。从秦始皇时期就设想的中央集权制度，到汉武帝时期终于彻底实现了。这种皇权专制式的中央集权，在中国封建社会持续了两千多年。

汉武帝不仅在国家形式上实现了"大一统"，而且在经济上也实现了"大一统"。为了适应对外征战的需要，汉武帝采纳桑弘羊的建议，加强中央对经济活动的控制。他六次改革币制，把铸币权收归中央，解决了多年存在的私铸、盗铸等问题，稳定了金融；他实行盐铁官营，禁止民间经营，有效增加了国家收入；他遏制民间经商活动，由政府直接经营运输和贸易，甚至酿酒、茶叶之类也由政府直接管理经营。这样，政治上的"大一统"和经济上的"大一统"相互结合，使中央集权更加巩固。

汉武帝影响最大的创举，是"罢黜百家，表彰六经"。西汉初期，从吕后到文帝、景帝，都奉行"黄老之术"，实行清静无为、与民休息的政策，这对于医治战争创伤、稳定社会、发展经济是十分必要的。但是，随着经济发展、财富积累和人们思想的活跃，统治者需要一种新的治国理念，以利于他们的长期统治。在这种形势下，汉武帝采纳董仲舒的意见，"罢黜百家，表彰六经"，开始把儒家思想作为教化百姓、加强思想统治的武器。从此，儒家思想影响中国社会几千年。直到今天，我们仍然把儒家思想作为传统文化的重要内容，影响着人们工作生活的各个方面。后人把汉武帝的提法，改造为"罢黜百家，独尊儒术"。

汉武帝最有远见的举措，是开辟了"丝绸之路"。汉武帝登基不久，就派张骞出使西域，目的是联络大月氏，联合抗击匈奴。张骞没有完成联合大月氏的任务，却意外地发现和联络了西域其他国家。汉武帝听说在大汉之外，还有许多风俗不同的国家，很感兴趣，再次派张骞出使西域。张骞和其他汉使通过多年努力，足迹踏遍了西域、中亚一带，成功开辟了东起长安，西到罗马帝国，最远至埃及亚历山大的贸易通道，促进了中西经济文化交流，也使大汉威名传播到海外。

开辟"丝绸之路"，是中国第一次走向世界，不仅在中国历史上，甚至在世界史上，都产生了深远影响。今天的"一带一路"建设，就是在这个基础上，谱写出了更加辉煌的篇章。

汉武帝最大的勇气，是敢于做自我批评。皇帝至高无上，很少有人承认错误，汉武帝是进行自我批评的第一人。由于汉武帝连年征战，对外扩张，文景二帝时期积累的财富消耗殆尽，百姓负担加重，经济停滞不前。汉武帝在晚年的时候，认识到自己的错误，颁发"罪己诏"，开始改变过去的做法，致力于发展生产，减轻民众负担。可惜他没来得及改正就死了，顾命大臣霍光按照他的遗嘱，重新实行与民休息政策，改善周边关系，恢复了国力。汉武帝知错能改，表现了他的伟大之处。当然，有的学者对此有不同看法，认为汉武帝晚年悔过的形象是后人塑造的。

汉武帝也有不少问题，他穷兵黩武，好大喜功，大兴土木，刑罚严苛，擅杀大臣，专制霸道，求神问仙，等等。但总体来看，汉武帝是封建王朝中最杰出的君主之一，是一位伟大的历史人物。

匈奴也是炎黄子孙

提起匈奴，人们总是会联想到剽悍和野蛮。在西汉时期，匈奴活动在北方和西部的广大地区，地盘比西汉大许多，他们的风俗习惯，与中原地区有很大不同。然而，匈奴与汉人，却有一个共同的祖先，那就是黄帝。不仅是匈奴，我国的其他少数民族，很多也都是炎黄子孙。

最早记载匈奴是黄帝后裔的，是《史记》。司马迁在《匈奴列传》中说，匈奴人的祖先，叫淳维，是夏氏的后代。夏朝的创立者是大禹，大禹的爷爷是颛顼，颛顼的爷爷就是黄帝。在夏朝覆灭以后，夏王的后代，有的逃到边远地区，与当地人融合，形成大小不一的部落，过着游牧生活。当时的名字也各不相同，如犬戎、山戎、鬼戎、北狄等。

班固在《汉书》中，认可了这个说法。其他史籍，如《山海经》等，也说"犬戎与夏人同祖，皆出于黄帝"。司马迁被公认为治学严谨，他认定匈奴是夏氏后裔，应该是有根据的。所以，汉匈之间的战争，性质上属于内战。这是司马迁在维护国家统一方面做出的重大贡献。

《汉书》记载，西周时期，由于国力强盛，周边少数民族都臣服于周王朝，没有大的矛盾，民间通婚现象也很普遍。春秋战国时期，由于中原混战，匈奴趁机发展壮大起来，开始侵扰中原地区，有时也参与中原战争。秦始皇统一中原以后，派将军蒙恬，率领几十万大军攻打匈奴，攻占了黄河以南地区，并修筑万里长城，抵御匈奴的侵扰。当时，匈奴部落之间尚不统一，力量分散，不是秦朝对手。

后来，匈奴出现了一位英雄人物，名叫冒顿。冒顿是头曼单于的太子，有勇有谋。头曼单于宠爱小儿子，想废掉冒顿，改立小儿子为太子，但冒顿小心谨慎，没有过错，找不到理由废他。头曼单于就想了一个阴招，他派冒顿到月氏国去做人质，随后就发兵攻打月氏，想借月氏之手除掉冒顿。冒顿早有防备，他偷了一匹宝马，历经艰险跑回了匈奴。头曼单于吃了一惊，知道这个儿子很有本事，就给了他一万骑兵，让他统领。

冒顿手里有了兵，开始精心训练部队，他要把这一万骑兵训练成只听他一个人命令的队伍。冒顿制作了一种响箭，下命令说："我的响箭射向哪里，你们就要跟着射，违反命令者斩首。"

冒顿率军外出打猎，响箭射出，万箭跟进，有不跟着射的立即杀掉。有一次，冒顿突然用响箭射向自己心爱的宝马，有些人犹豫了，没有跟着射，冒顿把他们全部斩首。又有一次，冒顿把响箭射向自己的妻子，有的人害怕不敢射，冒顿毫不留情地杀了他们。不久，冒顿把响箭射向父亲的宝马，手下人全部跟着射出，没有人再犹豫了。冒顿知道训练成功了，部队可以为他所用。

后来，他跟随父亲外出打猎，冷不丁地把响箭射向父亲，随后万箭齐发，把头曼单于射成了"大刺猬"。冒顿又把后母、弟弟和不听话的大臣全部杀掉，自己做了单于。单于，在匈奴语中是广大的意思，相当于皇帝。

冒顿当上单于之后，雄心勃勃，想一统草原，但他并不显露。当时有个叫东胡的部族，十分强盛。东胡听说冒顿杀父自立，很是吃惊，便派使者前去试探，索要匈奴的宝马。

大臣们都不同意，冒顿却说："咱们和人家做邻国，怎么能吝啬一匹马呢？"很爽快地把宝马送去。不久，东胡又向匈奴索要阏氏。阏氏是冒顿的妻子，这要求显然太过分了，而且十分无礼。大臣怒气冲冲，纷纷要求出兵讨伐东胡。冒顿很平静地说："作为邻国，怎么能吝惜一个女人呢？"于是把自己的阏氏送给了东胡。东胡王以为冒顿胆小怯弱，放松了戒备。

匈奴与东胡之间，有一大片荒地无人居住，东胡派使者对冒顿说："那片荒地，你们到不了那里，我们想占据它。"冒顿询问大臣意见，有的大臣说："那是荒弃的土地，就给了他们吧。"不料，这次冒顿大怒，说："土地是国家的根本，怎么能送人呢?"下令把提议的大臣杀掉，立即调集军队，去攻打东胡。

冒顿跨上战马，号令部队，后退者斩。将士忍耐已久，群情激愤，东胡又没有防备，结果大获全胜，俘虏了大批民众，掠夺了大量财产，宝马和阏氏也回归匈奴。

冒顿得到了东胡的土地和财产，实力越发强大，开始对外扩张。向西，击败了月氏，占领了大片土地；向北，征服了屈射、丁零等国；向南，吞并了楼烦和白羊河南王的领地，收复了秦朝夺去的土地。冒顿统一了北方广大地区，势力扩大到西部地区，拥有精锐骑兵三十多万。这是匈奴历史上最强盛的时期。

这个时候，正是秦末大乱和楚汉战争时期，中原人无暇顾及匈奴，也不了解匈奴的情况。刘邦当皇帝之后，把韩王信迁到代地，建都马邑。冒顿率兵围攻马邑，韩王信敌不过，投降了匈奴。匈奴继续向南进军，攻击太原，来到晋阳城下。刘邦闻讯大怒，亲自率领三十二万大军，北进抗击匈奴。

冒顿见汉军到来，又使出示弱的计谋，假装不敌，步步后退，把刘邦引诱到平城白登山上。突然，一声号令，伏兵四起，把刘邦团团包围。刘邦在山上四下一看，围山的匈奴兵有三十多万，而且全是骑兵。北边，黑压压的一片，全是黑马；南边，火红的一片，全是红马；西边雪白一片，全是白马；东边清一色的全是青马。而西汉建国之初，因连年战乱，经济凋敝，刘邦想找四匹同样颜色的马拉车，都找不到。这实力太悬殊了，刘邦心中大惊，这才知道匈奴的厉害。所以，白登山脱险以后，刘邦再也不敢与匈奴交战了，而是采取和亲政策，把公主嫁给匈奴单于为妻，并送上大批财物。冒顿单于更加骄横。

刘邦去世以后，冒顿派使者给吕后送了一封信，说："我是个孤独的君主，听说您死了丈夫，也是孤独无依，单独居住，我们两个都不快乐。希望我们俩能以各自所有的，交换到各自所没有的。"这是赤裸裸的调戏和侮辱，吕后何等人物，当然是勃然大怒，马上就要发兵去打。将军季布连忙劝阻，说高帝英雄一世，尚且不能取胜，我们现在根本没有力量与匈奴交战。

吕后想了想，事实的确如此，只好咽下这口恶气。吕后给冒顿回了一封信，说："我现在老了，头发稀疏了，牙齿脱落了，走路也不稳。单于听别人错说了，我这个样子，不值得单于降低侮辱了自己。我有两辆御车，八匹马，奉送给您。"态度之谦恭，言语之卑微，实在不像吕后的行事风格。冒顿又回了一封信，说不懂中原礼节，表示道歉，于是汉匈继续和亲。

汉文帝和汉景帝时期，致力于发展经济，仍然采取与匈奴和亲政策，经常给匈奴送去大批财物和美女，以换取短暂的和平。这个时期，冒顿死了，他的儿子继位，称老上单于。老上单于死后，儿子继位，称为军臣单于。匈奴仍然保持强盛，不断袭扰边界，有时还大举入侵内地，汉朝不得不出兵防御。就这样和和打打，持续了几十年时间。

匈奴不断侵扰汉朝的目的，主要是为了掠夺财物。匈奴是游牧民族，除了畜产品以外，很少生产别的东西，而汉朝有绸绢、粮食、铁器、食盐等物资，都是他们很需要的。汉匈之间的矛盾，说到底是一个经济问题，这个问题，应该采取贸易的方式来解决。可惜，当时的人们，没有那么高的境界，社会也没有发展到那种文明程度，所以，只有通过战争的方式，来解决这个矛盾了。

到汉武帝时期，国富民强，汉武帝便放弃和亲政策，改用武力征服。经过四十多年的战争，击败了匈奴，把他们赶到了遥远的漠北，解除了对西汉王朝的威胁。此后匈奴内部几次发生分裂，力量减弱，但与汉朝的战争仍然断断续续。

到东汉时期，匈奴再次分裂成南北两部。南匈奴依附了汉朝，后来逐步被汉化，其后裔多生活在陕西、山西、甘肃、山东、江苏、福建等地。北匈奴被东汉军队攻破，二十多万人降汉，几十万人融入鲜卑、蒙古、契丹等民族。还有一部分西逃出境，中国古籍再也没有记载。强盛一时的匈奴民族，慢慢地在历史长河中消失了。

西逃出境的北匈奴那些人，到底去了哪里，中国史书没有记载，外国人却有研究。1756年，法国学者德奎尼，出版了《匈人通史》，说北匈奴的后代进入了欧洲，他们在马上行进如飞，横扫欧洲大地，建立了强大的匈奴帝国，被称为"上帝之鞭"。可惜，他们只知道马上打天下，不懂得如何治天下，很快就消亡了。

这个说法很快在欧洲流行，认为匈人就是匈奴人，现在的匈牙利人就是匈奴的后裔。1900年，德国学者夏特，用中西方史料互相印证，绘制出了匈奴西迁欧洲的路线图。

但是，也有学者认为，当年入侵欧洲的匈人，是另一支生活在欧亚大陆的游牧民族。匈人和匈奴人是两回事，他们在宗教仪式、风俗习惯、政治结构、文化艺术等方面有着较大差异。匈人和匈奴人究竟是不是同一民族，近年来使用DNA等先进测试手段，也没有定论。

看来，这个问题，还需要进一步深入研究和探索。

马邑之谋拉开攻匈序幕

马邑之谋，又称马邑之战、马邑之围，是汉朝精心谋划的一次对匈奴的诱敌歼灭战，计谋很好，却因一个小疏忽，结果功亏一篑。马邑之谋虽未成功，但在历史上却有重要意义，它标志着西汉长期实行和亲政策的终结，拉开了汉朝主动反击匈奴的序幕。

《汉书》记载，公元前140年，十六岁的汉武帝登基。他虽然年少，但胸有大志和谋略。西汉经过"文景之治"，经济上积累了巨额财富，政治上形成了强有力的中央集权，汉匈双方力量对比发生了巨大变化。汉武帝想废除屈辱的和亲政策，转而对匈奴实施军事打击。

汉武帝登基后的前几年，派李广等名将镇守边郡要塞，征调士卒巩固边防，大力发展养马事业，并派张骞出使西域，希望能与大月氏联合，夹击匈奴。这样，从经济、军事、外交等方面，陆续做了一系列准备。

汉武帝登基六年之后，匈奴派使者前来请求和亲。名曰请求和亲，实际上是来索要财物。汉武帝召集群臣商议。负责对外事务的大臣王恢说："匈奴不讲信义，过不了几年就会背约，不如发兵攻打他们。"

御史大夫韩安国表示反对。韩安国是西汉名将，曾率梁国军队抵挡住了吴楚联军的凶悍进攻，保证了平定"七国之乱"的胜利。他不同意反击匈奴的重要理由，是说匈奴人四处游牧，居无定所，在茫茫草原上很难找到他们；匈奴部队都是骑兵，来如疾风，去似闪电，很容易遭到他们袭击；草原辽阔，如果深入千里，后勤保障也是很大的问题。

群臣大多附和韩安国的意见。汉武帝虽然不甘心，但想想韩安国说得也有道理，只好同意继续与匈奴和亲，暗地里却在等待机会。

不久，一个好机会来了。马邑城有个富商，叫聂壹。他在汉匈之间做买卖，与匈奴混得很熟，和王恢也是好朋友。聂壹说："我可以把匈奴引诱过来，你们在马邑设下埋伏，一举把他们歼灭。"

王恢大喜，立即报告了汉武帝。汉武帝一听，动了心，如果把匈奴引诱过来，以逸待劳，韩安国提出的那些问题就都解决了。汉武帝赶紧召集群臣商议。

这是一次十分重要的朝议，毕竟主动向匈奴开战，这是西汉建立以来的第一次。大臣都很谨慎，凝神思考，朝堂上一片寂静。过了一会儿，有人开始发言，紧接着，发言的越来越多，最后，形成了两派意见。

以王恢为首的主战派认为，与匈奴和亲，是不得已的权宜之计，是一种耻辱政策。匈奴野蛮，经常侵扰边界，搞得民不聊生，和亲政策不能保证和平。现在汉朝国力强大，应该付诸武力，只有彻底征服匈奴，才能得到长久的和平。

以韩安国为首的主和派则认为，与匈奴和亲，是高祖以来一直实行的基本国策，虽然匈奴常犯边界，但总体上没有发生大的战争。现在匈奴仍很强大，而且地域辽阔，如果放弃和亲，改为武力征讨，没有取胜的把握。特别是战端一开，必定是生灵涂炭，劳民伤财，很可能会旷日持久，这不利于国家的发展。双方唇枪舌剑，争论不休。《汉书》用了很长的篇幅，记述了双方争辩的情况。

汉武帝见双方争执不下，不由得龙颜大怒，厉声说道："当初战国时候，燕赵都是小国，尚且敢于攻击匈奴，打得他们落花流水，如今我堂堂天朝大国，难道还不如那些小国吗？何况这次诱敌深入，我们重兵埋伏，一定可以大获全胜。这是天赐良机，怎么能够放弃呢？朕决定了，坚决打击匈奴。"诏令一下，群臣全都表示服从。于是，汉武帝一面让聂壹前去诱敌，一面调兵遣将，做好各种准备。

聂壹到了匈奴那里，找到军臣单于，对他说："马邑城内物资丰厚，我手下有几百人，可以杀掉县令，占领城池，但怕汉军赶来，需要您率大军接应。"

军臣单于平时很信任聂壹，又听说马邑城中有大量财富，眼睛都绿了，满口答应。双方约定，聂壹杀死县令以后，把首级挂在城门作为暗号，单于见到首级，就驱兵入界，迅速赶到马邑。军臣单于心中高兴，催着聂壹赶快回去举事，自己亲率十万骑兵，随后接应。

聂壹回去把情况一说，汉武帝也很高兴，这可是歼灭匈奴主力的大好机会啊！立即调动三十万精兵强将，由韩安国任总指挥，与李广、公孙贺各领一部，悄悄埋伏在马邑城周围，只等匈奴骑兵到来，伏兵骤起，来个瓮中捉鳖，擒获单于。另外，又派王恢、李息率领三万兵马，埋伏在代郡，专门攻击截获匈奴的辎重。

聂壹回到马邑城中，与县令商议，杀了一个监狱里的死囚，将他的头挂到城门上。匈奴探子一见，认为是县令的首级，马上飞报军臣单于。军臣单于立即催动部队，越过边界，很快来到武州塞口，离马邑城只有百余里地。匈奴骑兵速度很快，几个时辰就能赶到。

匈奴人虽然剽悍，但并不傻，特别是军臣单于，很有智谋。他一边驱兵疾行，一边仔细观察周围情况。忽然，他发现有些异常，只见遍地的牛羊，却不见放牧的人。军臣单于起了疑心，命令部队暂停，想找人问问前边的情况，但周边一个人影也没有。

军臣单于派人攻击附近的一个哨所，去抓个"舌头"。本来哨所的士兵不知道马邑之谋，可偏偏哨所里有一个雁门尉史。尉史正在巡视防地，见匈奴骑兵路过，便躲进这个哨所，没想到当了俘虏。他知道这次的战斗部署，为了活命，便一五一十地告诉了军臣单于。

军臣单于一听，前边有三十万汉军，织好了大网，正等着他呢，顿时吓出一身冷汗，立刻掉转马头，下令部队迅速撤退。在回去的路上，军臣单于一边抹着冷汗，一边仰天长叹，说："感谢老天，给我送来了尉史，不然就完蛋了。"回去以后，封那个尉史为"天王"，给予优厚的待遇。

埋伏在马邑城附近的三十万汉军，伸长了脖子等待，自然没有看到匈奴的影子。王恢、李息率领的三万人马，埋伏在代郡，看见匈奴骑兵蜂拥而过，辎重落在了后边，心中窃喜，只等前边打响，就动手抢夺辎重。没想到过了一会儿，匈奴的大队人马又回来了。王恢兵少，没敢出击，眼睁睁地看着匈奴从眼皮子底下溜走了。

汉武帝在皇宫里，眼巴巴地盼望着胜利的消息，没想到狗咬尿脬，空欢喜一场。他恼羞成怒，把一股怨气全撒在王恢身上，怪他没有出击匈奴的辎重，致使一点收获也没有。汉武帝下令，把王恢投入监狱。王恢在狱中自杀了。

那个献计的爱国商人聂壹，下场怎么样呢？《汉书》没有说，《三国志》透露了一点信息，说魏国大将张辽，是聂壹的后人。

马邑之谋，计划得很好，机会也很好，本来很有希望歼灭匈奴主力，可惜，只因为一点小小的细节没有考虑周全，结果影响了全局。可见，人们常说的"细节决定成败"，一点也不假。

马邑之谋，军臣单于侥幸逃脱，他和汉武帝一样，也是恼羞成怒，把一股怨气全撒在汉朝边界，下令四处袭扰，烧杀抢掠。此后很长一段时间，汉匈双方兵戎相见。

四路出兵吹响攻匈号角

马邑脱险之后，匈奴更加肆无忌惮，四处袭扰边界，汉军防不胜防。汉武帝大怒，亲自部署四路大军，越过边境，杀向草原，寻求匈奴骑兵作战。这是西汉军队第一次深入匈奴腹地，从此打响了全面反击匈奴的战争。

《汉书》记载，马邑之战的第五年，匈奴大规模侵袭上谷郡，杀人放火，掠夺财物。汉武帝意识到光靠在边界被动防御，是难以征服匈奴的，必须深入匈奴领地，消灭匈奴主力。可是，茫茫草原，并不知道匈奴主力在哪里。

汉武帝决定，同时派出四路兵马，他的想法是，这四路兵马中，总会有一两路碰到匈奴骑兵的。汉武帝在他信任的人当中，亲自挑选了四名统兵将领。

第一路统兵将领，叫公孙贺。公孙贺出身将门，他年轻时就参军当骑士，多次立功。汉武帝做太子时，他就跟随左右，武帝登基后，提拔他为太仆。公孙贺还有一个特殊身份，他的夫人是皇后卫子夫的姐姐，他是卫青的姐夫，与汉武帝是连襟，正宗的皇亲国戚。汉武帝任命他为轻车将军，率一万骑兵，出云中攻击匈奴。云中，在今天的内蒙古托克托县一带。

第二路统兵将领，叫公孙敖。公孙敖在汉景帝时期，就以郎官的身份侍奉左右。武帝登基后，提拔他为太中大夫。公孙敖与卫青是好朋友，曾经救过卫青的命。汉武帝任命他为骁骑将军，率一万骑兵，出代郡攻击匈奴。代郡，在今天的河北省蔚县一带。

第三路统兵将领，是大名鼎鼎的李广。李广在文景二帝时期就很有名气，先后任北部边域七郡太守。武帝即位后，召他入宫，担任未央宫卫尉，负责保卫皇宫，很受信任。汉武帝任命他为骁骑将军，率一万骑兵，出雁门攻击匈奴。雁门，在今天的山西省代县一带。

第四路统兵将领，是初出茅庐的卫青。卫青出身低微，只因姐姐卫子夫当了皇后，他也一步登天，入宫做官。汉武帝十分宠爱卫子夫，自然也宠信卫青，任命他为车骑将军，率一万骑兵，出上谷攻击匈奴。上谷，在今天的河北省张家口市北部一带。

这四位统兵将领，既有老将，也有新贵，都属于汉武帝的亲信。四路兵马各自为战，人数相等，并无主次之分，更没有统一的主帅。汉武帝如此部署，主要用意是试探匈奴虚实，同时考察选拔自己的军事人才。

四路大军出征之后，汉武帝在皇宫翘首以待，时刻盼望胜利捷报。过了些日子，公孙贺一脸无奈地回来了。他率领一万骑兵，在茫茫草原上，漫无目的地游荡了多日，一个匈奴骑兵也没碰到，只好无功而返。这个结果，应该在汉武帝意料之中。汉武帝什么也没说，摆摆手让公孙贺歇着去了。

又过了些日子，公孙敖灰头土脸地回来了。他倒是碰见了匈奴骑兵，可是，匈奴部队数量比他多，战斗力比他强。公孙敖是第一次与匈奴交锋，缺乏经验，一战下来，他的部队被杀死和俘虏的达七千多人。公孙敖只带着三千残兵败将，灰溜溜地逃了回来。

这有点出乎汉武帝意料，武帝阴沉着脸，下令把公孙敖关到监狱里。两路人马失利，汉武帝心里凉了半截，他把希望寄托在久经沙场的老将李广身上。

再过了些日子，李广狼狈不堪地回来了。汉武帝急忙召见，可是，他往李广身后看了半天，没看见一个人。李广是全军覆没，只身逃回。原来，李广碰到了匈奴主力，被数倍于己的匈奴骑兵包围，虽经苦战，终因寡不敌众，一万骑兵全部战死、被俘和逃散。李广受了伤，也被活捉。

匈奴单于听说捉住了名将李广，大喜，下令把他活着押送过来。匈奴骑兵把李广安置在两马之间，用绳索结成网兜，让李广躺在里面。李广假装伤重昏迷，匈奴骑兵放松了警惕。李广斜眼看见旁边有个匈奴少年，骑着一匹好马。他瞅准机会，纵身一跃，跨上匈奴少年的马，策马飞奔逃了回来。李广如此惨败，大出武帝意料。汉武帝十分恼怒，下令把李广也关到监狱里。

三路兵马皆失利，汉武帝心里几乎凉透了，对卫青这一路，也不抱多大希望。卫青年轻，从未上过战场，更无作战经验，深入陌生之地，面对强悍之敌，显然是相当危险的。汉武帝心里祈祷，只要卫青能够活着回来，就谢天谢地了。

卫青虽然没有作战经验，却有一个聪明智慧的大脑。他不像其他三位将领那样，漫无目标地在草原上四处去找匈奴，而是经过认真分析和侦察，把进军目标锁定在龙城。一是龙城是匈奴祭祀天地和祖先的地方，那里肯定有匈奴人；二是龙城属于匈奴后方，匈奴人的习惯是青壮年上前线，老弱留守后方，所以不会有强敌；三是龙城是匈奴腹地，汉军从没到过，戒备不会森严。

于是，卫青率军出上谷，向北翻越燕山余脉，进入草原，长驱七百里，直捣龙城。果然，汉军从天而降，匈奴人惊慌失措，被斩杀七百人。卫青部队几乎没有损伤，大获全胜。

龙城之战，是西汉以来对匈奴作战第一次大胜利，杀敌数量也是最多的。更重要的是，捣毁了匈奴的祭祀圣地，使匈奴人的心理遭受了沉重打击，对士气产生了重大影响。

汉武帝得到捷报，喜出望外，大大表彰了卫青，赐卫青为关内侯。公孙贺不赏不罚。公孙敖和李广都被判处死刑，好在那时候有规定，可以拿钱赎罪，他俩拿了钱，被贬为平民。后来，汉武帝又起用他们，他俩重新回到抗匈战场，发挥了重要作用。

四路出兵，虽然总体上失败了，但第一次深入匈奴腹地作战，还捣毁了他们的祭祀圣地，给匈奴造成很大震慑，同时，积累了对匈作战的宝贵经验。更重要的是，使卫青这位军事奇才脱颖而出。

卫青后来屡建奇功，其才能和功劳明显超过李广、韩安国等一批老将，成为抗击匈奴的主帅。

四大战役消除匈奴威胁

汉匈之间的战争，从公元前 201 年刘邦白登被围开始，一直持续到东汉时期，到公元 91 年北匈奴灭亡，前后共有 292 年。在汉初六十多年间，主要实行和亲政策。

汉武帝从公元前 133 年马邑之谋开始，到公元前 89 年下诏停战为止，打了 44 年的反击战。其中，在前 14 年时间里，打了四次大规模战役，消除了匈奴对西汉王朝的威胁，改变了匈强汉弱的状况，并在以后的战争中占据了主动地位。

第一次战役，是河南之战。河南，是指黄河以南的河套平原。河套平原水草丰盛，土壤肥沃，既适合农耕，也适合畜牧。秦朝攻占了这个地方，后来匈奴又夺了回去。此地离长安不足千里，是个很大的威胁，汉武帝决定首先攻占这个地方。

公元前 127 年，也就是四路出兵两年后，匈奴大举进犯北部边境的上谷、渔阳等地。汉武帝一面组织防御，一面令卫青趁机突袭河南。卫青、李息率三万骑兵，从云中悄然出发，北渡黄河。匈奴认为他们要北上救援，卫青却命令大军九十度大左转，向西疾行，每人两马换乘，一日一夜急行军八百里，突然出现在匈奴的楼烦王和白羊王面前。

楼白两王猝不及防，大败而逃。卫青大军马不停蹄，乘胜追击，短短数日，就占领了千里之阔的河南腹地，歼敌数千，得牲畜一百余万头，而且自己伤亡很少，《汉书》说"全甲兵而还"。远在上谷的军臣单于鞭长莫及，后悔不迭，气得吐血，一病不起，第二年就死了。

这是一次漂亮的战役，无论是进军路线，还是战略打击，都堪称完美。卫青经过龙城之战，已经掌握了在沙漠草原地带纵深运动和奇袭的要领，指挥艺术更趋成熟。

战役结束后，汉朝在河南地设置了五原、朔方两郡，招募内地居民十万人，把它们建成了出击匈奴的军事基地。

第二次战役，是漠南之战。漠南，指蒙古大沙漠以南，是匈奴主要活动地区。河南之战，是成功的突袭，而漠南之战，则是与匈奴主力硬碰硬的较量。

军臣单于死后，其弟伊稚斜篡位当了单于，并攻打军臣单于的太子于单。于单不敌，投降了汉朝，被封为涉安侯。伊稚斜登位之初，求功心切，更加频繁地袭扰汉朝。匈奴的右贤王对汉朝占据河南地怨恨至极，数次进袭朔方，企图夺回失地。

公元前124年，汉武帝决定发起漠南战役，歼灭右贤王主力。汉军兵分两路，以西路军为主攻方向，由卫青统领，进攻右贤王；以东路军为策应，由李息统领，进攻左贤王，牵制其兵力。两路大军共十万人马。

卫青仍然采取隐蔽行军、长途奔袭的战术，乘夜悄悄包围了右贤王的王庭。右贤王自认为王庭距汉境遥远，汉军不可能到达，没做任何防备，右贤王还喝醉了酒。卫青见状，心中大喜，下令攻击。匈奴在梦中遭到突袭，顿时大乱，无法组织有效抵抗，纷纷投降，被俘一万五千多人。右贤王在数百精骑保护下，侥幸突围逃脱。汉武帝闻讯大喜，当即在军中拜卫青为大将军，统领所有汉军。汉武帝时期的大将军，地位高于丞相。

伊稚斜单于见右贤王兵败，心中不甘。第二年，他派一万骑兵袭击代郡，杀死郡尉，劫掠千余人。汉武帝令大将军卫青，率公孙贺、公孙敖、李广、李沮、赵信、苏建六名将军，统兵十万，攻击伊稚斜单于主力。由于都是主力对抗，战况激烈，几次战斗下来，歼敌一万九千余人，汉军损失也比较惨重。伊稚斜单于见汉军强大，下令撤往漠北。

在漠南战役中，卫青的外甥霍去病崭露头角。他当时只有十七岁，第一次参加战斗，却英勇无敌，率八百骑兵，追击匈奴数百里，斩杀两千余人，全身而退。汉武帝认为霍去病功冠全军，封他为冠军侯。

漠南之战历时两年，将匈奴赶出了漠南地区，稳固了朔方郡，减轻了匈奴对西汉政权的威胁。

第三次战役，是河西之战。河西，指今甘肃省武威、张掖、酒泉、敦煌等地，也称河西走廊，是中原通往西域的咽喉要道。河西地区原是月氏部族的领地，后被匈奴占领，由浑邪王和休屠王统治。汉武帝把匈奴赶往漠北以后，下一个目标，就是拿下河西之地。

公元前121年春，汉武帝任命十九岁的霍去病为骠骑将军，率一万骑兵，去攻打河西。霍去病的战术与舅舅卫青差不多，也是长途奔袭，突然打击。他率军六天转战千余里，踏破匈奴五个小王国，然后翻越焉支山，与匈奴主力展开决战，大获全胜，连匈奴祭天的金人都被汉军缴获。匈奴胆战心惊，悲哀地唱道："亡我祁连山，使我六畜不蕃息；失我焉支山，使我妇女无颜色。"

同年夏，霍去病经过短暂休整，又率数万骑兵，第二次攻打河西。这一次，霍去病采取了大纵深外线迂回的战术，绕行两千余里，突然出现在浑邪王和休屠王的背后，发起猛攻。匈奴在背后没有设防，措手不及，被歼三万多人，汉军仅伤亡三千。浑邪王见大势已去，孤立无援，便杀了不愿投降的休屠王，带领四万部众，归降了汉朝。从此，河西之地尽归汉朝所有，汉武帝在河西设置了武威、张掖、酒泉、敦煌四郡。河西之战，充分展现了霍去病的军事才能，其声望、地位日增，与大将军卫青不相上下。

第四次战役，是漠北之战。漠北，指中国北方沙漠戈壁以北的广大地区，现在大部分已在境外。经过漠南、河西之战，匈奴远徙漠北，但仍不断攻略汉朝边郡，企图引诱汉军越过大漠，以逸待劳，消灭汉军。

中原距离漠北路途遥远，困难重重，但汉武帝为了消灭匈奴主力，彻底解除匈奴的威胁，决定深入漠北，与敌决战。他调集了十四万骑兵，又配备随军战马十四万匹，步兵及转运夫十万多人，准备了大批物资，分东西两路向漠北进发。两路人马分别由卫青、霍去病率领。

公元前 119 年，卫青与李广、公孙敖、赵食其等将领，率数万兵马，由定襄（今内蒙古和林格尔西北）北进，长途跋涉千余里，穿过大漠。卫青捕获了匈奴俘虏，得知伊稚斜单于的准确位置，便派李广、赵食其带部分兵力，绕到匈奴背侧，准备合围伊稚斜单于。

卫青亲率精兵，直攻匈奴。两军相遇，展开激战。汉军好不容易找到匈奴主力，自然奋勇向前；匈奴知道处在生死关头，也拼命死战。战况异常激烈，从早晨打到黄昏。突然，大风骤起，沙砾扑面，几乎睁不开眼睛，但双方仍不肯退兵，继续混战。天黑以后，伊稚斜单于自料不能取胜，便率众趁夜色逃走。卫青乘胜追击，一夜追出二百余里，沿途歼敌万余人，但没有追上单于。

此役歼敌一万九千余人，重创匈奴主力，但由于李广、赵食其迷了路，没有按时赶到，未能将匈奴合围全歼。事后追究责任，李广自杀，赵食其用钱赎罪，贬为了平民。

另一路，由霍去病独自率军，未配备裨将，但所统兵卒多是精锐，战斗力很强。霍去病率军出代郡，深入漠北两千余里，捕捉到匈奴左、右贤王主力，随即展开攻击，歼敌七万多，汉军伤亡一万人。此役两贤王的部队几乎损失殆尽，两贤王只带少数残兵逃走。霍去病乘胜追杀，一直追到狼居胥山。

狼居胥山在今蒙古国境内，这是汉军深入漠北到达最远的地方。霍去病在狼居胥山举行了祭天仪式，既向上天报告伐匈成果，又表达了一种坚定决心，此事就是著名的"封狼居胥"。后来，封狼居胥成为华夏民族武将的最高荣誉之一。这一年，霍去病只有二十一岁。

漠北之战，是汉匈战争期间，战场最远、规模最大，也最为艰苦的一次大决战，漠北之战以汉军全面胜利而告终。匈奴经此打击，元气大伤，一时无力南下，危害汉朝百余年的匈奴边患问题基本得以解决。

汉武帝在十几年时间内，连续发动四次大的战役，把匈奴赶得远远的，扩大疆域几千里。后来，尽管汉匈之间的战争仍然断断续续，但汉朝已经掌握了主动权，匈奴对汉朝不能构成威胁了。

龙城飞将应是卫青

唐朝诗人王昌龄，写过一首名诗，其中有两句："但使龙城飞将在，不教胡马度阴山。"有人认为，龙城飞将是指李广。然而，龙城是匈奴祭天圣地，李广从未到过那里，与龙城没有关系。只有卫青率军长途奔袭，捣毁龙城。所以，龙城飞将应该是指卫青。

《汉书》记载，卫青本来姓郑，父亲叫郑季，是河东平阳人。平阳在今山西临汾西南一带。郑季担任县吏，曾在汉武帝姐姐平阳公主家里当差，与府上的奴婢卫媪私通，生下了卫青。

卫媪是个传奇人物，虽然史书没有留下她的名字，只知道她丈夫姓卫，人们称她卫媪，可她生了三个有名的女儿。长女卫君孺，嫁给了九卿之一的高官公孙贺；二女儿卫少儿，与一个姓霍的私通，生下了大名鼎鼎的霍去病；三女卫子夫更厉害，成了汉武帝第二任皇后。卫媪还生了三个儿子：卫长君、卫青、卫步。所以，有人戏言说，卫媪是历史上最厉害的奴婢。

郑季当差结束后回去了，他家里有老婆孩子。卫青小时候回到父亲家里，但后母及后母的儿子们，并不把他当作家人看待，而是作为奴隶使唤。卫青小小年纪就去放羊，经常挨打受骂，童年生活十分不幸。

有一次，有人给卫青相面，说他是贵人之命，命该封侯。卫青根本不信，苦笑着说："奴婢生的儿子，不被打骂就很满足了，怎么会有封侯那样的美事啊？"卫青小时候受的苦难，其实是一笔财富，这对于他的性格养成以及成就大业，是有帮助的。人们常说，宝剑锋从磨砺出，梅花香自苦寒来，说的就是这个道理。

卫青长大以后，又回到平阳公主家里，当了骑奴。这个时候，卫青的三姐卫子夫，有幸被汉武帝看中，入宫做了嫔妃，后来得到宠爱。卫青也时来运转，到建章宫当差。卫青十分珍惜这个机会，工作兢兢业业，与同僚关系也处得很好。

不料，一场意外之祸悄然逼近。由于汉武帝宠爱卫子夫，引起皇后陈阿娇和她母亲刘嫖的极大不满，她们不敢对卫子夫下手，就派人抓走了卫青，想杀他泄愤。幸亏同僚公孙敖得到消息，急忙带人把卫青抢了回来。汉武帝知道了此事，对刘嫖母女十分不满，但不便问罪，于是就厚赏卫青，几天内赏赐达千金之多，同时提拔卫青做建章宫监，任侍中，公孙敖也因此得到汉武帝信任。这真是因祸得福啊！

卫青做了侍中，从此跟随皇帝左右，一起听闻朝政。卫青谨慎稳重，聪明智慧，汉武帝越来越喜欢他，后来提拔他为太中大夫，掌管朝政议论，俸禄千石。就这样，卫青在汉武帝身边干了十年，深得武帝信任。

公元前129年，卫青迎来人生中的重大转折。汉武帝四路出兵，反击匈奴。那三路或者无功而返，或者损兵折将，甚至全军覆没。只有卫青，看准战机，长途奔袭，直捣龙城，首战告捷。

有人说那是卫青运气好，那么后来，卫青连续七战七捷，几乎没有打过败仗，这能靠运气吗？卫青靠的是对敌情的全面分析，对战局的准确把握，对战术的灵活运用。卫青是一位出色的军事谋略家和战术指挥家。

卫青一战成名之后，大展军事才能，屡立奇功。在河南战役中，他采取迂回侧击战术，先北后西，绕到匈奴背后，迅速占领战略要地高阙，切断楼烦王、白羊王与单于之间的联系，然后飞兵南下，大败匈奴，夺取了整个河套地区。

在漠南战役中，卫青出其不意，夜袭右贤王，俘虏匈奴一万五千多人。之后，两出定襄，又斩敌近两万人，迫使匈奴从漠南撤到漠北。

在漠北战役中，卫青千里跃进，准确找到匈奴单于驻地，展开决战。战斗中，卫青先用武刚车排成环形营垒，保证自己军队阵脚不乱，然后，命五千精锐骑兵正面攻击，其他部队两翼包抄。匈奴单于阵脚大乱，不知汉军虚实，只得趁夜逃走。卫青抓住时机，连夜追击，沿途追杀匈奴散兵，重创匈奴主力，迫使匈奴远遁西北，再也无力南下骚扰汉界了。

在关键的四大战役中，卫青作为主帅，亲自指挥了三个，皆获胜利。卫青为反击匈奴、保国安民立下了赫赫战功。

卫青作为大将军，治军严格，号令严明。他作战勇敢，经常身先士卒，骑马上下山岗，疾驰如飞。他关心爱护手下将士，安营扎寨时，士兵都喝上水，他才肯喝；渡河时，所有士兵都渡河完毕，他才过河。皇帝和太后赏给的钱财丝帛，他都转手送给手下官兵。因此，卫青在军中威望很高，将士都乐意为他效力。

在漠南之战后期，将军苏建、赵信率领三千骑兵，突然遭遇匈奴大军，苦战一天，终因寡不敌众，全军覆没。赵信投降了匈奴，苏建只身逃回。当时，卫青刚被任命为大将军。议郎周霸建议说："苏建丢弃部队，罪该当斩。您自出兵以来，从未杀过裨将，现在荣升大将军，正好杀了他，以显示大将军的威严。"

卫青十分严肃地说："我有幸得到皇恩，担任大将军，不怕没有威信，怎么能靠杀人立威呢？我虽然有权斩将，但不敢专权，还是由皇上处理吧。"卫青把苏建装进囚车，交给汉武帝。武帝也没有杀他，让苏建用钱赎罪，贬为平民。苏建的儿子，就是著名的北海牧羊的苏武。

卫青虽然厥功至伟，但为人谦和低调，待人宽厚，从不居功自傲。卫青消灭右贤王主力之后，汉武帝非常高兴，派使者捧着大将军印，在军中任命卫青为大将军，增封食邑八千七百户。同时，封卫青的三个儿子为侯。卫青谢绝说："我军大捷，仰赖皇上神圣武灵，靠的是将士奋勇杀敌。皇上已经垂恩增封我的食邑，我的儿子尚在襁褓之中，没有功劳，怎么敢领受封爵呢？"卫青再三推辞，武帝不许。卫青为部下请功，汉武帝十分大方，一次封卫青部下十几人为侯。

汉武帝时期，为了抑制相权，强化皇权，实行"中外朝"制度，大将军是中朝官员之首，位居丞相之上。卫青大权在握，位极人臣。

苏建曾经劝告卫青，让他养士人门客，以博得好名声。当时养士是一种风气，卫青却拒绝了。他说："做臣子的，最重要的是忠于皇上，奉法遵职，何必去养士呢？"

随着卫青地位日益尊贵，汉武帝要求群臣见大将军时，行跪拜之礼。群臣都照办了，只有汲黯不肯跪拜，依然行揖礼。汲黯是出名的耿直之人，卫青毫不在乎，不仅不生气，反而对汲黯更加尊敬，经常向他请教朝中大事。卫青的宽阔胸怀，受到人们赞扬。

公元前106年，一代名将卫青病逝。史书没有记载他的出生年月，一些学者推断，他死时的年龄应该在45—48岁。汉武帝为了纪念他的彪炳战功，在自己的陵墓附近，为卫青修建了一座阴山形状的墓冢，以示恩宠。

后人对卫青给予高度评价，唐代追封古代名将六十四人，宋代追封七十二人，卫青都名列其中。

卫青的功绩、能力、影响以及所做出的贡献，都大于李广，然而，很多人却更多地怀念崇敬李广。不少人认为，李广是自己干出来的，而卫青靠的是裙带关系。诚然，卫青入宫，是他姐姐卫子夫的原因，可后来的建功立业，也是自己干出来的。另外，李广征战一生，最终未能封侯，他的死也与卫青有关。所以，人们对李广寄予无限同情，宁愿相信李广就是"龙城飞将"。有人提出一个观点，认为龙城是指唐代的卢龙城，并非匈奴祭天圣地。卢龙城曾经是李广练兵之地，这样李广就与龙城扯上关系了。这种说法也不无道理。

其实，龙城飞将是谁，并不重要。诗歌是文学作品，它表达了人们对于英雄良将的敬仰，希望能有更多的飞将涌现出来，给人以丰富的想象空间。所以，现在学校教材的解释是：龙城飞将，是泛指以卫青、李广为代表的一大批抗匈名将。这应该是比较科学的解释，能够被多数人接受。

不读兵书的霍去病

霍去病有一句名言，流传很广，就是"匈奴不灭，何以家为"，表达了他公而忘私、一心为国的远大志向和情怀。

霍去病还有一句话，流传不广，那就是"打仗看时势，不必学兵书"。一般来说，凡是军事家，大都饱读兵书，而霍去病对兵书不屑一顾，但却连连打胜仗，也是够神奇的。

《汉书》记载，霍去病是河东平阳人，生于公元前140年，就是汉武帝登基的那一年。霍去病的父亲，名叫霍中孺。霍中孺与郑季一样，在平阳县当个小吏，也曾在平阳公主家里当差。郑季爱上了奴婢卫媪，生下卫青；霍中孺则爱上了卫媪的二女儿卫少儿，生下了霍去病。

霍中孺完成差事后，回家娶妻生子，又生下霍光，从此与卫少儿断了联系。卫少儿又与陈掌私通，陈掌是陈平的曾孙。汉武帝知道后，召陈掌入宫，担任詹事，使其显贵。詹事是负责皇后、太子家事的高官，卫少儿便嫁给了陈掌。

霍去病出生后不久，他的三姨卫子夫就得到皇帝宠爱，后来当了皇后。所以，霍去病的童年没有吃过苦，而且地位尊贵。霍去病长大成人后，才知道生父是霍中孺，虽然没有见过面，但毕竟是亲生父亲，心中仍很挂念。有一次，霍去病以骠骑将军的身份，率军攻打匈奴，恰巧路过河东。河东太守在城郊迎接，毕恭毕敬地带路进城。霍去病很想见父亲一面，于是派人把霍中孺请来。

霍去病一见父亲，双膝下跪，磕头行礼，说："原先孩儿不知道是您的骨肉，请恕不孝之罪。"霍中孺见儿子已经长成一名高大威武的将军，而自己却没有尽过一天做父亲的责任，心中五味杂陈，惭愧内疚，连忙伏地叩头。霍去病拿出钱财，为父亲购买了大量田地、房宅和奴婢。当时，霍光已有十几岁了，十分聪明。霍去病很喜欢这个同父异母的弟弟，还军的时候，把他带到长安，去侍奉汉武帝。

霍光在武帝身边二十多年，小心谨慎，处事周全，从没出过差错，深受宠信。汉武帝临终时，把八岁的儿子刘弗陵也就是后来的汉昭帝托付给霍光。霍光精心辅佐幼帝，重新实行与民休息政策，使西汉王朝得以稳固发展，这是霍去病为西汉王朝做出的又一贡献。

霍去病性格与卫青不同，他沉默寡言，性格孤僻，喜欢独自思考，善于骑射，敢作敢为。汉武帝曾经要他学习孙子兵法，霍去病却说："打仗看时势，不必学兵书。"

霍去病说这话，并不是否定兵法的作用，也不是心高气傲和自负，而是有道理的。与匈奴作战，和在中原地区作战有很大不同。从地形上看，塞外地域辽阔，地势平坦，没有高山大川，更无隘口险关；从作战对象上看，匈奴骑兵飘忽不定，来去如风，打仗一窝蜂，不讲战术，打赢了就嚣张，遇上强敌就逃散；从战术上看，打法比较简单，用不着高深的战术。

要想战胜匈奴骑兵，关键有三条。第一，是能够找到他们，在茫茫戈壁草原上，想找到他们并不容易，有时远远看见，他们便一阵风似的逃脱了。所以，必须在他们意想不到的地方，突然出现在他们面前，实施突然打击。第二，碰上匈奴骑兵，就要猛打猛冲，从气势上压倒他们。匈奴人打仗，是以掠夺财物为目的，情况不利时就四散而逃，不以逃跑为耻辱。第三，与匈奴人交战，最有利的武器是弓箭。匈奴生产力落后，弓箭远不如汉朝。汉朝那时候已经发明了弩机，可以连射，相当于现代的机关枪。

所以，孙子兵法中的三十六计，是在中原战场上总结出来的，而在大漠之中，却很少能够用得上。霍去病根据现实情况，琢磨出了自己的一套打法，那就是长途奔袭、快速突击、勇猛打击以及大迁回、大穿插作战，主要特点是快、准、狠。实践证明，这套战术是十分有效的，能够克敌制胜。

公元前 123 年，十七岁的霍去病被任命为骠姚校尉，跟随卫青参加漠南战役。霍去病初上战场，就大显身手。他带领八百名骑兵，脱离大军，独自寻找战机。他深入敌后数百里，斩敌两千余人，特别显赫的是，杀了匈奴单于的祖父辈籍若侯产，俘虏了单于的叔父和国相、当户等一批高官。这说明，霍去病大概是绕到敌人后方去了。汉武帝对霍去病的勇猛作风十分欣赏，封他为冠军侯。

过了两年，汉武帝任命霍去病为骠骑将军，于春、夏两次率军开展河西战役。霍去病采取远途奔袭、猛打猛冲和大迂回的战术，把匈奴打得落花流水。匈奴的浑邪王和休屠王打不过汉军，商议投降，霍去病率军前去招降。汉军渡过黄河，与准备投降的匈奴军队遥遥相望。这时，意想不到的情况发生了，匈奴有些人又不想投降了，纷纷逃跑，军心动摇。在这关键时刻，霍去病丝毫没有犹豫，只带少数随从，飞马冲入匈奴军中，与浑邪王相见，稳定了他的情绪。浑邪王见霍去病不顾危险，亲自前来，十分感动，投降决心更加坚定，杀掉要逃跑的八千多人，也杀掉了动摇的休屠王，最后率四万多人降汉。霍去病的这一举动，对浑邪王降汉起到了关键作用，也表现出他的胆略与果断。

在漠北战役中，霍去病与卫青分别统兵。他仍然采取长途奔袭、迂回包抄、猛打猛冲的战术，深入大漠两千多里，兵锋到达最远的狼居胥山，歼灭了匈奴主力，斩杀和俘虏敌人的数量超过了卫青。

霍去病一生中，曾经六次大规模地攻击匈奴，六战六捷，歼敌总计十一万余人。卫青七次攻击匈奴，歼敌总计五万余人。在歼敌数量上，霍去病与卫青相比，是青出于蓝而胜于蓝了。

霍去病战功卓著，但在为人处世上与卫青大不一样。霍去病很小就在皇宫长大，贵宠惯了，生活奢侈，不太关心士兵。他率军出征时，汉武帝专门派太官为他带数十车生活用品，供他享用。有时米肉吃不完就扔掉，而士兵却有挨饿的。在塞外作战时，士兵缺乏军粮，有的人饿得爬不起来，而霍去病却要开辟场地，踢球玩乐。《汉书》说，"事多此类"，就是说这样的事有很多。《汉书》同时还称赞卫青，说卫青为人仁慈，热爱士兵，谦和礼让，这与霍去病形成了鲜明的对照。

霍去病还敢擅杀大臣。李广死后，李广的儿子李敢怨恨卫青，打伤了他。打伤大将军，当然是不对的，而且罪名不轻，但卫青没有声张，隐瞒了此事。霍去病听说后，火冒三丈，趁李敢打猎的时候，暗箭将他射死。李敢当时任郎中令，属九卿高官之一，并因战功显著，被赐关内侯。这应该是一项大罪，但汉武帝特别喜欢霍去病，竟然把他包庇下来，对外说，李敢是狩猎时被鹿撞死的。

霍去病虽然有些缺陷，但他为抗击匈奴、保国安民做出了重大贡献，总体来看，是瑕不掩瑜。

公元前117年，也就是漠北战役结束两年后，霍去病得病去世，年仅二十三岁。对他的死因，历来有许多猜疑，但并无实据。从当时情况看，霍去病多次领兵出征，长时间处于艰苦环境，对身体损伤很大，英年早逝也是正常的。

对于他的早逝，汉武帝非常悲伤，为了纪念他的彪炳战功，在自己的陵墓附近，为霍去病修建了一座祁连山形状的墓冢，并为他举行了非常隆重的葬礼。

后人对霍去病给予高度评价，唐代追封古代名将六十四人，宋代追封七十二人，霍去病都名列其中。

霍去病不学古代兵法，不等于不在实践中研究兵法。毛泽东曾经说过，"学习的目的全在于应用"。老百姓常说，"到什么山上唱什么歌"。这说明，无论干什么事情，都要从实际情况出发，否则，很容易形成"纸上谈兵"。

劳苦功少的李广

　　成语"劳苦功高"，是樊哙创造的，意思是说，做事勤苦，功劳很大。一般来说，劳苦与功高，有着因果关系，只要勤苦，就会有功。然而，李广却是个例外，他一生征战，勤劳勇猛，却始终未能封侯，主要原因是他功少，论功不足以封侯。

　　《汉书》记载，李广是陇西成纪人，成纪在今甘肃天水一带。李广是秦朝名将李信的后代，世代传习骑马射箭，因而李广骑术高超，箭法如神。

　　有一天傍晚，李广隐约看见草丛中趴着一只老虎，急忙一箭射去，不见动静，走近一看，原来是块大石头，只见箭杆已深插石中。李广暗自称奇，对着石头又射了几箭，却再也射不进去了。不过，就这一箭，李广的名声就传开了。

　　李广对射虎上了瘾，只要听说哪里有老虎，就跑去射。有一次，碰上一只厉害的大老虎。李广一箭射伤了它，老虎没有负伤逃走，反而凶猛地扑了过来。李广就地一滚，躲了过去，但被老虎抓伤了，鲜血直流。李广顾不上疼痛，反手一箭，正中老虎眼睛，才把老虎射死。

　　公元前166年，匈奴大举入侵，李广报名参军，开始了抗击匈奴的军事生涯。李广作战勇敢，箭术高明，射死了不少敌人。汉文帝很欣赏他，提拔他当了郎官，任骑常侍，伴随文帝身边。汉文帝对匈奴采取和亲政策，不想大举反攻，李广没有立功机会。所以，文帝感叹地说："可惜呀，你生的不是时候，如果生在高帝时代，封个万户侯不成问题。"

景帝即位后，也很欣赏李广，提拔他当了骑郎将。"七国之乱"的时候，汉景帝任命李广为骁骑都尉，跟随周亚夫出征。李广在平叛中立了大功，有希望封侯。不料，梁王刘武十分器重李广，私自授予他将军印，李广稀里糊涂地接受了。汉景帝忌惮刘武争位，自然心中不满，冷冷地说："既然梁王奖励了你，我就不好再封赏了。"调任李广去担任上谷太守。李广这次封侯的机会，就这样莫名其妙地丢掉了。

上谷距匈奴最近，是抗击匈奴的最前沿。李广多次与匈奴交战，而且常常身先士卒，带头拼杀。有个掌管民族事务的官员，叫公孙昆邪，他流着泪对景帝说："李广才气，天下无双。但他自恃有本领，屡次与敌人争胜败，恐怕会丢了性命。"

汉景帝也是采取与匈奴和亲政策，既担心李广安全，又怕他扩大事端，就让李广离开上谷，去当上郡太守。后来，李广先后又担任陇西、北地、雁门、云中等郡的太守，有效抵御了匈奴对边界的骚扰。匈奴人都怕他，送给他一个"飞将军"的称号。由于当时只是被动防御，没有大的战斗，因而李广没有立功封侯的机会。

汉武帝即位后，同样欣赏李广，调他入宫，担任未央宫的卫尉。未央宫是皇帝住的地方，卫尉相当于皇宫的警卫司令，汉武帝把自己的安全都交给了李广，足见对其信任之深。李广尽职尽责，小心翼翼地保护皇宫，成为汉武帝的亲信。

汉武帝决定废弃和亲、反击匈奴的时候，自然没有忘记李广这位名将。但在此后的战斗中，李广命运不佳。马邑之战，李广率领一路人马，准备伏击敌人，结果敌人没来，无功而返。

四路出兵的时候，汉武帝精心挑选了四名统兵将领，这四名将领，不是国戚就是亲信，李广是其中之一。在四人中，李广官职最高、名气最大，结果败得最惨，一万骑兵全军覆没，只有他一人逃了回来。汉武帝大失所望，把他贬为平民。著名的河南战役、河西战役，李广都没参加，而卫青和霍去病在这两次战役中声名大振，因功封侯。

汉武帝不会让这位名将长期埋没于民间，过了几年，召他回来，担任了郎中令。在漠南战役中，汉武帝重新起用李广，命他为后将军，跟随卫青从定襄出击匈奴。各将领凡歼敌数量达到标准的，都被封侯，封侯者有十几人，李广的堂弟李蔡也被封为安乐侯。李广部队杀敌数量少，没有得到封赏。

过了三年，李广率四千骑兵，从右北平出发抗击匈奴，不料，被匈奴四万骑兵包围。李广毫不畏惧，把部队布成圆形阵式，面向四周，又派儿子李敢，带领几十名骑兵，冲破匈奴包围圈，抄出敌军的左右两翼而回。李敢高声大喊："匈奴人不难对付！"士兵见状，军心大振。李广亲自用大黄弩弓，射死了匈奴几个副将。匈奴见李广英勇，不敢靠近，用箭乱射，汉军被射死一半多，幸亏援军赶到，匈奴才撤围而去。这一仗，李广功过相抵，没有赏罚。

李广个人英勇无敌，但治军不严。行军打仗，没有严格的编制、队列和阵式，像一窝蜂。夜里住宿，人人自便，并不放哨巡逻，只在远处布置侦察岗哨。李广对士兵很好，伙食和大家一样，得到赏赐全部分给部下。在李广军队当兵，比较自由，人人心情舒畅，士兵都乐意为他效力，但情况危险时也容易跑散。

李广从军四十多年，经历大小战斗七十多次，辛勤劳苦，但功劳始终达不到封侯标准，因而未能封侯，这是李广最大的缺憾。

李广曾找王朔相面，说："自汉击匈奴以来，我就参加其中，我的同僚和部下，被封侯的有几十人，我却没有得到封赏，是什么原因呢？难道我的生相不该封侯吗？"

王朔说："请将军回想一下，有没有做过不好的事呢？"李广想了想，说："我做陇西太守时，羌人反叛，我引诱他们投降，投降的有八百多人，我用欺骗的手段杀了他们，现在回想起来，觉得是有罪的。"

王朔说："罪过没有比杀降更大的了，这就是造成将军不能封侯的原因啊。"李广听罢，唉声叹气，追悔莫及。

《汉书》记叙了这段对话，表现了李广求封的迫切愿望和不能封侯的沮丧心情。

公元前 119 年，汉武帝决定发起漠北战役。这时李广已经年老，武帝不想让他参加。李广认为，这是他立功封侯的最后机会了，坚持要去。李广几次请求，汉武帝都没有允许，过了好久，才答应他，派他担任前将军。

汉武帝暗地里嘱咐卫青，说李广老了，而且"数奇"，就是命不好，不要让他正面与单于对阵，恐怕有失。汉武帝应该是一番好意。

大将军卫青率军挺进漠北，抓到俘虏，得知匈奴单于住的地方，十分振奋，自己亲率精锐部队正面对敌，而命李广部队与右将军赵食其合并，从东路出击，绕到单于侧翼，实施合围。

李广请求说："我是前将军，而大将军却让我从东路出兵。我从年轻时就和匈奴作战，今天第一次有机会与单于敌对，我愿意担任前锋，同匈奴决一死战。"卫青一来是有武帝嘱咐，二来是想让自己的好朋友公孙敖立功，所以没有答应。

李广只知其二，不知其一，心中恼怒，含恨而去。李广与赵食其合兵一处，向东绕行，因路途较远，而且水草稀少，结果迷失道路，没有按时到达，李广失去了最后一次立功封侯的机会。

战争结束后，卫青派长史拿着酒食送给李广，并询问迷路的情况，李广拒绝回答。长史命李广的幕府人员写出书面报告，听候审问。

李广心中怨恨，对部下说："我从年轻时候，就与匈奴作战，这一次有幸能与单于对阵，可大将军让我走迂回遥远的路，偏偏又迷失了方向，难道不是天意吗？我已经六十多岁了，不能再受审问人员的侮辱。"于是，拔刀自刎了。

老百姓听说以后，无论是认识的还是不认识的，无论是年老的还是年轻的，都为李广悲伤流泪。汉武帝也很难过，让李广的儿子李敢接替他做了郎中令。卫青可能心有愧疚，所以李敢打伤了他，他并没有追究，反而将此事隐瞒下来。卫青的好朋友公孙敖也未得到封赏。

后人对李广给予高度评价，唐代追封古代名将六十四人，宋代追封七十二人，李广都名列其中。

人们赞誉某个人，往往不是看他功劳大小，而是主要看他为人如何。李广一生，都在奋力抗击匈奴，他辛勤劳苦，勇猛善战，保国安民，个人从不置办家产。李广的功绩不是体现在封侯上，而是铭刻在人们心中。

回顾封建社会，被封侯者何止千万，但有几人的名字被后人知晓？李广虽然未能封侯，但他的英名却千古流传，家喻户晓。

不肯回头的李陵

李广有三个儿子，长子李当户，次子李椒，三子李敢，三个儿子都曾在汉武帝身边当过郎官。李当户和李椒，在李广之前病死了。李当户有一个遗腹子，名叫李陵。

《汉书》记载，李陵少年时，就入宫担任侍中建章监，这是卫青入宫初期担任过的职务。李陵善于骑射，爱护关心他人，谦让有礼，名声很好。当时卫青、霍去病、李广等名将均已去世，朝廷缺乏良将，汉武帝觉得李陵有李广之风，对他格外器重。

有一次，汉武帝派他率八百骑兵，深入匈奴领地两千多里，侦察敌情，观察地形。李陵顺利完成了任务，安全返回。汉武帝很是高兴，提拔他担任了骑都尉，让他带领五千勇士，在酒泉、张掖等地练习射箭，以防备匈奴侵犯。

漠北战役之后，匈奴远遁西北，暂时无力南下。趁此机会，汉武帝派兵远征大宛，主要目的是夺取大宛的良马，即汗血宝马。大宛是古代中亚国名，在今乌兹别克斯坦境内，距汉朝路途遥远。此时卫青已死，皇后卫子夫年老色衰，汉武帝又宠爱了李夫人。汉武帝有个特点，喜欢哪个女人，就连同她的兄弟一块儿宠信。李夫人有个哥哥，名叫李广利，汉武帝任命他为贰师将军，率领几万兵马去征大宛。

李广利与卫青都是皇戚，但却有天壤之别。李广利是个庸才，他领兵数万，历时两年，未能成功，士兵死得只剩十分之一。汉武帝不甘心，认为大宛这样的小国都征服不了，会被人家瞧不起。于是，征调五十余名校尉军官，增派六万大军，带着十万头牛、三万匹马，驴和骆驼数以万计，军用物资不计其数，第二次远征大宛。同时，派十八万兵马在酒泉一带驻守，以备后援。这样，前后经过四年时间，付出了巨大代价，总算征服了大宛，获得几千匹好马。

如果说，反击匈奴是保国安民，那么，征伐大宛，则是穷兵黩武，劳民伤财。同时，汉武帝还派兵收复两越，远征朝鲜，虽然扬了国威，但国力损耗殆尽。

这段时间，匈奴恢复了一些元气，又开始袭扰汉朝边界。汉武帝派将军赵破奴，率两万骑兵攻击匈奴，结果被匈奴八万骑兵包围，全军覆没，赵破奴被擒，后来逃回汉朝。

汉武帝大怒，决定给匈奴点颜色看看。公元前99年，汉武帝命李广利率三万骑兵，从酒泉出发，攻击在天山一带活动的匈奴右贤王，同时命令李陵，率部为李广利大军运送粮草。

李陵看不起李广利，不愿意为他做后勤，求见武帝说："臣所带领的五千勇士，经过几年训练，个个箭术精妙，力能缚虎，可以独当一面，请不要让我们当运输队。"

武帝笑着说："你是不愿意做贰师将军的下属吧？你可以独当一面，但我没有马匹给你。"李陵很干脆地说："臣不要马匹，只带本部五千步兵，就能直捣单于王庭。"

汉武帝感到李陵勇气可嘉，就同意了，并诏令强弩都尉路博德，领兵在中途接应。但路博德是个老将军，不愿意做李陵的后备，上书奏请汉武帝取消了诏令。

李陵当时三十多岁，年富力强，所率部下又是精锐，所以毫不畏惧，独自率军出发。他想效仿霍去病，驰骋沙场，建功立业。

李陵率军从居延出发，居延是古代西北地区军事重镇，在今内蒙古自治区额济纳旗东南一带。经过三十多天的行军，李陵军队到达浚稽山，浚稽山在今蒙古国境内。李陵将所经过的山川地形画了下来，派部下陈步乐回朝报告。陈步乐向汉武帝陈述了李陵领兵有方、士兵乐于效命的情况，武帝十分高兴，当即提拔陈步乐为郎官。

李陵部队多是步兵，缺乏机动性，这在大漠作战是十分不利的。当年霍去病率领的都是精锐骑兵，来去如风，十分快捷，所以占有优势。匈奴探听到李陵部队的踪迹，派出三万骑兵，包围了汉军。

汉军在两山之间，以大车为营。李陵带士兵出营，排列战阵，前排的人执戟和盾牌，刺杀来到跟前的敌人；后排的人持弓弩，射杀远处的敌人。匈奴见汉军人少，蜂拥而上，狂呼乱叫。

李陵一声令下，万箭齐发，匈奴骑兵死伤一片。汉朝的弩机可以连发，大显神威，匈奴骑兵根本冲不过来，少数冲到跟前的，随即被执戟士兵刺死。半天时间，匈奴死伤数千人，退回山上，不敢再战。匈奴单于又惊又怒，调来援兵，步骑兵加在一起，有八万之众，将汉军围得水泄不通。

李陵见形势危急，决定突围，且战且走，南行数里，到达一个山谷中，天色已晚，双方歇战。第二天，匈奴轮番攻击，箭如雨下，汉军伤亡逐渐增多。

李陵下令，士兵一处受伤的，仍然执兵器作战；两处受伤的，驾车；受伤三处以上的，才可以躺在车上。李陵的军队，都是强壮勇猛之士，拼死抵抗，又斩杀敌兵三千多人。

汉军强悍，杀出一条血路，向东南方向突围，沿着龙城故道撤退，匈奴紧追不舍。走了四五天，汉军被一片沼泽芦苇挡住去路。匈奴在上风头放火，李陵急令士兵烧出一块空地，得以逃脱。

汉军穿过芦苇地，来到一片树林。树林里不利于骑兵作战，汉军用弩机连发，又射杀数千人。匈奴单于见久攻不下，心中疑惑说："这是汉朝精兵，日夜向南退走，是不是在引诱我们？前边可能有伏兵。"于是，打算撤军回去。

恰在这时，李陵军中有个军候，因被校尉凌辱逃出，投降了匈奴。军候对单于说："李陵没有后援，也无伏兵，而且箭快用完了。只有李陵和韩延年各带八百人排在阵前，分别以黄白二色做旗帜，只要射杀了旗手，就可以破阵了。"

单于大喜，集中力量射杀了旗手，合力猛攻李陵、韩延年亲率的精兵，边打边喊："汉军箭快用完了，李陵、韩延年赶快投降！"汉军军心开始动摇，伤亡惨重。

危急关头，汉军的箭真的用完了。没有了箭，就等于老虎失去了牙齿，汉军只能任敌人宰割。当时，还剩三千多名士兵，没有兵器的，就斩断车轮辐条当武器，与匈奴展开肉搏。

又走了几天，汉军被一座大山所阻，进入一条峡谷。匈奴切断了汉军的退路，从山上滚下石头，很多士兵被砸死。此地离汉界只有一百多里路了，李陵惋惜地说："再有几十支箭，足可以逃走了。"

黄昏后，李陵换上便衣，独步出营，想自己一个人去干掉单于，但漫山遍野都是匈奴人，根本不可能靠近单于。汉军已是山穷水尽，即将全军覆没。李陵叹息良久，下令把旌旗砍断，埋藏珍宝，士兵分散突围。

天亮后，李陵和韩延年一同上马，身边有十几名士兵跟随，想冲杀出去，但大批匈奴骑兵围拢过来，无路可走。韩延年拼死搏斗，被杀身亡。李陵力竭，长叹一声，说："我无颜去见皇上了。"于是，投降了匈奴。李陵的五千士兵，只有四百多人逃了回去。

李陵兵败投降的消息传来，汉武帝非常愤怒，责问陈步乐。陈步乐恐慌哀痛，就自杀了。群臣都怪罪李陵，司马迁说了几句替李陵开脱的话，惹恼了汉武帝，汉武帝在盛怒之下，把司马迁处以宫刑。

过了一段时间，汉武帝后悔没有派援兵，致使李陵兵败。汉武帝懊恼地说："本来诏令路博德接应李陵，只因受了这奸诈老将奏书的影响，又改变了诏令，才使得李陵兵败。"于是，派使者慰问赏赐了李陵军中逃回来的士兵。

一年之后，汉武帝派公孙敖率军去匈奴领地，想接回李陵。公孙敖回来说："我们听到消息，李陵正在教单于用兵，以对抗汉朝。"

汉武帝大怒，下令将李陵灭族，李陵的母、弟、妻、子皆被杀。陇西一带的士人，都以李陵不能殉节而累及家室为耻。其实，教单于用兵的是李绪，而不是李陵，公孙敖弄错了。后来，李陵把李绪刺杀了。

匈奴虽然野蛮，但胸怀也很宽广。尽管李陵杀死了上万匈奴人，单于并没有怪罪他，反而对他礼遇有加。单于封李陵为右校王，还把女儿嫁给他。李陵起初投降匈奴的时候，还有重回汉朝的想法，但汉武帝灭他家族之后，使他心怀怨恨、心灰意冷，觉得再也无脸回去了。

汉昭帝时期，辅政的顾命大臣霍光和上官桀，都与李陵关系很好，专门派李陵的朋友任立政等人，到匈奴接李陵回去。李陵流着泪说："大丈夫不能反复无常，不能再次蒙羞。"始终不肯回来。

李陵与苏武是好朋友。苏武出使匈奴，被匈奴扣留。匈奴要苏武投降，苏武宁死不屈。单于派李陵去劝说，苏武意志坚定，对李陵说："你若劝我投降，我就撞死在你面前。"李陵见他对汉朝如此忠诚，长叹一声，说："真是义士，和您相比，我的罪过，比天还高啊！"说罢，泪如雨下，湿透了衣襟。

李陵在匈奴待了二十多年，尽管匈奴待他很好，但《汉书》没有记载他做过对汉朝不利的事情。不过，他也始终没有回头，再也没有回归汉朝。李陵在个人恩怨和民族大义面前，选择了前者。李陵在大约六十岁的时候，因病去世。

后人对李陵褒贬不一，更多的则是同情和惋惜。

不辱使命的苏武

苏武牧羊的故事，千古流传。苏武忠心为国、威武不屈、不辱使命的高尚情操，至今被人们景仰。苏武的事迹，被写成诗歌，谱成乐曲，搬上银幕和舞台，广泛颂扬。那么，苏武不辱使命，究竟是怎么回事呢？

《汉书》记载，苏武是杜陵人，杜陵在今西安市境内。苏武的父亲叫苏建，苏建跟随卫青反击匈奴，因功封侯。凭着父亲的关系，苏武与哥哥苏嘉、弟弟苏贤皆官拜郎中。苏武后来升任栘中厩监，掌管皇帝打猎之事。苏武在宫中二十多年，尽职尽责，老成稳重，职务不断升迁，到他四十岁出使匈奴的时候，已是中郎将的身份。

匈奴在与汉朝的战争中，遭到沉重打击，损失惨重，人口牲畜锐减，远遁西北以后，由于天寒地冻、草木稀少，更是举步维艰。匈奴自知不是汉朝对手，多次派出使者，向汉朝求和。西汉经过连年征战，国力损耗巨大，也不想再打了。于是，汉武帝派出使者，要求匈奴归降称臣。当时这个条件有点苛刻，匈奴十分生气，就扣留了使者。汉朝也同样扣留了匈奴的使者，双方互扣使者，僵持不下。

后来，且鞮侯单于继位。他害怕汉朝攻击匈奴，想要缓和关系，便将扣留的汉朝使者全部放回，并向汉朝谦卑地宣称："我是儿辈，汉天子是我的长辈，我怎么敢与汉天子比呢？"

汉武帝年龄确实比单于大许多，见匈奴都叫爹了，虚荣心得到了极大满足，来而不往非礼也，于是，也把扣留的匈奴使者放了回去。为了表达诚意，还专门派苏武作为使者，持节护送匈奴使者回国，并且送给单于许多财物礼品。

苏武接受使命，带着副使张胜、使者属吏常惠等一百多人去了匈奴，说明情况，送上礼物，表示愿意和好。不料，匈奴单于见汉朝态度友好，不由得傲慢起来，完全不像汉朝所希望的那样。

苏武在匈奴逗留了几日，完成了使命，正要返回，恰在这时，匈奴内部发生叛乱。匈奴的缑王和投降匈奴的汉人虞常等人密谋，想要杀死卫律，劫持单于的母亲，归降汉朝。虞常在汉时与张胜关系不错，暗中鼓动张胜参加。张胜头脑简单，以为这是大功一件，没有多想，私下里同意了，也没有同苏武商量。

不料，事情败露，缑王被杀，虞常被捕。单于让卫律审理此案。卫律原是汉朝使者，投降了匈奴，很受器重。卫律审案时得知，张胜涉及此案，马上报告了单于。直到这时，张胜才把实情告诉苏武。

苏武一听，十分震怒，厉声斥责道："你作为副使，竟然如此糊涂。我们死了是小事，国家名誉将会受辱，我无脸再活着了。"说着，拔出佩刀就要自杀。张胜、常惠等人急忙劝住，说："您如果死了，这事更说不清楚了。"苏武这才罢手。

果然，单于听说汉朝使者也参与了阴谋，勃然大怒，立即下令拘捕了张胜，并派卫律去审问苏武。苏武陈述了此事只是张胜个人所为，然后从容地说："我作为使者，让自己的节操和国家的使命受到屈辱，只有以死谢罪。"立即拔刀自杀。卫律大惊，疾步上前，一把抱住苏武。苏武血流如注，昏死过去。卫律赶紧找来医生，进行抢救。所幸苏武在情急之下，没有刺中要害，被救活了。

单于知道以后，非常佩服苏武的气节，常派人探视他的病情，并打算让他投降，为匈奴效力。

苏武伤好以后，单于亲自劝降，许以高官厚禄，苏武丝毫不为所动。单于见此招不灵，想用死来威胁，命卫律同时审讯苏武、张胜。卫律把刀架在张胜脖子上，张胜面如土色，浑身哆嗦，乞求投降。接着，卫律把刀架在苏武脖子上。苏武面色平静，眼睛都不眨一下。

卫律无奈，只好又花言巧语劝道："苏君，我卫律过去也是汉臣，但得到了什么？如今我被单于赐予王号，拥有部众数万，牲畜满山，富贵无比。您如果归顺，也是这个样子，否则被杀，白白死于荒野之中，有谁能知道呢？"苏武轻蔑地眯着眼，并不理睬。

卫律接着说："您如果肯归顺，我愿意与您结为兄弟；您如果不听劝，以后想要见我，就不可能了。"

苏武见他如此厚颜无耻，再也忍不住了，瞪大眼睛，眼中冒火，厉声痛斥："你作为汉臣，为了荣华富贵，不顾礼义廉耻，背叛祖宗，枉披一张人皮。我看见你就恶心，还见你干什么?!"卫律被骂得脸色铁青，摔门而去。

苏武宁死不屈，单于愈加敬佩，也更加想让他投降。单于见苏武软硬不吃，就打算折磨他，消磨他的意志。匈奴把苏武与常惠分开囚禁，把苏武单独关到一个地窖里，不给他吃喝。天降大雪，苏武卧在地上，吞食雪团和毡毛，硬撑了好多天没有饿死。

后来，单于把苏武迁到北海，让他牧羊，对他说，等到羊产乳生仔以后，就放他回去。苏武觉得有了一线希望，但很快就发现，他放的这群羊，全是公羊，哪里会产乳生仔？这分明是刁难折磨他。

北海，就是现在俄罗斯境内的贝加尔湖，是欧亚大陆最大的淡水湖。北海当时属于中国领土，后来清朝政府将它割让给了沙皇俄国。北海地域辽阔，气候寒冷，荒无人烟。在这极端恶劣的环境中，苏武待了整整十九年，经历了人间难以想象的痛苦和磨难。没有粮食吃，他只好捕捉猎物和鱼类，有时挖掘野鼠贮藏的草籽充饥。北海离汉朝遥远，苏武时刻把汉节带在身边，以至于节上的旄毛都脱落了。期间，单于不断派人来劝降，苏武始终坚贞不屈。

单于听说李陵与苏武是好朋友，便派李陵再去劝降。其实，李陵在苏武出使的第二年就降了匈奴，但一直不敢见他，这次君命难违，不得已硬着头皮去了北海。

老友相见，唏嘘不已。李陵流着泪劝说苏武："您在这无人之地白白受苦，谁能知道您的忠心呢？听说您的哥哥苏嘉犯了对皇上不敬之罪，已经被杀了；您的弟弟苏贤，没有完成皇上交给的任务，也喝药死了；您的母亲已经去世，您的妻子已经改嫁；您的两个妹妹、两个女儿和一个儿子，现在不知道是死是活。如今皇上年老，法令没有常规，大臣无罪而被诛灭的有数十家，您还为谁尽忠呢？人生如同早晨露珠一样短暂，何必长时间地折磨自己呢？"

苏武听到自己家中的惨景，自然痛哭流涕一番，然后，擦干眼泪，神情严肃地说："请您不要再说了。我们兄弟三人，都是皇上近臣，蒙受皇恩，愿意肝脑涂地。即便皇上做出对我们不利的事情，那也是个人小怨，而忠于国家，是大义，怎么能以小怨而废大义呢？我作为汉朝使者，如果能牺牲自己、报效国家，即使蒙受刀斧之诛、汤镬之刑，也心甘情愿、无怨无悔。您若再劝我投降，我就立刻撞死在您面前。"

苏武这大义凛然的一番话，猛烈撞击着李陵的心灵，使他无言以对，羞愧难当，仰天长叹，泪如雨下。告别苏武以后，李陵不敢再去见他，让妻子时常给苏武送些衣服食物。

汉武帝死后，汉昭帝继位，匈奴想乘机与汉朝和好。朝廷派人去寻求苏武等人，单于诈说苏武已经死了。常惠设法见到汉朝使者，告知了实情，并教给使者一个办法。

第二天，汉朝使者求见单于，质问道："汉朝天子在上林苑打猎，射下一只大雁，脚上系着一封帛书，说苏武目前就在北海。这是天意，您怎么说他死了呢？"单于大惊，左顾右盼，不知如何回答，只好向使者道歉，答应放苏武回去。

单于赶快召集苏武的属吏，除去投降和死了的，还有九人，都随苏武返回了汉朝。苏武被匈奴扣留近二十年，出使时年富力强，回来时已是头发胡须全白的六旬老人了。

苏武回来时，手中仍然持着光杆的汉节，朝野上下都为他忠心耿耿、不辱使命的精神所感动。苏武被封为典属国，负责与其他民族国家打交道，相当于现在的外交部部长。苏武活了八十多岁，寿终正寝。汉宣帝为彰显其节操，把苏武列为麒麟阁十一功臣之一，绘其图像，供人瞻仰纪念。

苏武的事迹万古流芳，成为爱国主义的光辉典范。

诚心归汉的金日磾

汉朝与匈奴，都属于炎黄子孙，两个民族之间，不仅有战争，也有交流与融合。当时的匈奴人，后来有很多融入了汉族，成了汉人。他们为汉民族的发展壮大，同样做出了重要贡献，金日磾（jīn mì dī），就是其中的典型代表。

《汉书》记载，金日磾出身于匈奴权贵之家，是休屠王的太子。匈奴占领河西走廊以后，命休屠王统治武威及周围地区，浑邪王统治酒泉及周围地区。

公元前121年，霍去病在春天和夏季两次攻击河西走廊，大败匈奴，歼敌数万，连休屠王部祭天的金人也缴获了。匈奴单于闻讯大怒，要严惩二王。二王惧怕，又打不过汉军，便商议降汉。不料，休屠王中途变卦，浑邪王一怒之下，杀掉休屠王，收编其部众，率四万人投降了汉朝。汉武帝封浑邪王为漯阴侯，将其部众安置在陇西、北地、上郡、朔方、云中五郡。这些匈奴人，后来多数都成了汉族人。

休屠王的太子金日磾，当时只有十四岁，父亲被杀，无所归依，他和母亲、弟弟作为俘虏，随浑邪王归顺了汉朝。太子被安置在黄门署饲养马匹，成了养马奴。汉武帝因缴获了休屠王祭天金人，就赐太子姓金，从此，太子就叫金日磾了。

金日磾虽然年少，但很有智慧，他知道自己的处境，不敢有别的想法，只是尽心尽力、老实本分地养马。匈奴本来就是马背上的民族，擅长养马，加上金日磾用心，所以，他养的马，匹匹都是膘肥体壮、毛色鲜亮，被人夸赞。就这样，金日磾默默无闻地养了几年马。

由于对匈奴作战的需要，汉武帝十分重视养马。有一次，武帝要检阅各部所养的马匹，后宫嫔妃也陪同观看。这些嫔妃，个个都是美女，如花似玉。数十名牵马经过的人，无不斜眼偷窥。这也难怪，爱美之心，人皆有之。只有金日磾，在牵马经过的时候，目不斜视，面色平静，就当这些美女不存在一样。

汉武帝暗暗称奇。金日磾此时已长成英俊青年，身高八尺二寸，他牵的马匹，明显比别人养得好。汉武帝心中喜欢，召他问话。金日磾如实应答，不卑不亢，十分得体。汉武帝感觉此人不同寻常，当天就赐给他沐浴衣冠，任命他为养马总管。金日磾养马得福，从此走上政坛。这真是没有白下力气！

金日磾得到皇上恩赐，工作更加勤勉，为朝廷饲养出了很多好马，因成绩突出，汉武帝提升他为侍中。侍中，可以侍奉皇帝左右，出入宫廷，与闻朝政，类似于皇帝的秘书，虽然权力不大，但地位显贵。金日磾得此殊荣，十分珍惜，更加小心谨慎，不敢出半点差错。

汉武帝十分满意，后来又提拔他为驸马都尉，掌管副车。皇帝出行时自己乘坐的车辆，叫正车，其他随行的车辆叫副车。掌管正车的叫奉车都尉，掌管副车的就叫驸马都尉。从此，金日磾不离皇帝身边，皇帝出宫时他陪乘，在宫内他就侍奉左右，成为皇帝的近臣。

一些大臣和权贵心生忌妒，抱怨说："皇上随便得到一个胡儿，如此宠信他，真不知道皇上是怎么想的！"汉武帝听了，不以为然，反而更加厚待金日磾，赏赐给他的黄金，加起来有一千多斤。

汉武帝是大政治家，他对付匈奴，除了采取打的一手，还采取拉的一手。凡是匈奴投降过来的，他都给予优厚待遇，甚至封给侯爵，以至于投降者日渐增多。后来，匈奴分裂成南北两部，南匈奴就整体归顺了汉朝，融入汉民族当中。所以，笔者认为，汉武帝如此宠信一个匈奴人，并不单纯是喜欢，应该还有政治用意。

金日磾的母亲，是休屠王的阏氏，她聪明贤惠，深明大义，经常教育金日磾要知恩图报，效忠皇帝。汉武帝听说后，表彰了她。她去世后，汉武帝命人绘了她的画像，供奉在甘泉宫，上面写着"休屠王阏氏"。金日磾每次看到画像，都下跪叩拜，流泪哭泣。金日磾的忠孝之名，逐渐被人们传开，朝野上下并不拿他当异族，而是作为同族人看待。

汉武帝不仅宠信金日磾，还喜欢他的两个儿子。两个儿子都是几岁的孩童，活泼可爱，调皮捣蛋。汉武帝经常把他们抱在怀里，任其嬉闹玩耍。孩童不懂事，不知道皇帝的威严，有时拽他的胡子，有时搂他的脖子，称他为"皇帝爷爷"。金日磾朝他的儿子直瞪眼，回家后又教训了一顿。两个孩子哭着去找皇帝爷爷告状，汉武帝就把金日磾叫来，训斥一顿。他们之间的相处，颇有些天伦之乐的意味。

后来两个孩子长大了，其中长子行为不端，调戏宫女，金日磾一气之下，把他杀了。武帝知道后大怒，金日磾连忙磕头请罪，流着泪报告了杀死儿子的原因。汉武帝也流下泪来，悲痛孩子被杀，同时心里对金日磾更加敬重。

金日磾受到皇帝恩宠，心中感激，对汉武帝忠心耿耿、虔诚恭敬。他与霍光一样，在武帝身边二十多年，精心侍奉，无微不至，从未出过差错。汉武帝赐给他的宫女，他从来不敢亲近；武帝想把他的女儿娶进后宫，他也不敢应允。金日磾以忠诚信实、笃厚谨慎而著称，受到人们称赞。

汉武帝知道金日磾有才干，不断提升他的职务，最后官至光禄大夫，属于俸禄二千石的高官。金日磾忠于职守，发挥聪明才智，为西汉王朝的发展做出了贡献。同时，他以特殊的身份，在改善汉匈关系、促进汉匈融合方面，发挥了不可替代的作用。金日磾是西汉时期著名的匈奴族政治家。

在汉武帝晚年的时候，金日磾还救了武帝的性命，汉武帝在金日磾身上的付出，得到了意想不到的回报。原来，武帝身边有个侍中仆射，名叫马何罗。他与江充是朋友，巫蛊之祸后，江充被灭族，马何罗害怕被祸及，想铤而走险，刺杀武帝。当时汉武帝已近七旬，行动不便，马何罗作为侍中仆射，常在身边服侍，有很多机会下手，武帝性命危在旦夕。所幸金日磾心细，发现马何罗异常，暗中注意他的动向，时刻不离武帝左右，使马何罗没有下手机会。

有一次，金日磾有病休息，马何罗觉得机会来了，暗藏利刃，来到武帝寝宫，意欲行刺。金日磾虽然有病，但挂念武帝安危，发现马何罗异动，立即进入武帝卧室，藏在门后。清晨，趁武帝没有起床，马何罗从东厢而入，冲进武帝卧室，没想到被金日磾一把抱住。

金日磾高声大喊，武帝被惊醒，侍卫持刀冲入卧室，想刺杀马何罗。金日磾与马何罗正扭成一团，武帝怕误伤金日磾，急忙阻止。金日磾力大，抓着马何罗的脖颈，摁在地上，侍卫一拥而上，把马何罗捆了起来。汉武帝躲过一劫，自然对金日磾十分感激，更加信任。

汉武帝临终时，任命霍光、金日磾、上官桀、桑弘羊四人为顾命大臣，辅佐八岁的儿子刘弗陵，并遗诏封金日磾为秺侯。秺城，在今山东成武县一带。金日磾由养马奴成为顾命大臣，说明他确实与众不同，有过人之处，也表明汉武帝有识人之能和政治远见。

金日磾与霍光是好朋友，他们一心一意辅佐汉昭帝，重新实行与民休息政策，改善与匈奴及周边民族的关系，大力发展生产，保持了西汉王朝的稳固发展。

金日磾在辅佐汉昭帝一年后，不幸因病去世，终年四十九岁。汉昭帝为他举行了隆重的葬礼，将他安葬在武帝陵墓旁边。金日磾死后，继续陪伴汉武帝。这两座陵墓，至今保存完好，它们从另一个角度表明和见证了汉匈之间的关系。

金日磾在维护国家统一方面，建立了不朽功绩，他的子孙因忠孝显名，七世不衰，历时一百三十多年。他的后代子孙，人数众多，遍及全国各地。现在，我国姓金的有近五百万人，源流较多，其中，重要的来源有两支：一支出自少昊金天氏，另一支就源于匈奴金日磾。

开拓丝绸之路的张骞

汉武帝为了反击匈奴，派张骞出使西域，想联络大月氏，共同对敌。没有想到，张骞的这个任务没有完成，却意外地开拓了丝绸之路。开拓丝绸之路的意义，远比联络大月氏重要，直到现在，丝绸之路仍然发挥着重要作用。

《汉书》记载，张骞是汉中人，生于公元前164年，比汉武帝大八岁。在武帝登基时，他就在朝中担任郎官。张骞长得高大英俊，性格坚强，为人诚实，心胸豁达，人们都很喜欢他。

汉武帝即位后，想废除和亲政策，武力抗击匈奴。当时匈奴仍很强大，武帝想与其他部落联合起来，增强力量。月氏是居住在河西走廊一带的游牧民族，被匈奴击败。匈奴杀了月氏王，并把他的头颅当饮器，月氏人对匈奴恨之入骨。月氏被打败后，大部分西迁至伊犁河流域，号称大月氏；少部分逃到祁连山中，称为小月氏。汉武帝知道这一情况后，想派人去联络大月氏，但路途遥远，还要经过被匈奴占领的河西走廊，困难重重，无人敢去。张骞却挺身而出，自告奋勇，请求出使西域。汉武帝大喜，予以奖励。

公元前139年，也就是汉武帝登基的第二年，张骞带领一百多名随从，以匈奴人堂邑父为向导，从长安出发，前往西域。在进入河西走廊之后，张骞一行十分谨慎，昼伏夜行，小心翼翼地躲避匈奴。当时汉匈之间尚未正式开战，但私入匈奴领地，也是不行的。特别是张骞担负着重要使命，如果被匈奴捉住，那是很危险的。不幸的是，他们还是遇上了匈奴骑兵，被全部抓获。有人供出了他们的使命，匈奴立即报告了军臣单于。

军臣单于是冒顿单于的孙子，也很有谋略，得知这一情况，十分重视，下令把张骞等人押送至匈奴王庭。匈奴王庭当时在今呼和浩特一带。军臣单于见了张骞，觉得他仪表不凡，又有胆略，劝他投降，张骞不肯。单于倒也没有为难他，还给他娶了媳妇，生了孩子，但不放他回去。张骞没有办法，只好先住了下来，没想到在匈奴一住就是十年。张骞始终没有忘记自己的使命，一直把汉朝出使用的符节带在身边。

时间久了，匈奴逐渐放松了对张骞的监视。张骞联络了堂邑父和一些随从，找机会逃了出去。他们没有回汉朝，而是继续西行，去完成自己的使命。西行途中，十分艰难，不是崇山峻岭，就是沙漠戈壁，人烟稀少，水源缺少，气候变化无常，张骞一行吃尽了苦头。没有吃的，就靠射杀猎物充饥，不少人因为饥渴死在途中。

经过千辛万苦，他们到了大宛。大宛，在今乌兹别克斯坦境内，距汉朝有万里之遥。张骞向大宛王讲述了自己的使命和经历，说："如果能得到您的帮助，我回去后奏明皇帝，一定会给您丰厚的财物作为报答。"大宛王早就听说汉朝富庶辽阔，又被张骞等人的曲折经历和坚强意志感动，给他们补充给养，又派出翻译和向导，把他们送到康居，又由康居送他们到了大月氏。

经历重重困难，张骞他们终于到达了目的地。这个时候，大月氏由于在西域遭到乌孙国的攻击，被迫继续西迁，进入咸海一带，征服了大夏国，在那里新建了家园。大夏，在今阿富汗境内。那里土地肥沃，物产丰富，没有外敌，加上路途遥远，大月氏已经无意向匈奴复仇了。张骞在大月氏住了一年多，多次劝说，没有效果。但月氏人对张骞十分友好，给予很多帮助。在此期间，张骞曾越过妫水南下，去过许多地方，了解到很多国家的情况。

张骞在大月氏没有达到目的，只好返回汉朝。为避开匈奴，他们回来时走了南路，穿过塔里木盆地，翻越昆仑山，通过青海羌人地区。不料，羌人也已沦为匈奴附属，张骞他们再次被匈奴俘获，又被扣押了一年多。后来，匈奴发生内乱，张骞和堂邑父趁机逃脱，历经艰辛，终于回到长安。这次出使，共十三年时间，所带一百多人，只有张骞和堂邑父两人回来了。

汉武帝派张骞出使后，多年杳无音讯，早已不抱希望，如今听说张骞回来了，又惊又喜。张骞向汉武帝详细汇报了这些年的经历以及所见所闻，汉武帝听得津津有味，这才知道天外有天，大汉之外，还有一个丰富多彩的世界。张骞将这一切写成了书面报告，不仅有汉朝西邻多国的情况，还有对安息（今伊朗）、大食（今伊拉克一带）、身毒（今印度）等国情况的记述。班固主要根据这些资料，在《汉书》中专门写了《西域传》，记载了当时五十一个国家的情况。这是中国乃至世界上，第一次对这些地区的翔实记载，具有珍贵的史料价值。

张骞回国之后，汉匈战争已经全面打响，他又投入与匈奴的战斗当中。在漠南战役中，张骞以校尉的身份，跟随卫青出击匈奴。因为他熟悉地形，了解水草分布情况，保证了军队不缺给养，因功被封为博望侯。两年之后，张骞以卫尉的身份，与李广一起，从右北平出发抗击匈奴，因他率军没有按时到达，致使李广军队被围，遭受损失，张骞被判死刑，用钱赎罪，贬为平民。

河西战役之后，汉军占领了河西走廊，通往西域的道路已经畅通无阻。为了宣扬国威，联络西域各国，汉武帝重新起用张骞，授予他中郎将的官职，派他第二次出使西域。

张骞这次出使，可是今非昔比了。他率领三百多人的队伍，每人两匹马，赶着数以万计的牛羊，携带价值千万的黄金和礼物，打着旌旗，浩浩荡荡向西域进发。沿途各国，纷纷高接远迎。张骞来到乌孙，他这次出使的任务之一，就是与乌孙结成同盟。乌孙，北连准噶尔盆地，南控塔里木绿洲，是贯通天山南北的咽喉。乌孙后来派使者访问长安，与汉朝联姻，结成友好关系。张骞还派出副使，分别访问了大宛、康居、大月氏、大夏等国，扩大了汉朝影响，增进了相互了解，建立了密切联系。这次出访获得丰硕成果，四年之后，张骞回到长安。

此后，汉朝与西域各国互派使者，联系不断。与此同时，通商贸易也活跃起来。汉朝的丝绸，受到西方人的欢迎和追捧；西域的良马、葡萄、石榴、核桃等产品，也传入中国。公元前105年，汉朝使者沿着张骞的足迹，来到今伊朗境内，拜见了安息国王，献上华丽的丝绸；安息王则以鸵鸟蛋和一个魔术表演团回赠汉朝。这标志着连接东西方的丝绸之路正式建立。

传统的丝绸之路，以长安、洛阳为起点，向西经中亚国家、阿富汗、伊朗、伊拉克、叙利亚等国，以罗马为终点，全长近一万三千里。它像一条纽带，把中西方联系起来，不仅促进了经济文化交流，更是增进了友谊。1877 年，德国地质地理学家李希霍芬把这条道路称为"丝绸之路"。这一名词，很快被人们所接受，并使用至今。

张骞，是丝绸之路最重要的开拓者，他被誉为"第一个睁开眼睛看世界的中国人""东方的哥伦布"。张骞只活了五十岁就病逝了，但他不畏艰险、勇于探索的精神，永远激励着人们，丝绸之路也越走越宽广。

2013 年，习近平总书记提出建设"丝绸之路经济带"和"21 世纪海上丝绸之路"的重大战略思想，简称为"一带一路"，为传统的丝绸之路增添了新的内涵，赋予了新的使命，注入了新的生机与活力，展现了新的美好前景。

汉武帝为何独尊儒术

汉武帝的主要功绩：一是废除长期实行的和亲政策，反击匈奴，开疆拓土几千里；二是抛弃长期奉行的黄老之学，独尊儒术，影响中国社会几千年。汉武帝实质上是一个独裁主义者，他崇尚武力，专权霸道，缺少仁爱，可是，他为什么对以"仁"为核心的儒家学说情有独钟呢？

《汉书》记载，汉武帝登基后，很想有一番作为，但如何治理国家，他还没有想好。这也难怪，当时他只有十六岁。汉武帝采取了一个有效措施，要求朝中高官和各诸侯国，都要推举"贤良方正直言极谏"之人，让他们建言献策。当时法、儒、道、墨、纵横等学说都很活跃，朝廷奉行的是道家黄老之术的治国思想，而且已经大见成效。由于秦朝实行法家治国，导致二世而亡，所以人们对法家学说都很排斥。丞相卫绾上奏说："如果有陈述申不害、商鞅、韩非、苏秦、张仪言论，淆乱国政的，请一律罢去。"汉武帝同意了，这就排除了法家和纵横家。但这只是表面上的，法家思想影响深远，任何社会都离不了。

通过推举，"贤良方正直言极谏"之士有一百多人。他们从全国各地，聚集到长安。这些人，代表了当时思想学术界的最高水平。他们谈古论今，各抒己见，争论不休。汉武帝认真听取他们的意见，有时也出题目让他们对答。有个叫董仲舒的人，引起了汉武帝的重视。

董仲舒，是今河北省景县人，当时四十多岁，精通儒学，汉景帝时期就是朝中博士，讲授《公羊春秋》。汉武帝向董仲舒提了三个问题，董仲舒连上三篇策论作答，这就是著名的"天人三策"。《汉书》

记载了"天人三策"的主要内容。

汉武帝的第一问，大致意思是：听说三皇五帝治理国家，天下安定。可五百多年来，王道衰败，时好时坏。这是天命如此，还是人力所为？社会发展有没有规律可循？

汉武帝的第二问，大致意思是：历史上出现过唐尧、虞舜那样的圣君，也出现过夏桀、商纣那样的暴君。作为皇帝，怎样才能做到贤明，巩固统治？

汉武帝的第三问，大致意思是：听说殷朝人制定五种刑罚防止犯罪，社会稳定，而周成王和周康王放弃刑罚四十多年，天下也没有犯法的。现在汉朝国家之大、人口之多，靠什么来实现长治久安？

汉武帝这三问，都是带有规律性、根本性的重大问题，目的是借鉴历史经验，解决现实问题。当时，汉武帝只是一个十六七岁的少年，能有如此深邃的思考和远见，确实不简单。

针对汉武帝的三问，董仲舒做了三篇策论予以回答。他以儒家思想为依据，吸收其他学派的理论，结合现实需要，提出了几个主要观点。

第一，提出了"天人感应、君权神授"观点。天人关系和君权神授之说，在先秦就有，董仲舒把两者结合，做了系统性、理论性阐述。他强调，天和人是有密切联系的，君权是由上天授予的，是天命所在，不是什么人都可以随意当皇帝。汉武帝对这个观点很感兴趣，因为它解决了西汉皇权的合法性问题。

刘邦是历史上第一个平民皇帝，所以很多人心里在想：既然刘邦可以称帝，我也可以嘛。刘邦征讨黥布时，质问他为何造反，黥布就直言不讳地回答："我也想当皇帝呀。"如果社会上有这种想法的人多了，显然对皇权不利。所以，董仲舒强调的"君权神授"，是任何统治者都乐意接受的。

《汉书》在记载西汉皇帝的时候，很多地方带有神秘色彩。比如，刘邦的父亲，亲眼看见他老婆与龙交配，随之怀孕，生下了刘邦。汉文帝的母亲，梦见龙缠在她身上，于是怀孕，生下了刘恒。汉武帝的母亲，梦见太阳入怀，生下了刘彻。这都是在宣扬"君权神授，天命所在"。别人没有与龙交配，自然不能当皇帝了。

第二，提出了"春秋大一统、尊王攘夷"观点。"大一统"思想，是孔子提出来的。孔子认为"礼乐征伐自天子出"，一切都应该听天子的，诸侯不能犯上作乱。董仲舒把这一思想与天命相融合，显得更有权威性和神秘感。天子是代表上天的，谁敢不听老天爷的？董仲舒提出的"大一统"观点，对极了汉武帝的胃口，使他异常兴奋。汉武帝一生追求的，就是专制独裁，一切由他个人说了算。

第三，提出了"推明孔氏，抑黜百家"观点。董仲舒认为，一方面，儒家学说中的"君权神授"和"大一统"思想，可以巩固皇权，树立皇帝的绝对权威；另一方面，儒家学说中的"仁爱""三纲五常"思想，可以用来统治老百姓，约束人们的思想。其他学说，都是邪辟之说，应该罢黜。

董仲舒还提出了建立太学，用儒家思想培养人才；改革官吏选拔制度；抛弃"无为而治"，实施积极作为等建议。这些，都是汉武帝所需要的。

可见，董仲舒提出的儒术，不是传统的儒家学说的全貌，而是以儒家为主体和外壳，杂糅各家思想，根据现实需要而建立的新儒学体系。这种新儒学，为统治者提供了理论依据，是为皇权服务的。所以，历代统治者，都把儒学作为统治社会的正统思想，影响长达两千多年。

汉武帝当时虽然年轻，但具备政治家的素质，他十分清楚董仲舒儒学的重要价值，所以，"罢黜百家，独尊儒术"也就顺理成章了。不过，当时董仲舒提出的是"推明孔氏，抑黜百家"，《汉书》概括为"罢黜百家，表彰六经"，而"罢黜百家，独尊儒术"的提法则是后人概括提炼的。

汉武帝独尊儒术表明，任何一种理论，都必须符合社会发展需要，都应该与时俱进，不断创新和发展。

董仲舒为何不被重用

董仲舒作"天人三策"，声名大振。他为统治者立了大功，又有大才，理应受到重用，就算封为丞相，亦不为过。然而，董仲舒并没有高升，反而差点被汉武帝杀头。这是为什么呢？

《汉书》记载，董仲舒出身于大地主家庭，家里有很多藏书。他自幼天资聪颖，酷爱学习，一读起书来，就忘记吃饭睡觉。他平时不出门，整日埋头读书。父亲为了让他休息，专门在房子后面修了一个花园，想让他读书累了，就去歇歇脑子。没想到，花园修好了，三年时间，董仲舒都没有去过一次，董仲舒把读书视为头等大事。

随着年龄增长，董仲舒的求知欲望更加强烈，他读遍了儒家、法家、道家、阴阳家等各派书籍，尤其喜爱和精通儒学。三十岁的时候，董仲舒开始招收学生。他讲学专心致志，在课堂上挂了一幅帷幔，他在里面讲，学生在外面听，有些人跟他学了多年，竟没有见过他的面。董仲舒培养了大批学生，有的做了朝廷长史，有的当了诸侯国的国相。董仲舒的声誉也日益扩大，被称为儒学大师。汉景帝慕名召他入宫，当了博士。

经过"天人三策"，汉武帝打算采纳董仲舒的意见，推行儒学。但武帝年轻，他上边有厉害的王太后，王太后上边还有个更厉害的窦太皇太后，朝廷大事都要向她报告。窦太皇太后的娘家侄子窦婴当丞相，王太后的娘家兄弟田蚡做太尉。幸好窦婴和田蚡都喜好儒学，他们推荐了儒生赵绾当御史大夫，王臧为郎中令。

窦太皇太后偏爱黄老之术，她曾要求儿子汉景帝和朝廷大臣，都学习道家思想，如今见皇上和窦、田、赵、王等人一味地推崇儒术，贬低道家学说，心中十分不满，经常干预。偏偏赵绾是个书呆子，上奏武帝说："今后朝中大事，不必奏请太皇太后。"窦太皇太后大怒，立即将赵绾、王臧罢免，逐出朝廷，后来又找借口把他们打入监牢，他俩在狱中自杀了。同时，免去窦婴和田蚡的职务，任用喜好黄老之术的许昌为丞相，庄青翟为御史大夫，汉武帝推行的新政一律作废。由于王太后从中调和，汉武帝与窦太皇太后之间的矛盾才没有激化。武帝年轻势单力薄，只好暂且忍耐。在这种情况下，自然无法重用董仲舒。汉武帝怕窦太皇太后向董仲舒下手，连忙派他去了江都，去当易王的国相。

易王名叫刘非，是汉武帝的哥哥。此人是一介武夫，粗暴蛮横，而且有篡位之心。董仲舒经常用儒家学说劝导他，暗示他不要有野心。董仲舒是举国知名的大儒，声望很高，刘非对他十分尊重，所以，他的劝导，起了很大作用。董仲舒在江都当国相，一干就是六年。

汉武帝登基后的第六年，窦太皇太后终于死了。汉武帝舒了一口气，这才开始大显身手。他马上下令，把董仲舒召回宫中。

不料，就在当年，辽东郡祭祀刘邦的高庙和皇帝祭祖的长陵高园殿先后发生火灾。董仲舒认为这是宣扬天人感应的好机会，不顾有病，在家里推论起天降火灾和人世关系来。原来，董仲舒的"天人感应，君权神授"理论，包含两个方面的内容：一个是说皇位是上天定的，人力不能动摇和更改；另一个是说皇帝也要顺从天意，不能任意所为，否则，上天会降下灾祸，以示警告。董仲舒经过推论，抱病写了一道奏章，说因为皇上有过失，上天才降下火灾，劝皇上引起警惕。

奏章草稿写好了，没有上呈，恰巧主父偃来探望，私下里看到了奏章草稿。他平时就忌妒董仲舒，便把草稿偷走，交给了汉武帝。汉武帝召集了很多儒生来看，董仲舒弟子吕步舒不知道这是老师的作品，便说文章观点非常愚昧，发生火灾怎么能怪到皇帝头上呢？这分明是在诋毁皇上。汉武帝大怒，把董仲舒交官问罪，判处死刑。好在汉武帝怜惜其才，后来下诏赦免了他，降为中大夫。董仲舒仍然当博士，从此不再说灾异之事，而是专心教他的《公羊春秋》，一干又是十年。

其实，汉武帝尊儒，只是断章取义，推崇他需要的那一部分，对不需要的，并不当真。汉武帝需要的，是儒学中"君权神授"和"大一统"思想，而对于儒学的核心"仁爱"，他连提都不提，更不想实行。他刑罚严苛，滥杀大臣，司马迁只说了几句公道话，就被处以宫刑；巫蛊之祸，无故被杀的达几万人。这都与仁爱风马牛不相及，如果拿"天人感应"约束他，更是不能容忍。所以，汉武帝的独尊儒术，说穿了，不过是挂羊头卖狗肉而已。

诚然，汉武帝提拔重用了一批儒生，但他选任官吏，并不是按照儒家的标准，而是为我所用。汉武帝的治国理念和政策，也不是完全遵循儒家思想，而是儒、法、道并用。不仅是汉武帝，一直到汉武帝的曾孙汉宣帝，都是如此。汉宣帝的太子对父亲说："陛下持刑太深，宜用儒生。"汉宣帝斥责说："汉家自有制度，本以霸王道杂之，奈何纯任德教，用周政乎！"接着又叹息说，"乱我家者，太子也。"果然，太子继位后，好儒仁柔，西汉王朝走向衰落。

在当时条件下，儒、法、道并用，可能更有利于国家治理。所以，在汉武帝时期，儒家思想只是刚刚登上历史舞台，还未真正成为统治思想。有学者研究认为，儒家学说成为统治思想，经历了漫长的发展过程，一直到南北朝之后，才被确定下来。在这样的背景下，董仲舒不被重用，也在情理之中。

董仲舒为人廉洁正直，不善奉承。另一位儒生公孙弘，则迎合世俗，位至公卿，但他的学问不如董仲舒，就嫉妒他，两人关系不和。汉武帝的另一个哥哥，是胶西王刘端。刘端特别放纵，凶残蛮横，多次谋杀朝廷派去的官员，以致没人敢去胶西任职。公孙弘对汉武帝说："只有董仲舒，担任胶西的国相最合适了。"武帝同意了，董仲舒无奈去了胶西，所幸胶西王对他还不错。董仲舒害怕时间长了会有不测之祸，四年之后，借口年老有病，辞职回家了。

董仲舒结束了仕禄生涯，回家后埋头读书著作。朝廷有大事，仍然经常向他请教。董仲舒的著作，总共 123 篇，有几十篇流传后世。

董仲舒七十五岁时，寿终正寝。

董仲舒虽然不被重用，没有当上高官，但他创立的新儒学，成为统治思想，影响中国社会几千年。董仲舒作为一代大师，被人们永久怀念和敬仰，这可比做大官要好得多！

公孙弘年过四十才读书

有人说，有志不在年高。这话不仅有道理，而且还有实例。西汉时期，有个叫公孙弘的人，四十多岁才开始读书，七十岁步入仕途，官至丞相，以布衣封侯。公孙弘任职期间，官高戒奢，躬行节俭，关心民生，并为推广儒学做出了重要贡献，成为西汉一代名臣。

《汉书》记载，公孙弘，是齐地菑川人。他年轻的时候，家里很穷，曾做过狱吏，因犯错而被开除。失去了经济来源，公孙弘无奈只好以放猪为生，日子过得相当艰苦。公孙弘的母亲是后妈，他对后妈很孝顺，谨慎奉养，后妈死了，公孙弘为她守孝三年，受到人们称赞。

放猪生涯十分辛苦，而且没有前途。公孙弘很不甘心，在他四十多岁的时候，终于下决心弃猪从学，开始学习《春秋》等儒家书籍。公孙弘学习很刻苦，那时候没有学校，公孙弘只能勤奋自学。后来，有个叫胡毋生的博士，年迈回到家乡，公孙弘跑去拜师，跟随他学习。胡毋生是最早传授公羊学的大师之一，公孙弘受益匪浅。就这样，公孙弘辛勤读书二十年，成了当地名人。

汉武帝登基之后，诏令各地推举"贤良方正直言极谏"之人，公孙弘被推举上来，当时公孙弘已经六十多岁了。别以为公孙弘是年龄最大的，还有一位叫辕固的，已经九十多岁了。辕固，是一位大儒，以"凿壁偷光"出名的匡衡，就是他的徒孙。公孙弘去拜见辕固，辕固告诉他，作为儒生，一定要宣传儒家学说。由于董仲舒做了"天人三策"，汉武帝倾向儒家，公孙弘被留在朝中，做了博士。过了不久，汉武帝派他出使匈奴，公孙弘回来后写了个报告。汉武帝一看，不合胃口，认为他无能，把他的博士给免了，公孙弘只好灰溜溜地回到故里。

又过了十年，公孙弘已经七十岁了，汉武帝再次颁发诏令，要求各地推举贤才，公孙弘又被当地推举出来。公孙弘犹豫，说："我上次入京，已经丢脸了，还是推举别人吧。"因为公孙弘名气很大，没有推辞掉，只好第二次进京。

这一次，公孙弘做了精心准备，他提出了八条治国之策，条条都对汉武帝的胃口。汉武帝见他虽然年老，但身体硬朗，满腹经纶，就又让他当了博士。这期间，汉武帝几次与他交谈，都很满意，在一年之内，就提拔他为左内史。内史负责治理京师，左内史比右内史地位稍低，但已属于朝廷高官了。《史记》说公孙弘是在两年之内担任了这一职务。不管是一年还是两年，反正时间不长。公孙弘升得够快的！

公孙弘发愤读了几十年书，又阅历丰富，所以，他在官场游刃有余，上下左右关系都很好。他厚积薄发，经验老到，提出的意见考虑周全，往往有独到之处。特别是他接受了第一次为官的教训，用心揣摩汉武帝的心思，说话总往武帝心坎里碰。汉武帝虽说聪明，但毕竟只有二十多岁，以一个七十多岁的老头子应付他，应该是绰绰有余的。公孙弘使出浑身解数，把汉武帝玩弄于股掌之中，没过几年，他就当上了御史大夫，成为三公之一。姜还是老的辣！

公孙弘做了高官，仍然十分节俭，每顿饭只有一道肉菜，主食是糙米，连被子都是粗布做的。但是，他营造客馆，自己拿钱召请贤士，与他们共商国是，落了个礼贤下士的好名声。亲戚朋友中有贫穷的，也由他供给衣食。所以，他的俸禄几乎全都拿了出来，家中无所剩余。

有个大臣叫汲黯，十分耿直，在朝廷上当众责问公孙弘，说："公孙弘位列三公，俸禄很多，但却用粗布做被子，这是伪诈。"公孙弘并不解释。汉武帝私下里问他，公孙弘谢罪说："有这样的事。九卿中与我交情好的没有比过汲黯的，他说得对，身为三公之一而用布被子，谁都会认为是沽名钓誉。"接着，公孙弘列举管仲越礼和晏婴勤俭的例子，为自己做了辩解。最后，公孙弘又称赞汲黯是忠臣，不是汲黯，皇上就听不到这番话了。汉武帝觉得公孙弘谦恭有礼，更加厚待他。

公孙弘待人谦和，从不与人争论。他给汉武帝的建议，往往有几套方案，由武帝自己选择。他与其他大臣商议好的事情，去报告皇帝，都是让别人先说。如果武帝同意，他就补充一番，锦上添花；如果武帝脸色不好看，他就见风使舵，顺着武帝的意思说。这样，汉武帝越来越宠信他。

耿直的汲黯又看不下去了，再次当众指责他，说他曲意逢迎，对皇上不忠。这罪名可不小，但公孙弘仍不解释。汉武帝问他，公孙弘说："臣对皇上忠与不忠，皇上最了解，用不着争辩。"汉武帝认为他能够宽厚容人，越发敬重他。

其实，公孙弘并非忠厚之人，他就像一只红了毛的老狐狸，十分狡猾。《汉书》说他"表面宽和而内心深藏"。那些与他有嫌隙的，表面上与其友善，有机会就要报复。他建议让董仲舒到胶西任职，就不怀好意；杀主父偃，也是他起的作用。他还想报复汲黯，但没有成功。

在公孙弘七十六岁高龄的时候，汉武帝免去丞相薛泽的职务，任命公孙弘当了丞相。按照汉朝先前的制度，丞相职务一直由列侯担任，唯独公孙弘没有侯爵。于是，汉武帝下诏封公孙弘为平津侯。公孙弘是汉朝第一位因丞相而封侯的，足见汉武帝对他恩宠至极。

公孙弘在当御史大夫和丞相期间，主张德政，实施仁义，同时强调，光有礼义是不够的，还要明赏罚，提出"法不远义""和不远礼"的观点，这实际上是把儒家思想和法家思想糅合在一起，对社会治理起到了积极作用。

公孙弘关心民生，特别注重边境百姓的疾苦，多次向汉武帝建言停止边疆的营造工程。在他的劝说下，汉武帝停止了对西南夷和苍海郡的建设。对汉武帝穷兵黩武、劳民伤财的行为，公孙弘也多次进谏。在经济政策上，公孙弘主张轻徭薄赋，爱惜民力，勤俭节约，为百姓创造良好的生产生活条件。

公孙弘对儒学推广也做出了重要贡献，特别是他主持制定了以儒家经学和礼义为标准的官吏选拔制度，使一大批儒生进入各级政府。公孙弘自己也著书立说，宣扬儒家思想，曾著有《公孙弘》十篇，可惜已经散佚。

公孙弘虽然年老，但工作仍然兢兢业业。他当御史大夫和丞相总共六年，最后死在任上，享年八十岁。

汉武帝对公孙弘的去世十分悲痛，为他举行了隆重的葬礼，谥号献侯，让他的儿子继承了侯爵。一百多年之后，朝廷褒奖功臣的后代，汉平帝下诏说："汉朝兴邦立国以来，股肱大臣中，没有一个能比得上公孙弘，能够在任职期间厉行节俭、轻财重义。"给公孙弘相当高的评价。

公孙弘虽然在人品方面有些缺陷，但总体而言，他对社会发展做出了重要贡献，特别是他年老志不衰、自强不息的精神，更是值得我们学习。

书中也有杀人刀

宋朝真宗皇帝，写过一首著名的《励学篇》，其中有两句，人们至今耳熟能详，那就是"书中自有黄金屋，书中自有颜如玉"。诚然，书读好了能够做官，当了官就不愁金钱和美女。然而，读书必须领悟真谛，做官必须洁身自好，否则容易招致杀身之祸。西汉时期的朱买臣，就是一个典型的例子。

《汉书》记载，朱买臣是吴县人，家里很穷，靠打柴勉强度日。朱买臣年富力强，却不想办法发家致富，而是一门心思读书求官。妻子不满意，责怪说："你整日读那些破书，有什么用呢？"朱买臣很认真地说："书读好了可以做官，当了官就能富贵起来。"

朱买臣读书着了迷，他打柴时背诵诗书，背柴回家的路上，嘴里也念个不停，人们都在背后嘲笑他。妻子感到难堪，劝了他几句，朱买臣不但不听，反而声音越念越响。妻子忍无可忍，见这苦日子没有头，就要和他离婚。

朱买臣说："我现在已经四十岁了，恐怕到五十岁的时候就能富贵起来，等富贵以后，你就可以跟着享福了。"妻子愤恨地说："你这书呆子，只能饿死，哪能富贵呢？"于是，妻子离他而去，重新找了一个会过日子的丈夫。朱买臣照旧打柴背书，日子过得更艰难了。有一次，前妻和她丈夫在墓地上坟，朱买臣在这里路过。前妻见朱买臣破衣烂衫，又饥又冷，心中怜悯，就送给他一些食物吃。

过了几年，朱买臣经朋友介绍，到会稽郡当了一名差役。有一次，朱买臣跟随会稽郡的官吏，押送辎重去长安，使他有机会来到京城。到了京城，朱买臣意外地遇见了老乡严助。严助是会稽郡名儒，汉武帝诏令举贤时入朝为官，此时正受到武帝宠信。严助知道朱买臣饱读诗书，便向汉武帝推荐。

汉武帝召见朱买臣，与他谈论《春秋》《楚辞》。朱买臣几十年的书没有白读，侃侃而谈，颇有见解。汉武帝大为高兴，任命他当了中大夫，与严助一起在宫廷侍奉皇帝，朱买臣总算是当官了。

河南战役之后，汉武帝打算在边界设立朔方郡，修筑城池。这需要投入大量的人力物力，还要迁居大批民众。公孙弘当时担任御史大夫，他认为这是劳民伤财，几次谏言劝阻。汉武帝命朱买臣等人论证设置朔方郡的必要性，以驳斥公孙弘。朱买臣得此机会，卖弄学问，谈古论今，从十个方面，论证了设置朔方郡的必要性和重要性，驳得公孙弘哑口无言，不得不向武帝认错请罪。汉武帝对朱买臣十分满意，另眼相看，朱买臣也十分得意。

朱买臣初次当官，并不懂得为官之道，不知因为何事，被汉武帝免去职务。后来，又把他召回，让他等待诏令，重新安排。朱买臣失去官职，没了俸禄，又不敢远离，日子过得十分窘迫。不得已，他只好到会稽郡邸的守邸人那里借宿和蹭饭吃。会稽郡来往的官吏，都对朱买臣没有好脸色。朱买臣寄人篱下，也只能忍耐。

过了不久，朱买臣时来运转。东越反叛，汉武帝准备派兵讨伐，召来朱买臣，让他献策。朱买臣建议说："从前东越王居住在泉山，地势险要，易守难攻。最近听说他南迁五百里，移居到大泽之中，这是天赐良机。可以派兵过海，绕到背后，攻占泉山，然后陈设舟船，排列士兵，席卷南行，一举灭掉东越。"汉武帝大喜，任命朱买臣为会稽太守，先回到会稽郡，修造购买兵船，准备粮食和军用物资，等大军一到，便攻击东越。汉武帝对朱买臣开玩笑说："你这是衣锦还乡啊！"朱买臣连忙叩头谢恩。

朱买臣没有穿官服，仍穿着过去的衣裳，怀揣绶带官印，步行回到郡邸。会稽郡的一些官吏，正聚在一起喝酒，见朱买臣进来，并不理睬，正眼都不看一下。朱买臣走进内房，与守邸人一块儿吃饭。过了一会儿，朱买臣故意露出绶带，守邸人上前抽出绶带，看到会稽太守的官印，这才知道朱买臣当上了会稽太守。守邸人吃了一惊，急忙跑出去，告诉了正在喝酒的官吏。那些官吏不信，说他吹牛。守邸人急了，拽着他们进屋去看官印。官吏看到大印，吓得扭头就跑，相互拥挤着跪在院子里，战战兢兢地拜谒新太守。等了好一阵子，朱买臣干咳一声，昂首挺胸地走了出来。那些官吏全都趴在地上，不敢抬头。过了一会儿，长安厩吏驾着四匹马拉的豪华车辆把朱买臣接走了。官吏望着朱买臣的背影，一个个呆若木鸡。

朱买臣乘坐豪车，带领随从，鸣锣开道，向会稽郡进发。沿途县府听说太守将到，急忙征召百姓平整道路，所有官吏都来迎接，车辆有一百多乘。朱买臣走到吴界，忽然看见前妻和她的丈夫正在修路，便停了下来，"呼令"后边的车辆载上他们，送到太守府，安置在园中，供给食物。过了一个月，前妻上吊自杀了。

关于前妻之死，民间有"覆水难收"的传说。说前妻见朱买臣富贵了，就跑去哀求复婚。朱买臣骑在高头大马上，命人端来一盆水，泼于马前，告诉前妻，若能将水收回盆中，他就答应。前妻羞愧难当，自尽而死。这个传说被编成戏剧，绘成连环画，流行很广。

其实，从《汉书》记载来看，事实并非如此。《汉书》用了"呼令"一词，表明他们不是自愿入府。前妻自杀，说明其性情刚烈，她是不会向朱买臣乞求什么的。前妻死后，《汉书》也没有记载朱买臣有悲哀之情，只是给了她丈夫一些银两，让他去安葬前妻。

宋朝著名诗人徐钧，写了一首诗，讽刺朱买臣。"长歌负担久栖栖，一旦高车守会稽。衣锦还乡成底事，只将富遗耀前妻。"

朱买臣当会稽太守一年之后，与横海将军韩说等人，率军击败东越王，因功升为主爵都尉，列于九卿之中，至此，朱买臣的官职达到了巅峰。不过，朱买臣真的不会当官，过了几年，不知因为何事犯法，再一次被免去官职，后来，起复为丞相府长史。

朱买臣与御史大夫张汤有矛盾，就与另外两个长史联合起来，陷害张汤。他们逮捕了几个与张汤有来往的商人，严刑逼供，诬告张汤贪赃枉法，泄露机密，勾结商人，大发横财。汉武帝相信了，派了八批使者去责问张汤。张汤拒不承认，留下遗书，愤而自杀。汉武帝派人查抄张汤家产，结果，张汤全部家产加起来不超过五百金，都是所得俸禄和赏赐，并没有横财，汉武帝这才知道张汤是冤枉的。

张汤是西汉有名的酷吏，名声欠佳，但在这件事情上，他是被朱买臣等人诬陷的。汉武帝得知真情，龙颜大怒，下令将朱买臣等三个长史逮捕，绑赴刑场，全部斩首。

"书籍是人类进步的阶梯。"在任何时代，读书都是十分重要的，关键问题是，要读懂书中的真谛，从书中汲取做人的正能量。不然的话，不仅得不到"黄金屋""颜如玉"，反而会招来"杀人刀"。

朱买臣的沉痛教训，应该引以为戒。

主父偃得志便猖狂

主父偃，是西汉名人，著名的推恩令，就是他呈献的。汉武帝采纳这一计策，把诸侯国化整为零，使之最终消弭于无形之中，使中央集权空前强大，主父偃对此功不可没。然而，得志以后，他却忘乎所以，为人嚣张，四处树敌，导致身死名败，教训十分深刻。

《汉书》记载，主父偃是齐国临淄人，家里很穷，但他喜欢读书，先是学习纵横家的游说之术，后来又学习《周易》《春秋》等百家学说。他自认为学到了本领，就效仿苏秦、张仪，在齐国各王子之间进行游说。由于纵横家学说已经过时，主父偃不仅四处碰壁，还招来儒家学派的攻击。齐国的儒生联合起来排挤他，使他在齐国无法立足。

主父偃为人傲慢，亲戚朋友和乡邻都不愿意与他交往，遇到困难时，他四处借钱，无人愿借。万般无奈，他只好向北去了燕、赵等地，客居他乡。在他乡人生地不熟，他又恃才傲物，不懂谦恭，就更吃不开了。于是，他又西行入京，去寻找新的出头机会。

主父偃到了长安，拜见了卫青。卫青觉得他还有些才能，就向汉武帝推荐。汉武帝当时正忙于与匈奴打仗，见主父偃是个文人，不太重视，没有理会。主父偃在京城四处求拜侯门权贵，照样不受欢迎，屡遭冷落。时间久了，盘缠花光了，眼看就要饿肚子了，主父偃急眼了。他想：靠别人推荐的路走不通，干脆直接给皇帝上书吧。

于是，主父偃闭门不出，苦思冥想了好几天，给汉武帝写了一封奏书，大谈治国之道。书呈上去了，主父偃心里没有底，不知道会有什么结果。没有想到的是，早上呈献了奏书，晚上汉武帝就召见了他。原来，主父偃在奏书中讲了九件事，其中八件是涉及律令的。当时大家都知道汉武帝崇尚儒学，因而有关法制的奏书不多。其实，汉武帝推行儒学，是让别人遵守的，他个人追求的是专制独裁。搞专制独裁当然要靠法制，主父偃的奏书正对了他的心思，真是瞎猫碰上了死耗子。

汉武帝见了主父偃，似乎忘记了卫青曾经向他推荐过，很热情地说："你原先都在哪里呀？为什么我们相见这么晚呢？"汉武帝把主父偃留在身边，任命他为郎中。主父偃喜出望外，受宠若惊。此后，主父偃多次上疏言事，都得到汉武帝赞赏。汉武帝不断提升他的职务，一年之内，竟然提升了四次。主父偃平步青云，当上了中大夫。

主父偃给汉武帝提过很多建议，最重要的莫过于推恩令了。推恩，就是广施仁爱，恩惠于他人的意思。主父偃对汉武帝说："古代诸侯国很小，土地不超过一百里，很容易控制。现在，有的诸侯国连城数十座，土地千里，难以控制，如果用法令强行分割他们的地盘，很容易出乱子。晁错主张削藩，就引起了七国之乱。臣有一计，可以不动刀兵，就能消除他们的势力，而且诸侯还很高兴。"

汉武帝一听，来了兴趣，忙问是何计策。主父偃不慌不忙地说："按照制度，诸侯王的爵位，只有嫡长子才能继承，其他儿子都没份儿。如果皇上实行推恩，把诸侯王的儿子们都封侯，每人分一块土地，这样，一个大的诸侯国，就被分成十几个，甚至几十个了，他们的势力，自然就变小了。"

汉武帝大喜，拍手称妙，马上颁布"推恩令"，说："诸侯王的子弟，都是刘氏骨肉，朕不忍心看到有些子弟得不到祖先的恩德，因此，朕要推广恩惠，让所有的诸侯王子弟都能得到土地，使刘氏子孙世代富贵。"这话说的，多么冠冕堂皇、情真意切啊！"推恩令"一下，众多的刘氏子弟欢欣鼓舞，纷纷歌功颂德。

这的确是个高明的策略，此后，诸侯国的土地越分越小，最后接近于零了。就这样，让汉朝历代皇帝都头疼的诸侯问题，在汉武帝手里彻底解决了。其实，这条计策，并不是主父偃首创的，早在汉文帝时期，贾谊就提出了"众建诸侯而少其力"的主张，只是由于当时大的环境不允许，汉文帝没有全面推行。主父偃可不管这些，自认为立有大功，从此踌躇满志，趾高气扬。

主父偃年轻的时候，曾经客居燕、赵等国，燕王对他不礼貌，主父偃怀恨在心，如今做了高官，就要伺机报复。他暗地里搜罗了燕王许多不法行为，报告了汉武帝。燕王被迫自杀，燕国被废除，改为郡。朝中有人得罪了主父偃，只要主父偃在武帝面前动动嘴，那人必定倒霉。因此，大臣们都害怕主父偃，纷纷向他行贿，累计数额高达千金。

有人劝主父偃，不要太横行无忌了。主父偃说："我游学四十多年，始终不能得志。父母不拿我当儿子，兄弟不拿我当兄弟，没人看得起我。如今我得志了，就要倒行逆施。大丈夫生不能拥有列食五鼎的富贵，死也要尝试五鼎烹的滋味。"主父偃是铁了心我行我素，不计后果了。

王太后有个外孙女，想嫁给诸侯王当王后。宦官徐甲自告奋勇，要去齐国提亲。主父偃听说以后，找到徐甲，想把自己的女儿一同嫁给齐王为妃，徐甲不敢不答应。不料，徐甲到了齐国之后，事没办成。齐王推说已经有了王后，不能再娶太后的外孙女了。特别是听说主父偃也想把女儿嫁入王宫，齐王知道主父偃的为人，一口拒绝，而且出言不逊。主父偃听说之后，心中大怒，发誓要予以报复。于是，他在汉武帝面前花言巧语，谋取了齐国国相的职位，打算去齐国泄私愤。

主父偃这次回齐国，可是今非昔比了。故乡的亲戚朋友，有的跑到千里之外迎接，有的登门献礼。主父偃把他们召集起来，拿出五百金，往地上一撒，数落他们说："当初我贫贱的时候，亲戚不给我衣食，朋友不让我进门，如今我做了国相，你们都来巴结。我可不想再与你们交往，赏赐你们一些银两，从此绝交，不要再登我的门了。"主父偃这事，做得够绝的。

主父偃到齐国，是为了报复泄愤，自然广泛收集齐王的罪证，齐王也确有淫乱等不法行为。齐王害怕，没等主父偃把罪证收集全，他就喝药自杀了。齐王一死，舆论大哗，纷纷指责主父偃逼死齐王，是大逆不道。赵王从前也曾对主父偃不礼貌，怕他报复，来了个先下手为强，上书揭发主父偃接受贿赂等不法之事。汉武帝知道了主父偃要求去齐国为相的真实意图，又见他劣迹斑斑，心中恼怒，下令逮捕了他，交法官治罪，但犹豫不决，还不想杀他。

见主父偃倒了霉，朝中大臣群起而攻之，纷纷要求予以严惩。公孙弘劝汉武帝说："主父偃犯了众怒，不杀他，无法向天下人交代。主父偃是自己找死，与皇上无关。"汉武帝听了公孙弘的话，终于下决心处死了主父偃，并灭其族。

古希腊历史学家希罗多德说过："神欲使之灭亡，必先使之疯狂。"做人，还是低调一些好。保持低调，起码可以安身立命，不致招祸；如果得志便猖狂，那就离灭亡不远了。

灌夫酗酒害己又害人

　　喝酒，是许多人的生活爱好，只要不过分，无可厚非。但是，喝多了发酒疯，就不是小事情了，很容易引发祸端。西汉时期的灌夫，本来仕途光明，却因为经常酗酒闹事，不仅丢了前程，也丢了性命。更过分的是，他还连累好朋友窦婴无辜死于非命，真是太不应该了。

　　《汉书》记载，灌夫，是颍阴人，颍阴在今河南省许昌市一带。灌夫家本来姓张，父亲叫张孟。张孟是西汉名将灌婴的家臣，被赐灌姓，改名灌孟。"七国之乱"的时候，灌孟作为校尉，跟随周亚夫平叛，儿子灌夫，也从军效力。灌孟作战勇敢，但毕竟年纪大了，不幸战死。按军法规定，凡是父子从军的，如果一人阵亡，另一人可以护送遗体还乡。但灌夫坚决不肯，发誓要为父亲报仇。灌夫擦干眼泪，披上铠甲，手持戈戟，带领与他关系好的几十名壮士，像猛虎一样冲入敌营，斩杀叛军数十人。灌夫身受十几处重伤，鲜血染红了战袍。众人佩服灌夫勇敢，灌夫从此名闻天下。战后，他被任命为中郎将。

　　灌夫性情豪爽，为人仗义，可他有一个缺点，就是喜欢喝酒，而且经常喝醉，喝醉了就误事闹事。灌夫当中郎将没有多久，因为喝酒误事，丢了官职。

　　汉武帝即位后，素闻灌夫勇敢，任命他为淮阳太守。淮阳是军事要地，灌夫不敢怠慢，小心谨慎，没敢喝酒闹事，政绩还不错。不久，汉武帝提拔他入宫，当了太仆，成为九卿之一。灌夫心中高兴，与长乐卫尉窦甫一同饮酒，结果喝醉了，两人打了起来。灌夫力大，把窦甫打得鼻青脸肿。窦甫是窦太后的娘家兄弟，这下可捅了马蜂窝。汉武帝又气又急，恐怕窦太后杀了灌夫，连忙把他调出京城，到燕国去当国相。几年后，灌夫又闹事犯法，汉武帝十分失望，免了他的官职，让他在长安家中闲居。

灌夫没有了官职束缚，更加肆无忌惮，整日喝得醉醺醺的。灌夫对地位比他低的，或者失势之人，尚能够以礼节相待；越是地位高的，或者得势之人，他越要想办法侮辱。所以，权贵都讨厌他，一般人都称赞他。这个时候，灌夫与失势的窦婴成了好朋友。

窦婴，是窦太后的娘家侄子，年轻时因为窦太后的关系，入朝为官。窦婴虽是外戚，却很有能力，为官清廉，提升得很快。在"七国之乱"的时候，他担任大将军，与周亚夫一起平叛，立有大功。他把皇帝赏赐的千斤黄金都摆在走廊里，任凭手下将士酌量取用，自己一点也没拿回家。

窦婴十分耿直，也喜欢意气用事。有一次，在皇宫家宴上，汉景帝很随意地说，日后要把皇位传给弟弟刘武。窦太后偏爱小儿子，听了十分高兴。其实，汉景帝只是哄老娘开心，并不当真，甚至刘武也知道哥哥说的不是真心话。偏偏窦婴当真了，当场表示反对，惹恼了窦太后，不让他进宫，冷落了他好一阵子。后来，汉景帝想废太子，窦婴坚决反对，反对无效，他赌气几个月不去上朝。

汉武帝即位后，窦婴当了丞相，可不到一年，因推广儒学，被免去职务。窦太后死了以后，窦婴失去靠山，逐渐失势。权贵对他疏远，有的甚至态度傲慢，唯独灌夫，对窦婴还是老样子，经常去拜访。两个失势之人，自然有许多共同语言，来往密切，成了无话不说的好朋友。

有一次，灌夫的姐姐死了，灌夫在服丧期间去拜访丞相田蚡。田蚡是王太后同母异父的兄弟，权势正盛。田蚡言不由衷地说："好久没见到窦婴了，很想同你一起去看他，可惜你服丧在身，不方便。"这本来是客套话，灌夫却当真了，急忙说："丞相肯屈驾光顾窦婴家，我怎敢因服丧推辞呢？我去通知他，请您明日赴宴。"

灌夫赶紧告诉了窦婴。窦婴十分重视，特意让人多买了酒肉食品，夜里就起来准备，天刚亮，就派人在门口等候迎接。可是，一直等到中午，也没见到田蚡的影子。窦婴对灌夫说："丞相是不是忘记了?"灌夫很不高兴，说："我不顾服丧在身，请他前来，他应该早来才对，怎么能忘记呢?"于是，灌夫驾车，亲自去丞相府，看究竟是怎么回事。没想到，田蚡还在卧床睡觉。灌夫十分生气，很不客气地把他叫起来。田蚡昨天只是顺口应付灌夫，并没有打算真去赴宴，见灌夫前来，只好装着愕然的样子，连声道歉，说昨晚喝醉了，忘记了此事。于是，田蚡跟着满脸怒气的灌夫到了窦婴家里，三人喝起酒来。

灌夫觉得自己失了面子，心中窝火，几杯酒下肚，发起酒疯来，指着田蚡鼻子大骂。窦婴赶紧让人把灌夫拉走，又再三向田蚡道歉。田蚡也气冲冲地走了，酒宴不欢而散。从此，灌夫与田蚡结下了梁子。

田蚡与窦婴的关系还可以，窦婴的儿子曾经杀了人，田蚡帮他摆平了案子。后来，田蚡看中了窦婴城南的一块田地，想让窦婴出让给他。窦婴不肯，婉言拒绝了。正巧灌夫在场，大骂起来，说田蚡仗势欺人，强取豪夺。田蚡听说了，大怒，说："这事与姓灌的有什么关系? 欺人太甚!"从此，两人怨恨更深。

不久，田蚡娶了燕王的女儿为夫人。王太后下诏，要求列侯及宗室都去道贺。窦婴想让灌夫一块儿去，灌夫推辞说："我屡次酒后失礼，得罪了丞相，还是别去了吧。"窦婴一片好心，劝道："正好趁着丞相办喜事，去缓和一下关系。大喜之日，他还能为难你吗?"灌夫觉得有理，就随窦婴一块儿去了。

酒宴之上，许多人纷纷向田蚡及权贵敬酒庆贺，而灌夫和窦婴这两个失势之人，很少有人搭理，灌夫肚子里就有了气。等到田蚡敬酒时，所有的人都离开座位，伏在地上，表示不敢当。而当窦婴敬酒时，有一半的人照样坐在那里，屁股都不欠一下。灌夫见了，肚子里的气满了。

灌夫自己连干几杯，借着酒劲，去向田蚡敬酒。田蚡端坐不动，说："我已经不能再喝了。"灌夫讨了个没趣，肚子里的火气已经顶到脑门上了，但想了想，这是人家的婚宴，不能造次，于是把火气强压了下去，再去给别人敬酒。当敬到一个叫灌贤的人时，灌贤正与程不识悄悄说话，没有看见。灌贤是灌夫的本家侄子，不是外人。灌夫满肚子的火气终于找到发泄对象了，一把抓过灌贤，破口大骂："你这浑小子，你平时总说程不识不值一钱，现在长辈向你敬酒，你却像个女人一样，向姓程的献媚。"

程不识是王太后宫中卫尉，很有权势，自然不肯受辱，酒宴秩序顿时大乱。田蚡赶紧过来，见又是灌夫捣乱，心中又怒又喜，挑拨说："程将军和李将军都是皇宫卫尉，你这样当众侮辱程将军，难道不给尊敬的李广将军留点颜面吗?"

其实，这事与李广毫无关系，田蚡这样说，无非是要激怒灌夫，扩大事端。果然，灌夫已经被酒精烧昏了头，他涨红着脸，大叫："我不管什么狗屁程将军、李将军，今天就是杀我的头，老子也不怕。"酒宴上的宾客，一见事情闹大了，悄悄溜走了一大半。窦婴见势不妙，拉着灌夫就走。哪里还走得脱，田蚡一声令下，武士一拥而上，把灌夫捆了起来。田蚡振振有词地对大家说："今天请各位尊客前来宴会，是奉了太后的诏令。灌夫辱骂宾客，搅乱婚宴，这是侮辱诏令，犯了大不敬之罪。我现在把他捆起来，交给皇上处理。"

窦婴感到事态严重，赶紧去找汉武帝求情。汉武帝觉得灌夫确实做得过分，但属于酒后失德，不想处以严刑。汉武帝也不想得罪母亲和舅舅，便留窦婴吃了饭，然后说："这事还是在朝廷上议一下吧，你可以在朝议时为灌夫申辩。"汉武帝是想把球踢给朝中大臣。

在朝议时，窦婴极力为灌夫辩护，认为灌夫曾经立有大功，只是酒后失言，应予轻罚；田蚡极力夸大灌夫罪行，说他心怀不轨，对皇上和皇太后大不敬，还把他其他一些事抖搂出来，要求予以重判。大臣个个低头不语。最后，御史大夫韩安国说："灌夫当年独闯敌营，勇冠三军，是天下少有的壮士，只因酒后失言，引起争端，似乎不宜判死罪，窦婴的话有道理。然而，丞相说他居功自傲，目中无人，犯了大不敬之罪，又与大奸之人交往，欺压小民百姓，凌辱宗室，应该给予严惩，丞相的话也有道理。臣等愚昧，请皇上圣裁吧。"大臣都随声附和，又把球踢回去了。汉武帝生气了，起身罢朝，拂袖而去。

王太后听说了，十分恼怒，使出了厉害的一招，绝食不吃饭。汉武帝只好去看望母亲。王太后垂泪说："现在我还活着，别人就这样欺负我的兄弟；假如我死了，我的兄弟不是任人宰割吗？我千辛万苦帮你当上皇帝，你就不能为我和你舅舅做主吗？"汉武帝没办法了，只好下令处死了灌夫，并把窦婴作为同党，也关到监狱里。

窦婴听说灌夫已死，悲伤哀痛，不想吃饭，只求早死，后经人劝说，才恢复了饮食。这时，窦婴想起汉景帝在临终前，曾给他留下遗诏，遗诏说："如有不方便的事情，可以直接上奏皇帝。"窦婴让家人把遗诏呈了上去，没有想到的是，查遍皇宫档案，并没有这份遗诏的记录。那时候，凡是皇帝下的诏书，都会记录在案，并留有备份，偏偏窦婴的这份遗诏没有。为什么没有呢？至今史学界众说纷纭，难有定论。依笔者看来，最大的可能，是田蚡做了手脚，因为他既有加害窦婴的动机，又有做手脚的权力和机会。这样，窦婴就犯下了伪造遗诏的大罪，被当街斩首示众。

灌夫之死，固然是田蚡作恶，但他一贯酒后失德，也是重要原因。灌夫害了自己不说，还连累了别人。窦婴遭受意外之祸，令人扼腕叹息。他交友不慎，也应负有一定责任。

所以，喜欢酗酒闹事的人，最好离他远远的，别与他交朋友。

刘赐家乱出祸端

俗话说，家丑不可外扬。可是，衡山王刘赐的家里，却是父子兄弟互相揭丑，搞得乌烟瘴气。先是王太子上书朝廷，告弟弟谋反和乱伦；接着，弟弟上书自首，并揭发父亲是谋反主谋；随后，刘赐也上书，告王太子不孝，真是够乱的。

汉武帝一面觉得荒唐可笑，一面认为这是废除衡山国的好机会，赶紧派人调查，结果调查属实，多人被杀，国号废除。这都是家乱惹的祸啊。

《汉书》记载，刘赐是刘长的第三个儿子。刘长死后，他被封为庐江王，后又改封为衡山王。衡山国的都城，在今安徽省六安市一带。

刘赐头脑简单，脾气粗暴，昏庸无能，别说治国，他连家都治不好。刘赐的王后叫乘舒，生了三个子女。长子刘爽，被立为王太子；女儿刘无采，出嫁后淫乱，被休回娘家；小儿子刘孝，一心觊觎王太子之位。刘赐还有两个宠爱的姬妾，一个叫徐来，另一个叫厥姬，都有子女。

后来，王后乘舒死了，刘赐立徐来为新王后。厥姬原先与徐来地位相当，如今见徐来升了，厥姬心理不平衡，她想挑拨点事，不能让徐来过舒服日子。有一天，厥姬找到王太子刘爽，神神秘秘地对他说："王太子知道你母亲是怎么死的吗？我告诉你，你母亲是徐来用巫蛊之术害死的。她为了能当王后，就采取了这样卑鄙的手段。"刘爽和他爹一样，也是头脑简单，一听就相信了，从此对徐来怀恨在心。

有一次，徐来的哥哥来王宫，刘爽陪他喝酒。酒至半酣，刘爽想起母亲被害之事，心中恼怒，拔出刀来，向徐来哥哥砍去。幸亏徐来哥哥躲得快，没有被砍死，但也伤得不轻。哥哥无端被伤，徐来自然怨恨刘爽，常在刘赐面前说他的坏话。

刘爽的妹妹刘无采，因生活作风不好被休回娘家，仍然不思悔改，放荡淫乱。刘爽很生气，觉得丢了自己的脸面，经常训斥她，还限制她的自由。刘无采为此也怨恨哥哥，恨不得他倒台。刘爽的弟弟刘孝，对王太子之位虎视眈眈，本来就是天敌。刘无采与刘孝联合起来，后来又与徐来结成联盟，三个人合起伙来，共同对付王太子刘爽。

衡山王刘赐，本是昏聩之人，脾气又暴，听三人诋毁王太子，便信以为真，经常把刘爽叫来训斥，有时还痛打一顿，时间一长，父子俩的关系不断恶化。有一次，刘赐生了病，徐来、刘无采、刘孝三人轮流在病床前伺候，刘爽推说自己身体不好，只来看看就走，刘赐心中不满。刘无采跑去观察刘爽动向，回来告诉父亲，说哥哥根本没有病，而且知道父亲有病时，还面露喜色。亲闺女这样说，刘赐当然相信，心中大怒，产生了废掉王太子的想法。

不久，徐来的继母被人打伤，刘赐怀疑是王太子干的，不分青红皂白，抓过王太子就是一顿痛打。刘赐下了决心，要更换王太子，但那个时候，诸位王的权力有限，像更换王太子这样的事，必须呈报中央政府批准才行。刘赐开始宠爱小儿子刘孝，并收集王太子刘爽的不法证据，准备废了他。

刘赐在处理家务上糊涂，在处理政务上也是简单粗暴。刘赐手下有个谒者，叫卫庆，有些才能。卫庆不想跟着刘赐干了，想去中央政府服务。这本来是件好事，可是刘赐十分恼怒，找了个错，把卫庆判了死罪。但诸侯王判人死刑，需要内史同意才行，内史是中央政府派来的。内史经过审理，推翻了刘赐的判决。刘赐恼羞成怒，上告内史。中央政府经过调查，支持内史，并了解到刘赐许多不法行为。汉武帝下令，把衡山国二百石以上低级官吏的任免权也收归中央，以示惩戒。刘赐愤恨不平，便有了谋反的想法。

刘赐此时已经不信任王太子，而是宠信小儿子刘孝。刘赐给刘孝戴上王印，封为将军，让他住到外祖父家，给他很多钱，用来招贤纳士，为谋反做准备。刘孝年少轻狂，野心勃勃，他找人制作战车弓矢，私刻天子玉玺和丞相、将军大印，四处招揽亡命之徒，忙得不亦乐乎。

刘无采和刘孝姐弟俩诋毁刘爽，目的是让刘孝接替王太子之位，而王后徐来的目的，是把刘爽、刘孝兄弟俩一块儿扳倒，让自己的儿子做王太子。徐来见扳倒刘爽已成定局，便开始设计，陷害刘孝。刘赐有个侍妾，十分受宠，徐来便穿针引线，让刘孝与她搞在了一起。这事要让刘赐知道了，刘孝肯定就当不成王太子了。

刘爽知道徐来的这个计谋后，想了个馊主意，他去勾引徐来，想以淫乱罪名堵住她的嘴，以其人之道，还治其人之身。谁知徐来根本不与他胡来，反而哭着告诉了刘赐。刘赐一听，怒火中烧，大发雷霆，立即把王太子抓来，想施以重刑。

刘爽一看，这事办砸锅了，王太子之位肯定是保不住了，索性把母亲之死、妹妹淫乱、弟弟谋反乱伦、徐来用心恶毒等事，一股脑儿全说了出来。刘赐听得目瞪口呆，气了个半死。刘爽说完，趁着父亲发呆，赶快跑出门去，骑上快马，要去京城告状。刘赐大急，亲自带人追赶，把刘爽抓了回来，戴上镣铐，关在宫中。

刘爽虽然被关了起来，但手下还有亲信。刘爽见已经铸成大错，索性来个鱼死网破，让亲信进京，上告弟弟刘孝招降纳叛、意图谋反。刘孝听说了，知道事情败露，即将大祸临头，急得团团转。那个时候法律规定，自首并揭发别人的，可以免死。刘孝为了活命，赶快上书自首，并揭发谋反之事是父亲让他干的。刘赐此时还蒙在鼓里，也上书告王太子不孝，要求更换王太子。汉武帝接连收到刘赐父子三人的告状信，哭笑不得，下令派人调查。

经过调查，情况属实，证据确凿。刘赐被围在宫中，无奈自尽；徐来心术不正，被判死刑；王太子不孝，判死刑；刘孝自首检举，谋反之罪免死，但他与父亲侍妾通奸，是另一项死罪，不能赦免，也判死刑。衡山国国号废除，改为郡。

于是，在同一天，徐来和刘爽、刘孝兄弟一块儿被绑赴刑场，斩首示众。不知道他们在临死之前，心中有何感想？

石奋家和享富贵

俗话说，家和万事兴。衡山王刘赐，因家乱惹了大祸，导致家灭国除；同一时代的石奋，却因治家有方，家风优良，父子五人全都当了二千石的大官，享受荣华富贵。石奋与刘赐两个家庭，形成了鲜明对照。

《汉书》记载，石奋，其父是赵国人，赵亡以后，迁到河南温县。石奋小时候家里很穷，父亲早死，母亲失明，还有一个姐姐。刘邦东击项羽的时候，路过石奋家乡，见他聪明伶俐，十分喜欢，便带在身边，并封他的姐姐为妃子，举家迁到长安居住。那一年，石奋只有十五岁。

石奋跟随刘邦左右，处事谨慎，精心侍奉。他虽然没有文才武功，但恭敬谨严无人能比。汉文帝时期，石奋凭资历当上了太中大夫。汉景帝时期，又升任二千石的高官，成为九卿之一。石奋家风很好，教子有方，他的四个儿子，因为品行端正，办事严谨，都做了二千石的大官。汉景帝开玩笑说："石君和四个儿子，俸禄都是二千石，加起来有一万石了。做臣子的尊贵，竟然都集中到了他一家。"此后，人们称呼石奋为"万石君"。

石奋治家，以恭谨闻名。他自己以身作则，率先垂范。每次经过皇宫门前，石奋必定下车，小步快走；在路上看见皇帝的车马，尽管离得很远，他也要站起身来，扶着车厢横木敬礼；皇帝有时赐给他食物，他都要磕头俯身在地才吃，就好像在皇帝面前一样。家中有亲戚死亡的，石奋定要穿丧服，表示悲哀。石奋以孝道恭谨而闻名，许多品德高尚的文人也自愧不如。

石奋对子女要求十分严格。他和成年子女在家里的时候，都是穿戴整齐，彬彬有礼，长幼有序。他的子孙有当官的，回家看望他时，石奋一定要穿戴好朝服，才与他们相见。子孙中有人犯了错误，石奋并不厉声责骂，而是端坐在那里，不吃不喝，直到他们承认了错误，表示悔改以后，他才进食。

他的四子石庆，在朝中担任内史。有一次，石庆喝醉了，回家时进巷子没有下车。石奋知道后，生气不吃饭。石庆害了怕，脱去上衣请罪，石奋仍不肯原谅。石庆没办法，请了全家人都去跪在石奋面前。石奋责备说："内史是权贵之人，乡里的长者都走开让路。你不懂谦恭，端坐在车里，逍遥自在，真不应该。"石庆再三表示改过，石奋才肯吃饭。此后，石庆等人都是在巷子口就下车，一边步行回家，一边与邻居打招呼，丝毫没有官架子。

汉武帝即位时，石奋已经年老，汉武帝任命石奋长子石建为郎中令。石建忠于职守，心细得不得了。有一次，他向皇帝上奏事情，奏书被批下来，石建又仔细阅读了一遍。忽然，他惊恐地叫了起来，说："不好，马字下面四点和马尾共五点，这里却少写了一点，真是太粗心了，不应该出这差错。"石建向皇帝奏报事情的时候，如果无人在场，他就畅所欲言，毫无保留地讲出自己的意见；如果有人在场，他却很少说话，从不炫耀自己。汉武帝因此亲近和礼待他。

石建对父亲非常孝顺，每隔五天，必定回家看望父亲。回到家后，先询问仆人，了解父亲的饮食起居和身体状况，然后，再去陪父亲说话。临走时，偷偷取走父亲的内衣内裤，自己亲手去洗，并嘱咐仆人，千万不要让父亲知道。石建每次回家，都是这样做。

石奋活到九十七岁高龄，寿终正寝。石奋去世后，石建悲哀哭泣，站立不稳，挂着拐杖才能走路。一年之后，石建因悲哀过度，也去世了。石奋的子孙们都很孝顺，石建只是其中之一。

石奋的四子石庆，经父亲教训后，更加谦恭谨慎，汉武帝时期，提拔他当了太仆。有一次，皇帝出行，石庆驾车，武帝问他拉车的有几匹马。谁都知道，当时皇帝乘坐六匹马拉的车，这是常识。石庆却没有马上回答，而是用马鞭仔细数了一遍，才回答说："是六匹马。"

汉武帝立了太子，要为太子选个老师，便选中了石庆，任命他为太子太傅。七年之后，石庆又升为御史大夫，成为三公之一。几年后，汉武帝下诏说："万石君是先帝尊敬的人，子孙恪守孝道，因此任命石庆当丞相，封为牧丘侯。"石庆任丞相九年，小心处事，兢兢业业，没有大的建树，也没有大的过失，最后得以善终。

石奋家风淳正，恭敬待人，他的后代子孙中，有十三人做到二千石的高官，成为名声极佳的显赫家族。可见，家风是多么重要啊！

《礼记·大学》强调"修身齐家治国平天下"。家庭是国家的缩影，"家齐而后国治"。刘赐和石奋两个家庭的兴衰，充分证明了这一点，也给予我们深刻的启迪。

相如娶文君是场骗局

司马相如，是西汉著名的辞赋家和文学家；卓文君，是一名才女和富二代。司马相如偶遇卓文君，互相倾慕，连夜私奔，成就了流传千年的爱情佳话。可惜，这只不过是个美丽的传说。从《汉书》记载来看，司马相如处心积虑地娶卓文君，其实是一场彻头彻尾的骗局。

《汉书》记载，司马相如，是蜀郡成都人。他少时爱读书，还好击剑，取名犬子，长大后嫌名字不雅，又仰慕蔺相如的为人，便改名叫司马相如了。

青年时期的司马相如，家境还不错，拿钱买了个郎官，侍奉汉景帝。此时的司马相如，已是文采横溢，特别擅长辞赋。可惜汉景帝不喜好文学，司马相如无用文之地。这时梁王刘武来京朝见皇帝，梁王喜好文学，随身带了几个儒生学士，像邹阳、枚乘等人，都是当时的文学名人。司马相如与他们一见如故，便辞掉官职，跟随梁王去了。

在梁国期间，司马相如写下了著名的《子虚赋》。《子虚赋》描绘了云梦泽的风貌之美，记述了君王游猎之乐，揭示了淫逸奢侈之害，结构宏大，辞藻华丽，成为汉赋的代表作。

后来，梁王去世，树倒猢狲散，司马相如只好回到成都家中。此时，司马相如的家里，已是一贫如洗。他只会写赋，不会干别的，连吃饭都成了问题。司马相如想到了王吉，王吉是他的好朋友，此时担任临邛县令。司马相如就去投奔他，混口饭吃。

王吉对司马相如十分热情，把他安置在旅舍里，每天都去拜访，态度十分殷勤。一开始，司马相如还接见王吉，后来却经常拒绝见他。王吉不仅不生气，反而对司马相如更加谨慎恭敬。这事明显不符合常理，司马相如为生活所迫，去投奔王吉，怎么还敢端架子呢？对此，《汉书》的原话是："临邛令缪为恭敬，日往朝相如。"意思是说，王吉假装恭敬，天天去拜访相如。原来，这是王吉与司马相如合伙演的"双簧"，目的是制造新闻，抬高司马相如的身价，另有所图。

果然，此事在临邛城迅速传开。人们都知道，县令家里来了一名贵客，县令对贵客十分恭敬，贵客对待县令却不够礼貌，可见贵客不是一般的人物。

临邛当时有铁矿，富人很多。有个叫卓王孙的富商，家资万贯，光家奴就有八百多人。还有个富户叫程郑，家奴也有数百人。两人在一起商议："县令有贵宾来，我们应该尽地主之谊，宴请他一下，一并邀请县令。"于是，卓王孙与县令约好，在自己家中大摆宴席，宴请司马相如。

临近中午，县令来了，卓王孙请的其他一百多名宾客也到了，只有司马相如托言有病没有前来。县令不敢尝一口饭菜，亲自去请司马相如，司马相如伪装不得已而前往。司马相如风度翩翩，仪表堂堂，他一到宴会上，满座的人都被他的风采倾倒，纷纷夸赞，并向他敬酒。

酒兴正浓之时，县令捧出早已准备好的琴，递给司马相如，说："听说您善于弹琴，能否让我们欣赏一下？"司马相如假意推辞一下，便弹奏了几支曲子。当时司马相如弹奏的是什么曲子，《汉书》没有说。后来有人说弹奏的是《凤求凰》，但并无史籍记载。

卓王孙有个女儿，叫卓文君，死了丈夫，住在娘家。卓文君特别喜欢音乐，听到优美的琴声，不由自主地走出闺房，来到宴会门前，从门缝往里一看，见司马相如一表人才，琴又弹得好，十分仰慕，心生暗恋，但觉得自己配不上他，唉声叹气。没有想到的是，酒宴结束之后，司马相如找到卓文君的侍女，送给她礼物，让她转告对文君的爱慕之情。这大概也是县令王吉安排的。卓文君得知司马相如的心意，喜出望外，连夜收拾首饰细软，不顾一切地与司马相如私奔了。

卓王孙知道以后，又羞又怒，大发雷霆，说："女儿如此不知羞耻，我不忍心杀死她，但绝不给她一分钱。"卓王孙后悔自己引狼入室，迁怒于王吉，不再与他来往。王吉见大功告成，也懒得搭理卓王孙了。

卓文君跟着司马相如来到成都家里，只见家中空空，唯有四面墙壁直立。卓文君这才知道，司马相如原来是个穷光蛋，但她并没有后悔。司马相如只会舞文弄墨，不会赚钱养家。卓文君带去的钱物很快就花光了，日子过不下去了，到最后，卓文君把身上穿的裘衣都卖了。

卓文君流着泪说："我一直过着富足的生活，没想到今天沦落到这种地步。我看，咱们还是回临邛吧，那里毕竟有一些亲戚朋友可以相助，不然的话，恐怕就要饿死了。"司马相如一听，正中下怀，临邛不仅有亲戚朋友，更有一位富可敌国的老丈人，为什么不去呢？其实，司马相如早有此意，只是不好意思提，只等卓文君开口了。

于是，司马相如带着卓文君，再次来到临邛。卓王孙怒气未消，自然不让登门。夫妻两一商量，借钱开了个小酒馆。卓文君身穿布衣，在前台卖酒；司马相如腰扎围裙，亲自洗碗刷碟，他们是故意让卓王孙难堪。

果然，富商的女儿女婿开酒馆，立刻就成了临邛的爆炸性新闻。卓王孙脸上挂不住了，觉得是奇耻大辱，连门都不敢出，生怕别人在背后指指点点。亲戚朋友轮流去劝卓王孙，说："文君已经嫁给了相如，木已成舟，无可改变；相如虽穷，但很有文采，与文君也算匹配；您只有一子两女，家里有那么多钱，为何自取其辱呢？"卓王孙一想，也确实有道理。于是，卓王孙放下架子，派人送给女儿钱一百万，家奴一百人，还有大量的衣服财物。司马相如和卓文君得到钱财，立马关了小酒馆，返回成都，置房买田，成为富人。

司马相如两次去临邛，一次属于"劫色"，娶了富二代为妻；一次属于"劫财"，得到岳父的丰厚财物，两次都大获成功。

司马相如后来得到汉武帝赏识，又写了著名的《上林赋》。但汉武帝只是欣赏他的文采，并没有封他做大官。司马相如专心文学，淡漠仕途，也不在意。司马相如写了大量辞赋散文，被后人誉为"赋圣"，在中国文学史上占有重要地位。

司马相如活了六十一岁，因病去世；卓文君只活了五十四岁，死在司马相如之前。

司马相如娶卓文君，是一场精心策划的骗局，但卓文君对司马相如的感情，却是真挚的。两人婚后的关系如何，《汉书》没有说，应该是不错的。因为司马相如后来的生活，全靠卓文君娘家资助。至于后世流传的司马相如又寻新欢，卓文君为此写了《白头吟》《怨郎诗》等，都是传说或者文学作品，不必当真。

司马相如娶卓文君的故事，流传很广。后人以此为题材，创作了大量的诗歌、戏曲和其他文学作品，歌颂他们的美好爱情，目的是反对封建礼教，宣扬婚姻自由，这是具有积极和进步意义的。

公孙贺当丞相吓得大哭

丞相，地处高位，权势灼人，声名显赫，谁人不想当啊？可是，当汉武帝任命公孙贺当丞相时，公孙贺却吓得两腿发软，趴倒在地，"顿首泣涕"，再三推辞，不肯接受。这是为什么呢？

《汉书》记载，公孙贺，是北地郡义渠人，义渠在今甘肃省宁县一带。公孙贺出身名门，祖父昆邪（《史记》说是他父亲），当过陇西太守，被封为平曲侯。公孙贺年少从军，作为骑士，也立有军功。

汉武帝当皇太子的时候，公孙贺被选为太子舍人，陪伴刘彻身边，十分荣耀。汉武帝即位后，擢升他为太仆，掌管皇帝出行的车舆马匹，位列九卿，是皇帝亲近之人。后来，公孙贺娶了卫皇后的姐姐卫君儒为妻，他与汉武帝成了连襟，更受宠信。

汉武帝对公孙贺十分器重，在与匈奴的战争中，多次任命他为将军，率军攻击匈奴。公孙贺曾经七次出击匈奴，驰骋疆场，奋勇杀敌，捕获了匈奴王，屡立战功，因功封侯。后来，公孙贺被提拔为御史大夫，成为三公之一。

论资历、能力、功劳以及与汉武帝的关系，公孙贺当丞相是能够服众的。所以，丞相石庆病逝以后，汉武帝封他为葛绎侯，让他接替丞相之位。谁知，公孙贺一听让他当丞相，竟然吓得双腿发抖，趴到地上，一边磕头，一边哭泣，说："臣是个粗人，只会骑马射箭，实在当不了丞相，恳求皇上收回成命。"公孙贺哭得悲痛，引得皇帝和左右大臣也都流下泪来。

汉武帝擦了擦眼睛，温情地说："各位大臣，请把丞相扶起来。"公孙贺却仍然伏地痛哭，不肯起来。汉武帝终于生气了，起身离去。

左右大臣赶紧劝公孙贺说："皇上让您当丞相，多大的恩宠啊！您若不奉诏，岂不是找死吗？"公孙贺长叹一口气，说："我当了这丞相，恐怕从此就危险了。"

公孙贺的担心，是有道理的，由于连年征战，国库空虚，百姓贫穷，朝廷处于多事之秋，丞相并不好当。特别是，汉武帝性情暴烈，冷酷无情，对大臣要求极为严苛，稍有不慎，就会带来杀身之祸。据《汉书》记载，汉武帝时期，共提拔了十二名丞相，竟然有六个死于非命。丞相其实是一个高危职务，难怪公孙贺吓得大哭。

汉武帝即位时，丞相是卫绾，那是他父亲汉景帝安排的。卫绾是车夫出身，一生侍奉文景二帝，忠厚有余，能力不足。汉武帝登基不久，就罢免了他。

汉武帝提拔的第一个丞相，是窦婴。窦婴能力很强，但虑事不周，交友不慎，受到灌夫连累，又疑似伪造遗诏，被斩首处死。

汉武帝提拔的第二任丞相，是许昌，那是窦太皇太后授意的。许昌支持窦太皇太后的黄老治国政策，反对推行儒学。太皇太后驾崩，汉武帝给他安了一个办丧事不力的罪名，随即免职。

汉武帝提拔的第三任丞相，是田蚡，那是他的亲娘舅。田蚡害死了灌夫和窦婴，心中有鬼，第二年就病倒了。田蚡在病中大呼小叫，说灌夫和窦婴两个厉鬼来索命。群医束手无策，眼睁睁地看着他不治而死。

汉武帝提拔的第四任丞相，是薛泽。汉武帝本想重用韩安国为丞相，但韩安国从车上摔下来，受了重伤，汉武帝只好改任薛泽为丞相。薛泽能力平平，当了几年丞相，没有什么作为，被免了职务。

汉武帝提拔的第五位丞相，是公孙弘。公孙弘当丞相时已经七十六岁高龄了，他阅历丰富，老奸巨猾，受到武帝宠信，最后死在丞相岗位上，结局是最好的。

汉武帝提拔的第六任丞相，是李蔡。李蔡是名将李广的堂弟，在对匈作战中屡立军功，当丞相时在治吏、改币、统禁盐铁等项大计中很有成就。后来，因侵占景帝陵园前一块空地，获罪受审，他就自杀了。

汉武帝提拔的第七任丞相，是庄青翟。庄青翟和手下的三个长史，都与酷吏张汤有矛盾。三个长史联合起来陷害张汤，事发后三长史被杀，连累庄青翟入狱，庄青翟在狱中服毒自杀。

汉武帝提拔的第八任丞相，是赵周。汉武帝想剥夺列侯的爵位，借口列侯们奉献的黄金成色不好，一次削去了一百零六个列侯的爵位。汉武帝说赵周把关不严，负有责任，赵周因此被捕下狱，死在狱中。赵周纯属冤枉。

汉武帝提拔的第九任丞相，是石庆。石庆为人极其小心谨慎，因而得以善终。

汉武帝提拔的第十任丞相，就是公孙贺。公孙贺见前面的九位丞相，四个被杀，三个被免职，只有公孙弘和石庆两人幸免，自然心有余悸，如同大祸临头一般，痛哭流涕。

公孙贺不得已当了丞相之后，如履薄冰，整日里战战兢兢，不敢有丝毫差错。没有想到，百密一疏，他的儿子公孙敬声却出了事。公孙敬声当时任太仆，因挪用公款被捕入狱。公孙贺请求汉武帝说："我如果能抓住朱安世，是否可以赎敬声的罪呢？"汉武帝同意了。

朱安世是有名的大盗，朝廷多次追捕没有结果，公孙贺救子心切，费了九牛二虎之力，终于抓获了朱安世。没料到，朱安世在狱中反咬一口，上告公孙敬声三条罪状。一是与汉武帝的女儿阳石公主私通；二是指使巫师在祭祀时诅咒皇帝；三是在驰道上埋偶人，用巫术害人。汉武帝下令，把公孙敬声和公孙贺关进大牢，派人审查，致使父子二人死在狱中，全家被族灭。

汉武帝提拔的第十一任丞相，是刘屈氂。刘屈氂是中山靖王刘胜之子，是汉武帝的侄子。刘屈氂积极平定太子刘据叛乱，后与李广利勾结，打算立刘髆为太子，犯了汉武帝的大忌，被处以腰斩酷刑。

汉武帝提拔的第十二任丞相，是田千秋。汉武帝在晚年时，对自己的政策有所悔改，特别是后悔害死了太子刘据。田千秋本是一名看守刘邦陵园的小官，上书替太子鸣冤，正对了汉武帝的心思，召他入朝为官，数月后一跃升为丞相，并封为富民侯。田千秋当丞相不久，汉武帝就死了。田千秋在昭帝时期继续当丞相，干了十二年，病死在任上。

丞相的主要职责，是管理朝政，发展经济。汉武帝这样对待丞相，国家的经济怎么会好呢？

汉武帝虽说尊儒，但儒学的核心是仁爱，这在汉武帝身上却很少看到，人们看到的，是汉武帝的残忍和冷酷。汉武帝对大臣严苛无情，那么，他对待宠爱过的女人，态度怎么样呢？

汉武帝的女人们

汉武帝一生，有很多女人。他曾经最宠爱的有三个，就是卫子夫、李夫人、钩弋夫人。这三个女人，都与汉武帝机缘巧合，带有传奇色彩。那么，她们的结局如何呢？

《汉书》记载，汉武帝在当太子的时候，就娶了陈阿娇当太子妃。陈阿娇的母亲，是汉景帝的姐姐刘嫖。刘嫖在汉武帝当太子和称帝过程中出了大力，武帝表示，娶了阿娇，就要"金屋藏娇"。汉武帝登基后，封陈阿娇为皇后。陈阿娇从小娇生惯养，脾气蛮横，汉武帝并不喜欢她。特别是，陈阿娇不能生育，花了九千万钱也没治好。后来，陈阿娇见武帝宠爱别的女人，醋意大作，实施巫蛊之术，结果事发，当了十一年皇后的陈阿娇被废黜，并牵连诛杀三百多人。陈阿娇没有被"金屋藏娇"，反而被打入冷宫，抑郁而死。不知道刘嫖费尽心机，千方百计让女儿当皇后，图的什么？

汉武帝有个同母姐姐，叫平阳公主，姐弟俩关系很好，武帝常常去看望。平阳公主见武帝多年没有儿子，很替弟弟着急，便精心选了十几个美女，打扮得漂漂亮亮，想找机会献给武帝。有一次，武帝又来了，平阳公主把十几个美女叫出来，让武帝挑选。谁知武帝看了半天，一个也没有相中。平阳公主十分失望，便摆下酒宴，请弟弟吃饭喝酒。

酒宴之中，平阳公主叫来一名歌女，让她唱歌助兴。没有想到的是，歌女一进来，汉武帝一眼就看中了，两眼直勾勾地盯着她。平阳公主明白了，心中暗喜，真是有心栽花花不开，无心插柳柳成荫。过了一会儿，武帝借口去换衣服，平阳公主赶紧示意歌女去侍候，两人就在更衣室内亲热了一番。武帝回来坐下，满面红光，十分高兴，当场赐给姐姐千斤黄金。汉武帝临走时，自然把歌女同车带走了。平阳公主亲热地拍着歌女的背，乐呵呵地说："去吧，好好干，以后富贵了，不要忘了我啊。"这名歌女，就是后来大名鼎鼎的卫子夫。

卫子夫满心欢喜，跟着汉武帝进了皇宫。谁知，宫中美女如云，汉武帝只是贪图一时之欢，并没有把她放在心上，一年多没有再召见她。后来，汉武帝见宫中女人太多了，就挑选一批赶出宫去，卫子夫也在其中。

临出宫时，卫子夫得以再见武帝。汉武帝见她泪流满面，心中爱怜，把她留下，再次临幸。这一次，卫子夫怀了孕，可惜生了个女孩。后来，卫子夫又接连生了两个女孩，直到元朔元年，卫子夫终于生下了儿子刘据。这是汉武帝的第一个儿子，当时汉武帝已近三十岁，当皇帝也有十多年了。汉武帝自然大喜特喜，册封卫子夫当了第二任皇后。

卫子夫受到皇帝宠爱，一家人跟着沾光，哥哥弟弟都入朝做官，卫氏亲属中有五人被封侯。卫青、霍去病虽有裙带关系，但却很争气，凭着自己的才能，立下大功，名垂史册。

卫子夫当皇后的第七年，儿子刘据被立为太子。后来，卫子夫年老色衰，卫青、霍去病也死了，汉武帝又有了新宠，好在卫子夫有个当太子的儿子。不料，卫子夫当皇后的第三十八年，发生了巫蛊之祸，儿子刘据被杀。卫子夫万念俱灰，悲愤自杀，卫氏家族全被杀光。卫子夫死后，被装进一口小棺材，草草埋在城南的桐柏。后来，刘据的孙子当了皇帝，即汉宣帝。汉宣帝下令，重新安葬卫皇后，设置陵园，并安排三百户人家守陵。

汉武帝宠爱的李夫人，也是平阳公主推荐的。皇宫中有个乐师，叫李延年，精通音律，擅长歌舞，汉武帝很喜欢他。平阳公主对武帝说："延年有个妹妹，长得美貌，能歌善舞。"汉武帝召见了她，果然漂亮，十分宠爱。李夫人生了个儿子，取名刘髆，被封为昌邑王。可惜李夫人红颜薄命，不久得病死了。

李夫人病重期间，汉武帝去看她。李夫人却用被子把头紧紧裹住，不让武帝看见她的脸。汉武帝说："夫人病得厉害，大概快要不行了。你与我见上一面，嘱托儿子和兄弟的事情，好不好啊？"

李夫人说："女子没有梳妆打扮，不敢仪容不整地见皇上。"武帝说："你只要让我看一眼，就赐你千斤，而且给你的兄弟加官晋爵。"李夫人说："加官晋爵是皇上决定的，不在于看我一眼。"说完，扭过头去，抽泣不已，哭成一团。汉武帝无奈，只好走了，至死也没有再看见她的脸。

李夫人的姐妹埋怨她，不该违背了武帝的好意。李夫人流着泪说："我以微贱之人，得到皇上宠爱，无非是靠着美貌。如今我病得相貌丑陋，皇上见了，一定会嫌弃的。我死以后，皇上就不会怀念我了，更不会优待我的兄弟。"笔者每逢读到这里，心中总是一阵酸楚，做皇帝的女人，该是多么不容易啊！此时的李夫人，心中该有多么凄凉啊！

果然，李夫人死后，在汉武帝的脑海里，总是浮现出她生病前美丽动人的样子，对她念念不忘。听说方士能招来李夫人的魂魄，汉武帝赶紧让人安排，隔着帷帐似乎看到了李夫人的身影，却不能走近，因此更加伤感，专门作了一首诗，让乐师配上曲子演唱。汉武帝还让画师画了李夫人像，挂在宫中，每日思念流泪。汉武帝提拔李夫人的哥哥李延年为协律都尉，封另一个哥哥李广利为贰师将军、海西侯。汉武帝去世以后，汉昭帝依照父亲的意愿，追加李夫人尊号为孝武皇后。李夫人是历史上第一位被追封皇后的人。看来，作为皇帝的女人，年轻时候死，比年老色衰再死，要好得多。

汉武帝在晚年的时候，又宠爱上一个少女。少女姓赵，是河北人。汉武帝巡游河北时，有方士说，此地有奇女子，武帝立即派人去寻找。时间不长，找来一名女子，只有十多岁，长得楚楚动人。奇特的是，少女双手握拳，不能伸开，家人说她从小就是这样。更奇特的是，汉武帝将她的手轻轻一掰，少女的手就被分开了，而且伸缩自如。

《汉书》记载了这个情节，但这事肯定不是真的，可能是随从为取悦武帝而搞的把戏，也可能是后人编造的。汉武帝很高兴，随即把女孩带进宫中，十分宠爱。她住的宫殿被命名为钩弋宫，女孩便被称作钩弋夫人。

汉武帝当时已经六十多岁了，老夫少妻，自然其乐融融。过了几年，钩弋夫人生下一个男孩，取名刘弗陵，就是后来的汉昭帝。钩弋夫人怀孕十四个月才生产，汉武帝十分高兴，说："昔日尧就是怀胎十四个月而生的，现在钩弋夫人也生了这样的儿子。"于是，便把孩子出生的那座宫殿的大门，称作"尧母门"。

刘弗陵长到五六岁的时候，体形高大，又十分聪明。汉武帝常常说"类我"，打算立他为太子，因他年龄幼小，母亲年轻，担心再出现女主专权乱国的情况，一直犹豫不决。

后来，汉武帝自感时日不多，必须要考虑接班人了。汉武帝一生有六个儿子，此时已死了三个，只剩下三个了。那两个虽然年长，但看不顺眼，汉武帝终于下了决心，立幼子刘弗陵为皇太子。在刘弗陵被立为皇太子之前，钩弋夫人却死了。

钩弋夫人是怎么死的？《汉书》记载说，钩弋夫人跟随武帝去甘泉宫，犯了过错，被武帝责备，忧惧而死。这种说法好像不能服众，钩弋夫人只有二十多岁，年轻力壮，又正受宠爱，怎么能因为一点过错就忧惧而死呢？

后来，西汉后期的史学家褚少孙补写了《史记》，褚少孙在《史记》补记中说，汉武帝在甘泉宫时，命画师画了一张周公辅成王图，赐给霍光。左右都明白了，汉武帝是想叫幼子接班，让霍光辅政。过了几天，汉武帝找了个借口，大声斥责钩弋夫人，命武士把她拉出去处死。钩弋夫人惊恐地瞪着两眼，不知所措，更不明白是怎么回事，昨天还像慈父般的皇帝，今天怎么变成了这副嘴脸呢？钩弋夫人被武士拖走的时候，频频回头看武帝。汉武帝大概也不忍心看她那羔羊般的眼睛，挥着手大叫："快走！快走！反正你是不能活了。"

钩弋夫人死后，汉武帝询问身边的人有什么看法。身边的人都不理解，说："人们都说将要立她的儿子为太子，为什么要杀他母亲呢？"汉武帝叹口气说："这不是一般人能懂的。从古到今，凡是君主幼小而母亲年壮的，往往容易出乱子。母亲如果独断放肆，谁能阻止得了？你们没有听说过吕后的事吗？”褚少孙的这个说法，确实符合汉武帝残暴的性格，为多数人所接受，流传很广。

从上述女人的经历来看，作为皇帝的女人，即便再受宠爱，终究不过是玩物而已。皇帝爱美人，是短暂的；爱江山和权力，却是永恒的。

汉武帝对待大臣和女人，是冷酷无情的，那么，对待自己的亲生骨肉，又是怎样的呢？

巫蛊之祸太子遭殃

巫蛊，是一种巫术，远古时代就有，西汉时期盛行。常见的方法是：制作一小木人，上面写着被诅咒者的名字和生辰八字，埋于地下，施以魔法，使人生病或死亡。这显然是荒唐的，但那个时候的人相信。

汉武帝特别痛恨巫蛊，在他晚年的时候，制造了一起大冤案，数万人被杀，连太子一家也被牵连进去，史称"巫蛊之祸"。制造巫蛊之祸的首恶分子，是一个叫江充的家伙。

《汉书》记载，江充，是赵国邯郸人，原名叫江齐。江齐有个妹妹，善于弹琴歌舞，嫁给了赵王的太子刘丹。江齐经常出入王宫，对刘丹的事情知道很多。后来，江齐与刘丹交恶，刘丹要抓他，江齐吓跑了。刘丹抓住江齐的父亲、哥哥，把他们全杀了。江齐悲愤，发誓报仇，改名江充，西行入京。

江充到长安后，立即上书，告发刘丹与同母姐姐乱伦，与后宫妃妾通奸，以及勾结豪强、杀人越货等不法行为。汉武帝大怒，下令逮捕刘丹，欲判死刑。赵王刘彭祖，是武帝的异母哥哥，苦苦为儿子求情。汉武帝免了刘丹死罪，但废去他的太子之位。

江充揭发了刘丹的罪行，立了功，汉武帝便召见他。江充精心打扮了一番，身穿织丝禅衣，头戴丝帽，帽子上鸟羽作缨，走动时摇冠飞缨，风度翩翩，加之他身材魁梧，仪表堂堂，武帝一见，觉得他与众不同，对身边人说："都说燕赵多奇士，看来不假。"汉武帝与他谈论国家政事，江充回答得体，武帝很满意，当即把他留在朝中，任命为谒者。

不久，汉武帝命江充出使匈奴，问他有什么计划。江充很自信地回答："根据情况，随机应变，将计就计，不必预先谋划。"江充出使任务完成得很好，武帝认为他有能力，特意任命他为绣衣使者，专门监察皇亲国戚的越礼奢侈行为。这个差事，一般人是不愿干的，而江充却干得很带劲。他通过明察暗访，掌握了许多贵戚的不法行为，奏明武帝，一一予以处罚。权贵对江充又恨又怕，汉武帝认为江充忠诚正直，奉法不阿，越来越宠信他。

有一次，刘嫖车队在皇帝专用的驰道上行走，这属于越礼行为。刘嫖可不是一般人物，她是汉武帝的姑姑和曾经的岳母，并为武帝当皇帝出了大力。江充不管这些，照样予以处罚。又有一次，皇太子刘据的家臣也驾车在驰道上行走，江充毫不客气地将车马扣留。皇太子知道后，派人向江充道歉并求情，说："都怪我平时管教下属不严，车马不要了，只是请您不要报告皇帝。"江充却不给皇太子面子，径直上奏了汉武帝。汉武帝夸赞说："作为人臣，应当如此。"

这两件事传开，江充威震京师。有人劝他不要过多得罪皇戚，江充却说："我只忠于皇帝一人，其他任何人违法，我都照办不误。"汉武帝听说了，感动不已，认为江充是天底下第一大忠臣，遇有大事，都交给江充去办。

俗话说，大奸似忠，凡是大奸之人，必定貌似忠诚，江充正是这样。江充以大忠的假象取悦了皇帝，但得罪了大批权贵，特别是得罪了皇太子，等到皇太子即位，有他好果子吃吗？对此，江充心里十分清楚。于是，他想先下手为强，设法陷害皇太子。当时，卫青、霍去病已死，卫皇后失宠，皇太子没有靠山，经常连皇帝的面都见不到，而江充则日夜服侍在皇帝身边，江充自信能够扳倒皇太子。

汉武帝一生，信奉鬼神，追求长生不老，但到了晚年，身体状况却越来越差。江充趁机上奏说："皇上时常有病，臣担心，是有人用巫蛊之术加害皇上。"汉武帝相信了，命江充全权负责查办此事。

江充很有谋略，他先从宫外查起，大造声势。江充组织了许多巫师，到处掘地，寻找木头人，还真挖出了不少。天知道这些小木头人，是真的从地下挖出来的，还是江充他们事先藏在身上，用来嫁祸的。江充逮捕了大批人犯，严刑拷打，让他们相互诬告，为此被杀的有好几万人。

汉武帝见真的挖出了大量小木头人，更加相信了，但身体状况依然不见好转。江充阴险地说："臣怀疑，宫中也有巫蛊之气。只有您身边亲近的人，才能知道皇上的生辰八字啊！"汉武帝一听，觉得有道理，马上下诏，让江充负责，在宫中挖掘小木头人，并派韩说、章赣、苏文三个大臣协助他。

武帝严令说，不管涉及谁，一律重办，概不宽恕。江充得到尚方宝剑，更加肆无忌惮。他先从不受皇上宠爱的嫔妃宫中挖掘，果然挖出了一些。汉武帝大怒，把这些嫔妃一律处死，一时间，搞得风声鹤唳，人人自危。最后，江充带人来到皇太子宫中，四处挖掘，真的发现了小木人，上面写着汉武帝的名字和生辰八字。

皇太子听说以后，目瞪口呆，百口莫辩。当时，汉武帝在甘泉宫养病，皇后和皇太子几次要去探望，都没有得到回复。皇太子自知事态严重，赶紧去找老师石德商量。石德一听，觉得大事不好，皇太子如果出事，他也跑不了，狠了狠心，说："这分明是江充陷害皇太子。现在皇上生死不明，奸臣当道，不如假称皇帝诏令，把江充等人收捕入狱，查清楚他们的阴谋。"皇太子见不到父亲，也没有其他办法，就采纳了石德的意见。

皇太子派门客假传皇帝诏令，去逮捕江充等人。江充被擒，韩说不服诏令被杀。章赣和苏文逃走，径直跑到甘泉宫，报告皇帝，说皇太子反了，汉武帝还不太相信。

门客把江充押来，皇太子一见，两眼冒火，大骂道："你这个该死的奴才，害了赵国还不够，又来害我们父子。"当即把他斩了，又烧死了巫师。皇太子派人报告母亲，卫皇后见事已至此，无可奈何，只好派自己宫中的卫队，去帮助儿子。皇太子对外宣称江充造反，下令释放狱中囚徒，又号召百姓组成军队。皇太子为人宽厚，素有贤名，市民纷纷参加，皇太子很快拥有了几万人。

皇太子还想征调北军，北军是朝廷保卫京师的精锐部队，当时统领北军的是司马迁的好朋友任安。任安接到调兵符以后，知道有假，紧闭军营大门，并不出兵。皇太子又想征调其他的朝廷军队，也没有成功。看来，汉武帝对军队的控制力，是相当强的。

皇太子率兵攻进丞相府，丞相刘屈氂逃跑了。丞相府长史骑快马直奔甘泉宫报告，汉武帝这才相信，皇太子确实造反了，心中大怒，立即下诏令，调集长安附近的军队，由刘屈氂率领，组织平叛。汉武帝还下诏书，许诺捕杀反叛者，给予重赏。

刘屈氂率领朝廷大军，与皇太子的民军展开血战。双方混战了五天，死了几万人，血流成河。皇太子的民军，终究打不过训练有素的朝廷军队，最终失败。皇太子见大势已去，带着几个亲信向城外逃去。当时，城门已经关闭，有军队把守。负责把守城门的是田仁，田仁同情皇太子，打开城门，放皇太子走了。

事后，刘屈氂大怒，要杀田仁。御史大夫暴胜之也同情皇太子，劝阻了刘屈氂。汉武帝知道后，十分震怒，当场腰斩了田仁，逼迫暴胜之自杀。统领北军的任安，由于闭门不出，既不帮皇太子，也不帮丞相，也被汉武帝腰斩了。

汉武帝下令，凡是皇太子的门客，一律斩首；凡是跟随皇太子的百姓，一律诛杀全家。皇太子的儿子、女儿，以及妻子、儿媳全被杀死，卫皇后自杀。皇太子有个孙子，还在襁褓之中，也被投入监狱。这样，又杀死了几万人。

汉武帝杀人不眨眼，一杀就是几万几万的，其残暴程度，丝毫不逊于秦始皇。儒家宣扬的仁爱，在汉武帝眼里，狗屁不如。所以，笔者认为，汉武帝推崇儒学，只不过是挂羊头卖狗肉而已。

皇太子刘据逃出城去，向东跑了三百里，到了湖县，身边只有两个皇孙跟随。湖县在今河南省灵宝市西北一带。湖县泉鸠里有户人家收留了他们，但主人家贫寒，靠织卖草鞋奉养皇太子。

皇太子不忍连累主人受苦，想去找一个富有的朋友，不料走漏了消息，县令李寿带兵包围了那户人家。皇太子知道跑不掉了，关上门后上吊自杀。兵卒张富昌一脚把门踢开，第一个冲进屋去，杀死了那家主人，接着又杀害了两个皇孙。

皇太子之事尘埃落定之后，汉武帝大封有功之臣。跟随刘屈氂打败皇太子的莽通、景建、商丘成三人被封侯；杀死皇太子和皇孙的李寿、张富昌也被封侯，其他有功人员被一一封赏。

汉武帝一面封赏，一面心里也觉得别扭。别人杀死了自己的骨肉，他却要表彰奖励人家，雄才大略的汉武帝，干的这叫什么事啊?!

汉武帝晚年忏悔

巫蛊之祸，对汉武帝打击很大。汉武帝也是人，何况当时已经六十六岁高龄了，老年丧子，很难说他不心疼，特别是后来查明了皇太子的冤情，汉武帝更是追悔莫及。他由此开始反省忏悔自己的错误，决心改弦更张，停止了对外用兵，减轻百姓负担，致力于发展经济。汉武帝知错能改，还是让人佩服的。

《汉书》记载，汉武帝对皇太子刘据，以前还是不错的。他二十九岁的时候，才有了儿子，异常欣喜，专门修建庙宇祭拜神灵，又让朝中大臣作赋祝贺。刘据少年时，请了贤臣石庆当他的老师，石庆死后，又让石庆的儿子石德教他。刘据仁慈，常劝父亲不要征伐四方。武帝笑着说："我来干这些苦事情，将来你就安逸了，不是挺好吗？"

后来，卫青去世，卫皇后失宠，一些不怀好意的人开始诬陷皇太子。有一次，苏文报告武帝，说皇太子调戏宫女。武帝没有查问此事，而是一下子给太子宫增添了二百名宫女。又有一次，武帝生病，派太监常融去召太子。常融回来说："太子面带喜色。"一会儿，太子来了，武帝仔细观察，见他眼圈发红，脸上有泪痕，知道是太监捣鬼，一怒之下，把常融斩了。

汉武帝虽然觉得太子有点软弱，不如自己刚强，但认为太子仁孝宽厚，在几个儿子中是最好的，根本没有更换太子的想法。所以，当汉武帝听说儿子造反的时候，并不相信，反而笑着说："太子肯定是害怕了，他与江充有嫌隙，所以发生这样的变故。"武帝派了一名使者，去召太子。

如果此时太子见到父亲，说明缘由，就不会发生后面的惨剧了。

可是，那个该死的使者，因胆怯没敢进城，回来却对武帝撒谎说："太子不来，还要杀我。"那使者大概也是江充一伙的。汉武帝这才相信了，勃然大怒，发兵镇压。可见，小人物有时会坏大事的。这个情节，《汉书》没有记载，是司马光在《资治通鉴》中说的。

汉武帝并不是昏庸之辈，巫蛊之祸不久，他就大体上知道了真相，太子起兵是为了自保，并不是真的造反。汉武帝深感后悔和自责，但大错已经铸成，有什么理由为太子开脱平反呢？恰在这时，负责看守刘邦陵园的郎官田千秋上书，为太子鸣冤。

田千秋的奏书很艺术，说他夜里做梦，梦见一位白发老者，老者说太子是冤枉的，让武帝为太子昭雪。汉武帝心领神会，马上召见了田千秋，说："您梦见的那位老者，一定是高祖皇帝。高祖皇帝派您来指教我，您应当担任我的辅佐大臣。"于是，汉武帝立即拜田千秋为大鸿胪，当上了九卿高官。

既然刘邦发了话，汉武帝就师出有名了，他立即组织人员，对巫蛊之事进行彻查。结果真相大白，不仅太子是被栽赃陷害的，其他受害者大多也是冤枉的。江充，这个被汉武帝认为的天下第一大忠臣，一下子变成了天下第一大奸臣。

汉武帝气炸了肺，像一头被激怒的雄狮，在宫中来回咆哮。他咬牙切齿，下令把江充三族全部杀光。三族罪，早在吕后时期就废除了，现在武帝又用在了江充身上，足见对其恨之入骨。汉武帝还不解恨，仿照太子的做法，把江充召来的巫师全部用火烧死，还把曾经诬陷过太子的苏文，也烧死在横桥上。

后来，汉武帝看见杀害太子而被封侯的那些人，心中憎恶，找借口把莽通、商丘成、李寿、张富昌等人全部处死了，丞相刘屈氂也被腰斩，似乎这样做，算是为太子报了仇。这就有点过分了，因为太子之死的罪魁祸首，正是汉武帝自己。

太子死后，汉武帝见其他几个成年儿子都不顺眼，幼子刘弗陵还是孩童，他千辛万苦拓展的大好江山，谁来继承呢？汉武帝痛心儿子无辜遇害，同时担心后继无人，思念太子之情日益浓重。于是，他专门修建了一座思子宫，以寄托哀思。

后来，汉武帝又在太子殉难的湖县，修建了一座高大的望子台。汉武帝经常登台远望，幻想着儿子能够归来。武帝在高台之上，一待就是半天，老泪纵横，泣不成声，悔恨万分。天下人听说此事以后，对汉武帝又气又怜。早知今日，何必当初呢?!

汉武帝腰斩了刘屈氂，任命田千秋当丞相，封为富民侯。从封号上看，汉武帝是想改变穷兵黩武的政策，开始关注民生了。田千秋为人敦厚，富有智谋，当丞相很称职。他向汉武帝提了许多好的建议，劝武帝广施恩惠，减轻刑罚，发展生产，关心百姓，汉武帝都接受了。

汉武帝对太子之死痛彻心扉，悔恨不已，由此也深刻反省自己过去的错误。由于多年用兵，"文景之治"积累的财富耗费殆尽，国库空虚，民众负担沉重，汉武帝深为自责。就在这时，大臣桑弘羊等人上书，建议在西域轮台地区驻兵屯田。这对于控制巩固西域，是十分有利的，如果在从前，武帝肯定会欣然接受，但现在，汉武帝要息兵养民了。于是，汉武帝颁布了著名的《轮台诏》，断然否决了桑弘羊等人的提议，借机表明，以后再也不干这种劳民伤财、加重民众负担的事了。汉武帝强调说，当今政事，最要紧的是"禁苛暴，止擅赋，力本农"。

汉武帝还在诏书中公开检讨自己的错误，说："过去，朕之不明，任意用兵，士兵或死、或被俘、或逃散，此悲此痛，时常萦绕在朕心中。如果在遥远的轮台屯田，会使天下人受惊和劳累，现在朕再也不忍心做这种事了。当今之事，要致力于禁止苛刻残暴，制止对百姓敲诈，努力发展农耕。"

汉武帝是历史上第一位勇于做自我批评的皇帝，精神可嘉。后人将《轮台诏》称为"轮台罪己诏"。也有人认为，汉武帝的自我批评，仅是从伐车师、苦边卒两个方面，是不彻底的。依笔者看来，一生自以为是的强势皇帝，能公开说出"朕之不明"，也是相当不容易的。

汉武帝为了纠正自己的错误，下令停止了对匈奴的军事行动，表明与民休息。他把长期为他祈求长生不老的方士，统统遣散。他把工作重心，转移到农耕生产上，减轻徭役，推广代田法和先进农具。

《汉书》记载，汉武帝还亲自"耕于钜定"。钜定故城，在今山东省广饶县一带。当时，汉武帝已年近七旬，亲自耕作，大概只是摆摆样子，但表明了汉武帝重视农耕生产的态度，具有积极的导向意义。

汉武帝毕竟年事已高，没等他系统修正自己的错误就死了。公元前87年，汉武帝病逝于五柞宫，走完了他七十年不平凡的人生旅途。

汉武帝逝世以后，继承者会实行什么样的治国政策呢？西汉王朝会走向何方？

霍光辅佐汉昭帝

霍光，是霍去病同父异母的弟弟，西汉著名政治家。他在武帝身边侍奉二十多年，从未出过差错。汉武帝在临终之时，把八岁的儿子刘弗陵托付于他。

霍光不负重托，忠实执行武帝晚年的政策，保持了西汉王朝的稳固和发展，开创了"昭宣中兴"。由于汉昭帝尚未亲政就死了，所以，在汉昭帝时期，实际上是霍光执政。

《汉书》记载，汉武帝的太子刘据死了不久，五子刘髆也病死了，次子刘闳死得更早，这样，汉武帝就只剩下三个儿子了。三子刘旦和四子刘胥，都有很多过失，武帝不喜欢，于是，决定把皇位传给六子刘弗陵。

刘弗陵年幼，需要大臣辅佐。霍光在武帝身边多年，忠诚可靠，宽厚稳重，虑事严谨周密，深受宠信。汉武帝想把幼子托付给他，便让画师画了一幅画，上面画着周公背着成王，接受诸侯朝拜，汉武帝把它赐给了霍光。霍光当然明白，但辅政大臣是那么好当的吗？周公是周成王的亲叔叔，又德高望重，尚且招来许多非议，出了乱子。所以，霍光心中忐忑不安。

等到汉武帝病情加重，卧床不起，即将撒手西归的时候，霍光鼓了鼓勇气，流着泪问武帝："陛下如有不幸，谁来继承皇位呢？"汉武帝两眼盯着霍光，深情地说："先生难道不明白朕赐给您这幅画的意思吗？立朕的小儿子，希望先生能像周公那样，精心辅佐幼主。"霍光叩头推辞说："皇恩浩荡，臣怕担当不起，不如金日磾合适。"金日磾当时也在武帝身边侍候，急忙叩头说："臣是外国人，不合适。陛下英明，只有霍光能担此重任。"

汉武帝下诏，任命霍光为大司马大将军，金日磾为车骑将军，上官桀为左将军，桑弘羊为御史大夫。命四人作为辅政大臣，以霍光为首，共同辅佐幼主。第二天，武帝去世，刘弗陵继位，被称为汉昭帝，国家大事统统由霍光代为决断。

《汉书》说，霍光身高七尺三寸，皮肤白皙，眉清目秀，胡须很美。霍光为人沉着稳重，处事审慎周密。他每次出入宫门，上下殿阶，停走都有固定的位置，有人暗中观察，发现每次都不差分寸。霍光就是这样严谨，一丝不苟，处理政务也是严肃认真，有条不紊。皇帝年幼，朝中一切政令，都由霍光颁布。

当时霍光接手的，是一个烂摊子。由于汉武帝好大喜功，穷兵黩武，致使国力空虚，财政困难。汉武帝喜欢严刑峻法，加上沉重的赋税徭役，人民不堪重负，社会矛盾加剧，出现了"海内虚耗、户口减半"的局面。民众为躲避严刑重赋，大规模地流徙、逃亡，甚至聚众造反，社会动荡不安。皇室内部，明争暗斗不断，也不稳定。好在汉武帝在晚年的时候，认识并开始修正自己的错误，临终前嘱咐霍光，要改变以往的国策，让人民得到休息。

霍光牢记汉武帝的嘱托，重新实行文景二帝时期"减徭薄赋，与民休息"的基本国策。朝廷多次下令，减免各种徭役和赋税，特别是大幅度减少民众负担最重的人口税，遏止了人口流徙，百姓能够稳定下来，专心搞农耕生产。汉武帝为了战争需要，曾制定过许多苛捐杂税，霍光下令多数予以免除。朝廷还把一部分公田，分给无地的贫民耕种。民众遇到困难时，政府贷给他们种子、农具和口粮。霍光通过采取一系列的经济政策，使空虚的国力得以恢复，百姓的生产生活条件得到改善。

由于汉武帝统治长达五十四年之久，他的那套政策，已被各级官吏所习惯，所以，要想改正过来，并非易事。为了统一思想，推行新政，霍光在主政六年之后，召开了一次历史上著名的盐铁会议。

盐铁会议名义上是讨论盐铁专营，实际上是对武帝时期的各项政策进行评价，研究国家的现行政策。为了开好这次会议，霍光从民间精心挑选了"贤良方正"之士六十多人，与朝廷官员共同讨论国家大事。这些贤士属于民间知名人士，他们了解民众疾苦，一致反对盐铁专营，认为盐、铁、酒等商品由政府专营，不仅阻碍了经济发展，还产生了官商和腐败，纷纷要求取消这些政策。以桑弘羊为首的一批官吏，正是这些政策的拟定者，所以极力反对。双方唇枪舌剑，展开了大辩论，场面热烈而壮观。同时，贤士们还对武帝时期的其他政策提出了批评，对今后实行什么样的国策提出了建议。

盐铁会议开了足足五个月，产生了重大影响，颇有点拨乱反正、实行工作重心转移的味道。会后，霍光宣布取消酒类专卖和部分地区的铁器专卖，并给六十多名贤士封了列大夫的官爵，让他们继续活跃在政坛上，有力地推动了经济社会发展，为"昭宣中兴"奠定了基础。

在政治上，霍光坚持"行仁政，以德治国"，先后四次察举贤良，提拔大批优秀知识分子进入各级政府。霍光重视吏治，严肃查处官吏失职行为。霍光关注民生，经常派人了解民间疾苦，及时平反冤假错案。霍光也不乏强硬手段，挫败了燕王刘旦和上官桀等人的谋反活动，处置了纵容反叛的官吏，巩固了自己的执政地位。

在外交上，霍光采用了软硬两手。一方面，加强北方戎防，多次击败进犯的匈奴、乌桓等；另一方面，重新与匈奴和亲，努力改善关系，避免扩大战争。在西域问题上，霍光也用了打、拉两手，斩杀楼兰王，问责大宛，不断派使者出使西域，恩威并施，使西域各国宾服。对西南之地，霍光则采取安抚政策，稳定了西南局势。

霍光虽然大权在握，但对汉昭帝十分恭敬。汉昭帝虽然年少，却极其聪明，他不受别人挑拨，高度信任和全力支持霍光，使霍光能够充分发挥才能，医治了武帝遗留下来的后遗症，缓和了社会矛盾，西汉王朝得以稳固发展。班固在《汉书》中高度评价这一时期，"百姓充实，四夷宾服"。

霍光在执政道路上并不平坦。他长期在武帝身边服务，没有立过功劳。汉武帝对他很了解，但他的才能，外人知道的不多。所以，他当辅政大臣，许多人并不服气。在他执政期间，出现过重大危机。他的亲家、女婿联合燕王等人，密谋叛乱。对这一棘手问题，霍光该如何应对呢？

翁婿亲不如父子亲

一般来说，翁婿关系是亲密的，但再亲密，也抵不过父子关系。在四位辅政大臣中，霍光与桑弘羊政见不和，却与上官桀是儿女亲家。金日磾死了之后，霍光让女婿上官安顶替了他的位置，桑弘羊似乎被孤立了。但没有想到的是，上官桀素有野心，想取代霍光，上官安帮助了父亲。父子俩联合桑弘羊和其他人，图谋叛乱，霍光倒被孤立了，他遇到了前所未有的危机。

《汉书》记载，汉武帝对霍光看得很准，对上官桀却看走了眼。上官桀貌似忠诚，内心奸诈。他年轻的时候，给汉武帝养马。有一次，武帝病了一段时间，上官桀偷懒，没有尽心饲养。汉武帝病好后，发现马瘦了一圈，发怒要治他的罪。上官桀赶紧趴下磕头，说："皇上病了，臣日夜担心，寝食不安，就没有心情养马了。"说着，大串的泪珠滚了下来。汉武帝认为他对自己很忠心，不仅没有处罚，反而让他做了侍中。上官桀富有心计，能说会道，受到武帝宠信，逐渐升为太仆，成为九卿高官。武帝临终时，任命他为左将军，让他当上了辅政大臣。

上官桀原先的官职比霍光高，霍光作为首辅，他心里很不服气，但并不表现出来。他的儿子上官安，娶了霍光的长女为妻，两家结为姻亲，关系亲密。霍光休假或者外出时，常让上官桀代他处理政事。后来，金日磾死了，上官桀想让儿子顶替他的职务，霍光认为不是外人，就同意了，任命上官安为车骑将军，共同辅政。

上官桀见四个辅政大臣中，他父子俩就占了一半，再拉上与霍光不和的桑弘羊，就可以扳倒霍光，自己取而代之。上官桀与儿子一商量，上官安认为岳父当权，不如父亲当权好，自然就站到了父亲一边。上官桀父子俩觉得，霍光手握大权，光凭他们几个，恐怕没有把握，便决定再联络鄂邑盖主和燕王刘旦。

鄂邑盖主，是汉武帝的长女，被封为鄂邑长公主，因嫁给盖侯为妻，又称为盖主。武帝杀了钩弋夫人以后，把刘弗陵交给她抚养，盖主对汉昭帝有养育之恩。盖主淫荡，有一个叫丁外人的情人。上官桀父子知道这事后，对盖主大献殷勤，说要给丁外人封个侯，或者弄个官当，盖主当然乐意。上官桀把这意思向霍光一说，霍光表示反对，说不符合国家制度。

其实，上官桀父子心里很清楚，霍光原则性很强，是不会同意的，他们只不过是以此拉拢盖主而已。盖主当时很有权势，特别在昭帝面前说话很有分量。上官安有个女儿，只有六岁，想给昭帝当皇后，霍光觉得外孙女太小，不同意，上官桀父子就通过盖主，把这事办成了。盖主见霍光阻止自己的好事，心生怨恨，便与上官桀父子结成了反霍联盟。

上官桀父子搞定了盖主，又去联络燕王刘旦。燕王刘旦，是汉武帝的第三子。他为人骄横，利口善辩，喜欢招揽武士，野心勃勃。太子刘据死了以后，他认为按排行应该当太子了，便迫不及待地向汉武帝上书，要求回去侍奉父亲。汉武帝当然明白他是什么意思，十分生气，把使者关进监狱，把刘旦训斥一顿。后来，刘旦因为窝藏逃犯，封地被削去三个县，武帝更不喜欢他了。武帝死后，刘旦没想到由一个小孩子接了班，大权落在霍光手里，心中恼恨，想要谋反。要谋反必须先干掉霍光，所以，他与上官桀父子一拍即合。这几个人联合起来，力量是很强大的，霍光似乎厄运难逃了。

当时，汉昭帝已经十四岁了，虽未亲政，但可以处理事情了。上官桀父子与盖主密谋，以燕王刘旦的名义上书，告发霍光在视察羽林军练兵时，擅自使用皇帝的礼仪，有僭越之罪；私自调校尉到自己府中，图谋不轨，另外，还告了霍光其他一些罪状。

上官桀父子的如意算盘是，燕王上书，昭帝肯定重视，盖主再从中煽风点火，只要昭帝一批复，或者一点头，他们事先准备好的武士，立即就把霍光抓起来。奏书送上去了，昭帝果然重视，反复看了好几遍，但不肯批示。盖主在一旁反复劝说，昭帝始终没有态度。

第二天一早，霍光听说了这件事，感到事态严重，就停在殿前的画室中，没有进去朝拜。汉昭帝问道："大将军在哪里？"上官桀抢先答道："霍光自知有罪，不敢进来。"昭帝传旨请大将军进殿。霍光进来后，取下官帽，叩头请罪。

汉昭帝说："大将军请起，您没有罪。朕知道这封奏书是假的，是有人陷害您。"此话一出，众人愕然。霍光急忙问道："陛下怎么知道是假的？"汉昭帝不慌不忙地说："大将军视察练兵，是近日的事，燕王怎么会知道呢？燕地离京城遥远，奏书不可能这么快就送到。再说，大将军如果有异心，调一校尉有多大用处呢？"

上官桀父子面面相觑，他们小看了汉昭帝，没想到他如此聪明。汉昭帝把脸一沉，严厉地说："大将军是忠臣，是先帝托付来辅佐朕的，谁敢诬蔑他，朕就治谁的罪，决不轻饶。"汉昭帝心里清楚是谁在捣鬼，不便深究，但从此疏远了盖主和上官桀父子，霍光也警觉起来。

上官桀父子等人见阴谋没有得逞，反而引起皇帝和霍光的怀疑，生怕处境危险，干脆一不做二不休，密谋废掉昭帝，杀死霍光，让刘旦当皇帝。上官桀利欲熏心，私下里还有更深层的阴谋，打算事成之后，自己当皇帝，上官安做太子。有人问："皇后怎么办呢？"皇后是上官安的女儿，上官安居然丝毫没有父女之情，不屑一顾地说："追逐麋鹿的猎狗，哪里还顾得上小兔子。"

霍光本是精细之人，又经过上次事件，早已万分警惕，做好了各种准备，上官桀父子等人还没行动，就被霍光发现了。霍光奏明昭帝，下令诛杀了上官桀、上官安、桑弘羊以及盖主的情人丁外人等人。盖主、燕王见阴谋败露，都自杀了。皇后年小，又是霍光的外孙女，没有被祸及。从此，汉昭帝对霍光更加倚重，甚至成年之后，也没有亲政，而是把国家大事，全部委托给了霍光。当然，也有学者认为，霍光独揽大权，不愿归政于昭帝。

霍光对汉朝皇室忠心耿耿，但也有私心。他为了让自己的外孙女获得专宠，生下皇子，就限制汉昭帝与别的女人接触。为此，他发明了"穷绔"，是一种有前后裆、系带很多的内裤，不方便解开，让宫女都穿上它，防止昭帝与宫女发生关系。结果，皇后因为年龄小，未能生育，宫中其他女人也没有机会生育，致使汉昭帝绝后，没有子女。

汉昭帝聪明智慧，可惜寿命不长，只活了二十一岁就死了。有人说是霍光害死的，但史书没有记载，也无证据。依笔者看来，可能性不大。霍光与汉昭帝关系一直很好，没有矛盾。特别是，霍光如果想要继续专权，肯定会立个年龄小的，便于控制，可他后来立的两个皇帝，都是二十岁左右的成年人，与汉昭帝年龄差不多。所以，霍光没有害死昭帝的动机和必要。

汉昭帝死了，没有儿子，谁来继承皇位呢？这道难题，又摆在了霍光面前。

乐极生悲的废帝刘贺

有个成语，叫作乐极生悲，意思是说，人在高兴到极点的时候，发生悲痛的事情，昌邑王刘贺就是这样。他听说自己要当皇帝了，兴奋得手舞足蹈，忘乎所以，干了许多荒唐事，结果只当了二十七天就被废了，史称汉废帝。刘贺被废后，王也当不成了，被降为侯，好事瞬间就变成了坏事。

《汉书》记载，昭帝去世后，武帝的六个儿子中，只剩下广陵王刘胥一人了，众大臣都主张立他为帝。刘胥是汉武帝第四子，与三子刘旦是同母的亲兄弟。刘胥身材高大，体魄健壮，力能扛鼎，敢于空手与熊、野猪等猛兽搏斗，但行为没有法度，武帝不喜欢他。霍光以此为理由，否定了刘胥，提议由武帝的孙子刘贺继位。霍光请皇太后下了诏令，让刘贺入京参加昭帝葬礼，准备接班。

刘贺的父亲叫刘髆，是武帝宠爱的李夫人所生，被封为昌邑王。昌邑在今山东省菏泽市巨野县一带。在刘贺四五岁的时候，父亲死了，他继承了王位。刘贺孩童时期就当了王，无人能够约束，养成了我行我素、贪玩放纵的性格。十多岁的时候，常常和一些纨绔少年混在一起，吃喝玩乐，驯狗斗鸡，好不快活。

郎中令龚遂时常规劝他，劝他远离小人，亲近君子。龚遂引经据典，用一些亡国的教训教育他，讲到动情处，龚遂泪流满面，低声哭泣。刘贺被感动了，说："郎中令别哭了，我听话就是了。"于是，龚遂把那些纨绔少年赶走，找了十个品行端正的君子，陪着刘贺读书。可是，刘贺控制不住贪玩的个性，没过几天，又偷跑出去与纨绔少年斗鸡去了。

刘贺成年后，酷爱骑马游玩，常常飞马奔驰，不到半天就能跑出二百多里地。昌邑中尉王吉劝谏他，要他好好读书，不能贪玩。刘贺知道这是为他好，下令说："王吉忠心耿耿，多次指正我的过失。因此，赐给王吉牛肉五百斤，酒五石。"但刘贺自制能力很差，管不住自己，没过几天，又放纵如常了。

刘贺得到让他入京当皇帝的消息，喜出望外，高兴得活蹦乱跳，大呼小叫，立即安排人马，当天出发，下午就赶到了定陶，一口气跑出去一百三十五里路。王府里的官吏、仆人，几乎全都跟着去了，接近三百人。刘贺兴奋异常，快马加鞭，疾驰如飞。他的马好，其他人的马跟不上，接连不断地累死在道上。结果，有五十多人跟不上，只好又回昌邑去了。

王吉一边打马紧跟，一边气喘吁吁地叮嘱刘贺，说："大王您因丧事被召入宫，应该日夜悲哀哭泣，千万不要表现出高兴的样子来。大将军霍光辅佐幼主，安定天下，其忠诚功德，天下无人不知，即使周公、伊尹也不过如此。如今又提拔迎立大王为君，其仁爱恩德无可比拟啊。希望大王侍奉他、敬重他，凡事都听他的。您只要面南称君就可以了，千万不要有其他举动。"王吉的话，真是金口玉言、苦口婆心啊！可惜，此时的刘贺，满脑子都是皇位，浑身的细胞，都充满了喜悦，根本就没有听进去。

从昌邑到长安，有千里之遥，刘贺没几天就赶到了。大臣都在城外迎接，龚遂悄悄地对刘贺说："按照礼仪，奔丧的人看见国都，应该痛哭致哀。"刘贺却说："我咽喉疼，哭不了。"刘贺进了城，来到皇宫门前。龚遂严肃地说："到这里，必须得哭了！"刘贺只好下车，干号了几声，没有眼泪。进入皇宫，刘贺接受了皇帝印玺，承袭了皇帝尊号。

刘贺当皇帝，是以汉昭帝继子的身份。刘贺与昭帝年龄差不多，比继母皇太后还大三岁，心里不乐意，所以，列祖列宗的祭庙还没有举行，刘贺就制作玺书，派使者拿着符节，用太牢大礼，去祭祀父亲刘髆的陵园宗庙，自称嗣子皇帝。这自然引起霍光和皇太后等人的不满。

刘贺作为昭帝的继子，要为昭帝守孝，应该悲哀节欲，可刘贺满心欢喜，怎么也装不出悲哀的样子来。按照礼仪，守孝期间只能吃素，刘贺大鱼大肉吃惯了，馋得受不了，就私下买鸡和肉来吃。刘贺带来的二百多人进了皇宫，个个兴高采烈，刘贺常与他们说笑玩耍。昭帝的灵柩还停放在前殿，刘贺就叫人取出乐器，把乐人引进宫来，击鼓歌唱，他自己扮成戏子，吹奏乐器。等到昭帝灵柩下葬返回，刘贺就到前殿敲打钟磬，演奏各种音乐。刘贺驾着皇帝出行专用的马车，在宫中乱跑，与昭帝嫔妃嬉笑娱乐，与宫女行淫乱之事。刘贺还派出使者，拿着符节，向各个官署下达诏令，征索物品，共有一千一百二十七起。

刘贺任性放纵，失去帝王礼仪，破坏朝廷制度，大臣都不满意了。大臣杨敞、夏侯胜、傅嘉等人，几次进言规劝。刘贺不听，反而把傅嘉关进监牢。

刘贺把带来的昌邑国国相安乐，任命为长乐宫卫尉。长乐宫是皇太后住的宫殿。龚遂见刘贺如此放纵，十分担心，流着泪对安乐说："大王立为天子以来，一天比一天骄横，不再听别人劝谏。如今还在服丧守孝，就天天同亲信臣僚饮酒作乐，不是斗虎豹，就是驾车乱跑，车上还插着九条飘带的大旗。大王的所作所为，违背正道，怕惹来祸端。您过去是大王的国相，应该直言规劝啊！"

霍光见刘贺闹得不像话，便与亲信大臣田延年、张安世等人商量，决定废了他。霍光在未央宫召集群臣，说："昌邑王行为昏乱，恐怕要危害国家，怎么办？"群臣惊愕，都变了脸色，没人敢开口说话。田延年离开席位，手按剑柄，厉声说道："先帝把大汉天下委托给大将军，是因为您忠诚而贤能。如果天下倾覆，将军有何面目在地下见先帝呢？如今之事，全凭大将军做主。谁敢不服从，我就一剑杀了他。"群臣全都趴在地上，叩头说："一切听从大将军的命令。"

霍光立即带领群臣，一起去见皇太后，列举了刘贺种种罪状，请求废除他的皇帝尊号。皇太后只是一个十五六岁的小女孩，又是霍光的外孙女，自然一切都听姥爷的。

皇太后坐车驾临未央宫，身披珍珠短袄，盛妆坐于武帐中，几百名武士手执刀戟，排列于殿下。众大臣依次进殿站定，召刘贺进殿。刘贺一进来，武士就关上门，把他的随从挡在门外。刘贺一见这阵势，知道不妙，伏在殿前听诏。皇太后宣布废除刘贺皇位，把他送回昌邑，赐给他私邑二千户，昌邑的国号也取消了。

此时，刘贺既没有惊慌，也没有哭闹，反倒表现出一些风度来。他说："孔子说过，天子只要有七个诤臣，即使无道，也不会失去天下。"然后，向西拜了一拜，自嘲说："我又笨又傻，干不了朝廷的事。"说完，起身上了天子乘坐的副车，回昌邑去了。刘贺带来的那二百多人，却没能回去，全被霍光杀了，只留下了龚遂和王吉。后来，两人都做了朝廷大官。

那二百多人被杀时，一起大叫："当断不断，反受其乱。"《汉书》记载了这个细节，似乎寓示着刘贺被废还有更深层的原因。有学者认为，刘贺虽然行为不端，但无大恶。他被废的根本原因，是他想扳倒霍光，自己独揽大权。那刘贺就太幼稚了，完全被从天而降的大喜事冲昏了头脑，乐极生悲也就是必然的了。

后来，汉宣帝登基，封刘贺为海昏侯。海昏在今江西南昌一带。刘贺活了三十三岁，死在那里。2011年发现了海昏侯墓，出土了九千多件文物，价值巨大。2016年，经专家论证，确认那就是刘贺的墓葬。

刘贺以兼有帝、王、侯三重身份而闻名于世。刘贺只当了二十七天皇帝的经历告诫人们：越是遇有大事、喜事，越要沉着冷静，千万不能忘乎所以。

接替刘贺皇位的是汉宣帝，汉宣帝就做到了这一点，所以，汉宣帝取得成功，成为中兴之主。

中兴之主汉宣帝

刘贺被废了，谁来当皇帝？汉武帝的子孙本来不多，贤者更少，霍光最后选中了武帝的曾孙、十八岁的刘询为帝，被称为汉孝宣帝。汉宣帝与刘贺的做法截然相反，登基之初，十分尊敬倚重霍光；霍光死后，他大显身手，施展才能，把西汉王朝再次推向兴盛，史称"昭宣中兴"或"孝宣中兴"。

《汉书》记载，汉宣帝身世坎坷，富有传奇色彩。他原名叫刘病已，后来改为刘询。刘询是太子刘据的孙子，巫蛊之祸的时候，他的爷爷奶奶、父亲母亲全被杀死。当时刘询只是个婴儿，也被投入监狱，成了历史上最小的囚犯。

大概是上天垂怜，刘询在狱中遇见一个贵人，名叫丙吉。丙吉是鲁国人，宅心仁厚，他以廷尉属官的身份，奉诏到狱中，追查巫蛊之事。他见刘询幼小，无人照顾，甚是可怜，就挑了几个厚道细心的女犯人，命她们养育保护婴儿。刘询体弱多病，几次面临死亡。丙吉自己拿钱，为他请医治病，还时常买些营养品。如果没有丙吉，刘询早就饿死或病死了。

后来，有方士说，长安监狱中有天子之气。汉武帝下令，把狱中犯人一律杀掉，派郭穰前去执行。丙吉却紧闭大门，不让郭穰进去。郭穰气急败坏，回去弹劾丙吉，这可是抗旨的大罪啊！不知是武帝良心发现，还是别的什么原因，此事并未追究，刘询又躲过一劫。丙吉做的这些事，从不对别人说，汉宣帝是在很久以后，才偶然知道的。

后来，遇上大赦，丙吉把刘询送到他祖母史良娣的娘家。汉武帝临终前，下诏将刘询录入皇家宗谱，并收养于掖庭。掖庭，位于皇宫附近，是宫女居住和罪犯家属劳动的地方。在这里，刘询又遇到一位贵人，名字叫张贺。

张贺是张汤之子，曾是太子刘据的宾客，也有人说他是刘据的家臣或部下，因巫蛊之事牵连，受了宫刑，此时担任掖庭令。张贺见到故人之孙，心中伤感，对刘询悉心照顾，还出钱供他读书。张贺没有等到刘询称帝就死了，刘询感激他的恩惠，追封他为恩德侯。

刘询身世坎坷，自幼受苦，长期流落民间，深知百姓疾苦，他又勤奋好学，自强不息，品行端正，慈爱仁义，这为他推动西汉中兴，成为一代明君，打下了良好基础。

丙吉后来得到霍光信任，入朝做官。霍光挑选皇帝的时候，丙吉推举了刘询。太仆杜延年曾是霍光的下属，很受霍光信任。杜延年因儿子与刘询是朋友，也推举了刘询。霍光见两个心腹推荐，便奏明皇太后，先封刘询为阳武侯，然后即皇帝位。刘询仍作为汉昭帝的继子，继续尊昭帝皇后为皇太后，封结发妻子许平君为皇后，霍光仍然辅政。

汉宣帝登基半年之后，霍光向宣帝叩请还政于君。当时汉宣帝已经成年，完全可以亲政了，可宣帝比刘贺聪明多了，他再三谦让，坚决不肯，说自己年轻没经验，还需要依靠大将军。汉宣帝要求群臣，一切政事先报告大将军，再奏报自己。凡是霍光所奏之事，宣帝一律批准。这样，霍光又尽心尽职地辅佐了几年。

在此期间，汉宣帝对霍光无比恭敬，宠信至极。不过，宣帝与霍光在一起的时候，总是感到"芒刺在背"，十分小心谨慎；而与其他大臣在一起的时候，则浑身轻松，谈笑自如。有人发现了这种情况，觉得霍光功高震主，不是好事。这个时候，霍光的妻子干了一件蠢事，她想让自己的女儿当皇后，竟然毒死了皇后许平君。汉宣帝也许不知道，也许知道了隐忍不发。

汉宣帝登基五年之后，霍光终于死了。汉宣帝以皇帝的规格，隆重安葬了他，并对霍氏子孙加官晋爵，任命霍山领尚书事，总揽朝政，霍氏一门尽显荣耀。不过，宣帝要求群臣，今后一切政事，均要直接奏报皇帝。宣帝五天一听事，并亲自考核丞相以下各署的政绩与能力。同时，调整朝廷机构，完善人员配置，把权力抓到自己手中。两年后，汉宣帝查明皇后被害一案，灭了霍氏家族，清除了朝中霍氏势力，牢牢控制了朝廷大权。此后，汉宣帝大刀阔斧地施展自己的政治抱负和治国才能，推动西汉王朝再次强盛。

汉宣帝知道，任何事情，都是靠人干出来的，所以，他首先要做的，是选拔人才，整饬吏治，加强考核。他特别重视地方官吏的选拔，郡守一级官员的任用，他都要亲自召见谈话，询问治理地方的办法。龚遂是有名的良吏，虽然已经七十多岁了，汉宣帝依然任命他为渤海太守，结果治理得很好。对地方官吏，汉宣帝实行"久任制"，不轻易调整变动，每年进行考核，根据政绩，在俸禄上给予奖惩。史书称宣帝时期，是"良吏最盛"。

汉宣帝兴于民间，深知民间疾苦，坚决惩治不法官吏和豪强恶霸，严查欺压百姓的案件。宣帝三次颁发诏书，把"赀百万以上者"的豪强徙往平陵、杜陵等地，而后将他们的土地，分给无地贫民，颇有点"劫富济贫"的意味。汉宣帝曾遭受过冤狱之灾，他对苛法冤狱深恶痛绝，下令废除一批严刑峻法，平理冤狱。他制定了刑狱的评审复核办法，从制度上防止冤狱发生。

在经济上，汉宣帝继续实行轻徭薄赋、与民休息的基本国策。同时，调整经济政策，整顿工商业。宣帝规定，凡是受灾的地方，免除三年租赋。宣帝下令，降低一直很高的盐价，减轻百姓负担。汉宣帝特别重视农耕生产，派出"劝农使"，巡视全国各地，指导农业生产。汉宣帝还设立了常平仓，增加粮食储备，调节粮价，防止"谷贱伤民"或"谷贵伤民"。汉宣帝时期，创造了西汉谷价最低水平。

在军事上，汉宣帝也有很多建树。汉武帝时期，奠定了汉强匈弱的格局，但经过十几年的恢复，匈奴声势复振，频频袭扰汉朝边界。汉宣帝果断派出十六万大军，加上盟友乌孙五万骑兵，打得匈奴骑兵生还者不到十分之一，一战降服匈奴，呼韩邪单于第一次亲自到长安求和。"匈奴款塞，单于来朝"成为宣帝时期的一大盛事。

汉宣帝的一大功绩，是彻底征服了西域，设立了西域都护府，西域正式归汉朝管辖。从此以后，天山南山的广袤之地，属于中华之疆土，这是中华史上一个划时代的大事件。

汉宣帝是历史上有名的贤君、明君，也是一位雄才大略的皇帝。在他的治理下，全国政治清明，社会和谐，经济繁荣，四夷宾服，百姓安居乐业。所谓"昭宣中兴"，是霍光打下了基础，主要是宣帝完成的。

汉宣帝为西汉王朝的发展，做出了突出贡献。他的成功，很大程度上得益于受过苦难，兴于民间。

历史经验表明：凡是有作为的皇帝，大都吃过苦，经历过磨难，对社会和民情有着切身体验。不仅是皇帝，普通人也是如此。所以说，苦难是一笔宝贵的财富。

汉宣帝"故剑情深"

汉宣帝不仅是一位雄才大略的皇帝，也是一个情深义重的好男人。过去的封建帝王，嫔妃成群，女人无数，大多都是薄情寡义、喜新厌旧之人，而汉宣帝却对卑微时的结发妻子不离不弃，真是难能可贵。人们把它写成诗歌，编成戏曲，广为传颂，这便使人们知道了"故剑情深"的典故。

《汉书》记载，汉宣帝的结发妻子，叫许平君。许平君是昌邑人，昌邑在今山东省菏泽市巨野县一带。许平君的父亲叫许广汉，年轻时当过皇室的侍从官。有一次，许广汉随武帝出游，误把别人的马鞍放到自己的马背上，被定作盗窃，判处死刑。就因为这点小失误，就判其死罪，可见武帝时期法律之严苛。当时有规定，判死刑后可以自己选择，或者拿钱赎罪，或者以宫刑代替。许广汉没有钱，无奈接受了宫刑，做了宦者丞，就是宦官。

霍光执政期间，许广汉奉命搜查上官桀谋反的证据，他没有找到，却被其他官吏找到了。许广汉因搜查不力，又一次获罪，被贬到掖庭当差，成了张贺的下属。许广汉真够倒霉的。

掖庭令张贺，原是太子刘据的宾客，也有人说是刘据的家臣或部下。张贺受巫蛊之祸牵连，遭受宫刑，与许广汉同病相怜，关系不错。当刘据的孙子刘询来到掖庭时，张贺念及故交旧情，对刘询格外照顾，并安排许广汉与他同居一室。许广汉没想到刘询日后当了皇帝，他成了国丈，被封了侯，真是因祸得福。

刘询长大以后，张贺开始张罗给他找媳妇。刘询虽说是皇室之孙，但无职无爵，地位卑微，又孤身一人，没有家资财产，连平民都不如，所以，媳妇并不好找。张贺想把自己的孙女嫁给他，与弟弟张安世商量。

张安世此时在朝中做右将军，很受昭帝和霍光信任。他一听就火了，发怒说："刘询是罪人之后，有幸能活到今天，就相当不错了，怎么还能把我张家女子嫁给他呢？另外，当今皇上年轻有为，你不要到处夸赞那个刘询，免得招惹是非。"张贺见亲事不成，反遭弟弟一顿训斥，只得作罢。后来，刘询当了皇帝，张安世为了当年的那些话，深感后悔和自责。汉宣帝大度地说："掖庭令张贺经常对外人称赞我，确实对先帝不利，将军制止他是对的。您放心，朕不会介意的。"

许广汉有个女儿，叫许平君，当时十四五岁。《汉书》只记载了她待人和善，十分孝顺，非常节俭，没说她相貌如何，应该是一般。许平君已经许配了人家，正打算出嫁时，男人却死了。张贺听说以后，邀请许广汉喝酒，酒兴浓时，说："刘询品行端正，又是皇帝近亲。您的女儿如果能够嫁给他，我看是一桩好婚姻。"

许广汉本来对刘询看法很好，又是上司提亲，就痛快地答应了。张贺很高兴，喝得大醉而归。不料，许广汉的妻子不同意，生气地说："那小子地位卑贱，我的女儿怎么能嫁给他呢？"其实，她家的地位也很低，她还嫌弃人家！张贺赶紧请人说合，自己又亲自去劝说，费了好大的劲，许广汉的妻子才同意。

张贺拿出一大笔钱，为刘询置办了聘礼，又亲自操办婚事，这才让刘询娶上了媳妇。婚后，小两口儿相敬如宾，十分恩爱，第二年，就有了爱情的结晶，生下一个儿子，取名刘奭，就是后来的汉元帝。

刘询称帝以后，对张贺的恩情念念不忘，先是追封他为恩德侯，安排了二百户人家为他守墓，后又追封为阳都哀侯。张贺的儿子死得早，他把弟弟张安世的儿子张彭祖收为养子。汉宣帝先赐张彭祖为关内侯，后又封他为阳都侯。张贺有一个七岁的孤孙，也被赐为关内侯。

张安世为官清正，一再请求不要为张氏封侯，并要求把张贺守墓的人家减少到三十户。汉宣帝感慨地说："朕是为了怀念掖庭令的恩德，与将军没有关系。"张安世这才罢休，不敢再说了。汉宣帝对张安世也很好，提拔他为大司马卫将军，领尚书事。张安世忠心辅佐汉宣帝，成为麒麟阁十一功臣之一。

刘询与许平君结婚生子不久，就当上了皇帝，由一个被人鄙视的卑贱之人，一下子变成了万人敬仰的天子，真是天壤之别啊！汉宣帝并没有忘记过去的苦日子，更没有忘记相濡以沫的结发妻子。宣帝登基后，立即把许平君接进宫来，封她为婕妤，打算立她为皇后。

不料，几乎所有的大臣都反对，说许平君出身低微，特别是父亲遭受过宫刑之辱，不能母仪天下，这理由还挺充分。大臣纷纷要求，让霍光的女儿霍成君当皇后，连皇太后都是这个意思。霍光没有表态，没有表态就表明他同意，也许这一切就是他暗中操纵的。汉宣帝面临着巨大的压力，当时霍光势力垄断了整个朝廷，他不能硬顶。但宣帝心中十分坚定，其他事都可以听霍光的，唯独这件事，不能违背自己的良心，更不能对不起患难与共的妻子。

汉宣帝不愧是聪明之君，他想出一个好办法。有一天，在朝堂之上，汉宣帝下了一道诏书，说："朕在贫微之时，曾经有一把旧剑，虽然并不贵重，但它陪伴朕度过了那段难忘的日子。现在故剑不知道落在哪里，朕非常怀念它，希望众爱卿能够帮助我，把故剑找回来。"这大概是历史上最有人情味的诏书了。

此诏一下，朝堂上一片寂静，鸦雀无声。人人心里都明白，汉宣帝这是不忘旧情啊！许多大臣被宣帝的真情所打动，开始陆续奏请立许平君为皇后。霍光见宣帝心意已决，无法勉强，他虽有私心，但毕竟忠于汉室，便打消了让女儿当皇后的念头。这样，经过一番周折，汉宣帝终于将自己的"糟糠之妻"，立为天下至尊的皇后。后来，又立他们的儿子刘奭为太子。许平君能有这样一位有情有义的皇帝丈夫，也死而无憾了。王昌龄有诗叹曰："一闻汉主思故剑，使妾长嗟万古魂。"

许平君当上了皇后，仍然谦恭待人，车驾服饰都很俭朴。每隔五天，就去拜见一次皇太后，亲自捧着食案，给皇太后敬献食物，极尽孝道。其实，许平君比皇太后的年龄还大。许皇后的良好品行，受到朝野夸赞。汉宣帝与许皇后的感情，更加恩爱浓厚。

霍光打消了让女儿当皇后的想法，他的夫人霍显却不甘心。她依仗霍光权势，胆大妄为，竟然命御医毒死了许平君。可怜许平君，只做了三年皇后，就被人谋害了。

汉宣帝见爱妻早逝，心中万分悲痛，追封她为"恭哀皇后"，葬于南园。汉宣帝常常情不自禁地来到南园，久久伫立在许平君墓前。他回想起当年贫贱的时候，夫妻二人互相宽慰，相依为命，共度艰难时光；尊贵以后，他本想让爱妻享尽一生荣华富贵，夫妻二人白头偕老，不料爱妻早早离他而去，留下无限遗憾和伤痛。汉宣帝禁不住泪流满面，肝肠寸断，痛哭失声。附近的侍从，无不掩面哭泣。此情此景，令人悲哀，催人泪下，后人称之为"南园遗爱"。

霍光死后，汉宣帝亲政。他查清了许皇后被害的真相，恨得咬牙切齿，下令将霍氏一家灭门，为自己的爱妻报仇雪恨。

汉宣帝"故剑情深"，重情重义，在封建帝王中比较罕见。他有这样的良好品行，能够仁义爱民，实现西汉中兴，自然也就在情理之中了。

盛极而衰霍氏灭门

有个成语，叫作盛极而衰，意思是说，事情达到鼎盛，便开始衰落了，比如爬山，登上山顶以后，就要走下坡路了。这是自然界和人类社会的一个普遍规律。霍光家族从兴盛到覆灭，就是一个很好的例证。

《汉书》记载，霍光受汉武帝重托，辅佐幼主，执政近二十年时间。他兢兢业业，勤奋有为，精心医治武帝后期的社会创伤，促进了经济社会发展，为"昭宣中兴"奠定基础；他精明强干，处事果断，及时粉碎上官桀、刘旦等人的叛乱，废掉不称职的刘贺，拥立了雄才大略的汉宣帝，稳固了西汉政权。可以说，霍光对西汉王朝立有大功。他虽然有私心，但没有野心，对汉朝皇室忠贞不贰。如果他有野心的话，凭他的权势，可能轮不到王莽篡汉了。班固在《汉书》中评价他："志向坚定，品德忠诚，身临大节而志向不变，得以匡正国家，安定社稷，即使周公、阿衡，也没有超过他的地方。"

同时，《汉书》也说他："不学无术，不明大理，沉湎于永不满足的欲望，隐瞒妻子的奸邪阴谋，以致造成了灭亡的灾祸，死后仅三年，宗族就被诛灭，悲哀啊！"笔者认为，《汉书》的评价是客观的，是有道理的。

霍光在执政期间，大力培植个人势力，儿子、侄孙掌握兵权，女婿是宫中卫尉，霍氏党派亲族连成一体，盘根错节地占据了朝廷。霍光大权独揽，一言九鼎，连皇帝的废立都由他说了算，权势达到顶峰，明显已经"盛极"了。霍光是政治家，不可能不知道盛极而衰的道理。但明白道理与按照道理去做，是两码事。人都是有欲望的，如果不能克服欲望，道理就是一句空话。霍光沉湎于个人专权的欲望之中，不能自拔，不能居安思危，那就离衰败不远了。

霍光还有一个致命的缺陷，就是治家不严。霍氏家族依仗他的权势，骄横放纵，胡作非为，甚至连霍家的奴仆，都目空一切。有一次，霍家奴仆与御史大夫魏相的奴仆争路，霍家奴仆跑到魏相府中大闹，还踢坏了大门。御史大夫魏相，那可是三公之一啊，竟然向霍家奴仆叩头请罪，可见霍家狂妄到什么程度！即便没有霍显犯罪，霍氏衰败也是必然的，可能不至于那么惨。

霍家奴仆都如此猖狂，霍光的夫人霍显，就更加恣意妄为，不可一世了。霍显为了让女儿显贵，竟然要除掉许皇后。《汉书》详细记载了霍显毒害许平君的过程。

许平君当皇后的第三年，又怀孕将要临产了。女御医淳于衍奉命进宫侍候皇后，淳于衍与霍显关系密切，特意去霍府辞行。淳于衍的丈夫是个宫中小吏，嘱咐妻子说："你见了霍显，就替我谋个安池监的职位吧。"

淳于衍到了霍家，与霍显寒暄一阵后，就把这个意思说了。霍显一听，心里有了主意，屏退左右，只剩她们两人。霍显说："你说的那事，不成问题，包在我身上。我也有事需要你帮忙，可以吗？"

淳于衍说："夫人尽管吩咐，我遵命就是了。"霍显靠近她，小声说："大将军一向喜欢小女儿成君，想让她当皇后。如今许皇后分娩，正是个好机会。女人生孩子，十分危险，九死一生，你趁机除掉她，神不知，鬼不觉，没有人会怀疑的。"

淳于衍一听，吓得脸色煞白，这可不是闹着玩的！过了好大一会儿，淳于衍说："皇后用药，是由多位御医共同配成的，又要别人先尝过，怎么下手呢？"霍显冷笑一声，说："你是行医的，还能没办法？就看你是否愿意干了。你放心，大将军掌管天下一切，就算出了事，谁敢说什么？"淳于衍说："那我试试吧。"

霍显两眼盯着淳于衍，阴险地说："我把这件大事托付给你，你若办好了，咱们同享富贵。"言外之意是说，若办不好，就有灾祸了。淳于衍心里明白，霍显把这天大的秘密告诉了她，她若不办，必死无疑；如果办成了，凭着霍光的权势，也许没事。淳于衍脑子里翻江倒海了半天，终于下了决心，说："您放心，我一定尽力办好。"霍显拍了拍她的肩膀，笑了。

淳于衍回到家里，找出附子，捣成粉末，带进宫去。附子也叫乌头，是一种有毒性的中药，与人参等补药相克，孕妇禁忌，用法不当，会致人突然死亡。许平君生产之后，身体虚弱，自然要服用补药，淳于衍趁机将附子粉末投入药中。

许平君服下药后，很快便全身发麻，头疼剧烈，呼吸困难，呕吐不止，在痛苦挣扎中死去。淳于衍见事已办成，立即报告了霍显。霍显大喜，安慰夸赞了她一番。

皇后突然死亡，皇宫震动，宣帝大悲。霍光一面安慰宣帝，一面下令，将侍候皇后的御医全部关起来，一定要查明原因。霍光回到家里，霍显怕他认真追查，事情败露，便把下毒之事，原原本本地告诉了他。

霍光一听，犹如五雷轰顶，瘫坐在那里，半天没有起来。他万万没有想到，妻子会干出这种灭族大罪。这事确实太大了，他承担不起。霍光思虑再三，反复权衡，终于决定隐瞒下来。他奏报宣帝，说皇后是产后并发症，属于正常死亡。汉宣帝虽有疑惑，但此时不便深究，只好隐忍不发。

许平君去世一年之后，群臣奏请，汉宣帝不得已立霍成君为皇后。霍显的目的终于达到了。

霍成君继承了母亲的基因，为人骄横，行事霸道，车马侍从非常气派，与许皇后有天壤之别。霍成君是皇太后的小姨，皇太后对她也小心恭敬。后来，汉宣帝册立刘奭为太子。霍显听说后大怒，气得吐了血，说："这是在民间时生的孩子，怎么能立为太子呢？要是皇后生了儿子，难道还要向他称臣吗？"霍成君当然也十分恼怒。

霍显故技重施，指使女儿去毒杀太子。霍成君屡次召见太子，赐给他食物，暗藏毒药，伺机下手。汉宣帝早有戒备，严令保姆，凡是太子吃的东西，必须先经保姆尝试，霍成君始终没有找到下毒的机会。

霍光死后，宣帝亲政。他对爱妻之死一直耿耿于怀，下令重新调查。霍氏子孙霍山、霍禹、霍云等，都在朝中当大官，回家说起了此事。霍显一听，心中发毛，就把实情告诉了他们。他们听了，惊恐万分，一齐埋怨责备霍显。但埋怨也没用了，大祸即将临头。他们不甘心束手就擒，决定铤而走险，举行叛乱。

当时，他们手里还有一张王牌，就是皇太后。经过密谋，他们制订了一个计划，想让皇太后把朝中官员召集起来，霍氏及其亲信趁机动手，除掉天子，立霍光的儿子霍禹当皇帝，真是胆大包天！汉宣帝是何等人物，早有防备，没等他们动手，就先发制人。霍山、霍云见阴谋败露，仓皇自杀，其他人全被逮捕归案。经过审理，案情大白，霍显、霍禹、霍氏子孙、女婿以及涉案人员全被处死。盛极一时的霍氏家族，就这样覆灭了。

汉宣帝念及夫妻情分，没有处死霍成君，只是废黜了她的皇后之位，把她幽禁起来。十二年之后，霍成君在忧郁中自杀。皇太后没有被祸及，皇太后始终就是个摆设，她六岁当皇后，十五岁守寡当皇太后，四十岁时成为太皇太后，五十二岁去世。

那个下毒的女御医淳于衍，下场怎么样呢？《汉书》没有记载，也许事发前畏罪潜逃了，也许被灭口了，至今是个谜。

霍光隐瞒案情，包庇罪犯，显然有罪。但汉宣帝念其有大功，霍光之墓未被株连，依旧保存完好。后来，汉宣帝令人画了十一功臣图，悬挂于麒麟阁，以示纪念和表彰，霍光仍然位列第一。其他十人都直书其名，唯有霍光，尊称为"大司马、大将军、博陆侯、姓霍氏"，表示尊敬。

为人宽厚，丙吉得福

丙吉，是汉宣帝时期的名人。与霍氏家族居功自傲、飞扬跋扈相反，丙吉为人低调、谦和宽厚，结果步步高升，当上丞相，而且福延子孙，世代富贵，得到人们称赞。丙吉的行事风格，为我们做人，树立了很好的榜样。

《汉书》记载，丙吉是鲁国人，自幼受儒家思想影响，长大后成为谦谦君子。丙吉年轻时当过鲁国的狱史，他研修律法，工作认真，又学习《诗》《礼》等儒家学说，宅心仁厚，积累功劳，不断升迁，当了廷尉的属官。

巫蛊之祸的时候，丙吉奉诏到监狱追查巫蛊之事，他见刘询只有几个月大，就被投入监狱，心生怜悯，便找了胡组、郭徵卿等女囚，精心养育保护他，让他住在宽敞干燥的地方，又冒着抗旨的大罪，用生命保护刘询没被杀害。丙吉对汉宣帝有如此救命大恩，他却绝口不提，对谁都没说。

丙吉凭着自己的为人和能力，慢慢做到了车骑将军军市令。霍光见他为人厚道，又有能力，提拔他为大将军长史，后又做了光禄大夫给事中，对他很器重。昭帝死后，霍光决定立刘贺当皇帝，就是派丙吉去迎请刘贺的。

刘贺被废后，一时找不到合适的人当皇帝，丙吉便想到了刘询，给霍光写了一封信，信中说："大将军受武帝之托，担当天下人的希望。刘贺被立，但不争气，废了他，天下人没有不服气的。我私下里了解到那些皇室子孙，在民间没有好名声，而在宫廷外的百姓家中，有个叫病已的武帝曾孙，通经术，有美材，行止安闲，气节平和。我以前见他时还很小，现在已有十八九岁了。希望将军能够认真考虑这事，如果不便一下子使他显贵，可以先让他入宫服侍皇太后，看看他的表现，然后再决定大策。"

丙吉是霍光信任之人，说得合情合理，加上杜延年也推荐，霍光就决定立刘询为皇帝。汉宣帝登基后，知道是丙吉推举的，很感激他，赐丙吉为关内侯，后来提拔他为御史大夫。但汉宣帝并不知道，丙吉对他有过救命大恩，朝中也无人知道。

多年之后，汉宣帝偶然知道了实情。霍光死后，宣帝亲自处理政务。有一天，掖庭宫有个婢女，给宣帝上书，说她曾经养育过幼儿时的皇帝，希望能看在这个功劳上，免除她奴婢的身份。汉宣帝十分重视，马上让人调查核实，问她有什么证据，婢女说丙吉知道这个事。宣帝把丙吉叫来。丙吉一见婢女，还认识，说："她确实照顾过皇上，但由于不尽心，受过鞭打的处罚，哪里有什么功劳！"汉宣帝觉得，婢女虽然不够尽心，但毕竟照顾过自己，还是很感激她，下诏免除了她的奴婢身份，并赏给她钱十万。婢女十分高兴，千恩万谢地走了。

丙吉想起了胡组、郭徵卿，觉得她们养育刘询的大功，不应当被埋没，于是对宣帝说："其实，真正精心养育皇上，有着大功的，是胡组、郭徵卿二人。"汉宣帝命丙吉把当时的情况详细奏明，丙吉这才把狱中实情，一五一十地告诉了汉宣帝。汉宣帝得知自己婴儿时的悲惨经历，不禁心酸泪下，对丙吉感激万分。

汉宣帝立即派人寻找胡组和郭徵卿，由于时间已久，只知道胡组是渭城人，郭徵卿是淮阳人，不知道详细地址，所以，费了好大劲，才打听到胡组和郭徵卿的下落。可惜，胡组、郭徵卿已经死了，汉宣帝就重赏了他们的家人。

汉宣帝知道对自己恩情最大的是丙吉，流着泪对丙吉说："您对朕有救命之恩，朕却没有报答，您怎么不早说呢？"丙吉说："人都有怜悯之心，这是臣应该做的事情，有什么好说的呢？"汉宣帝十分感慨，对大臣们说："《诗经》讲，'亡德不报'，这是最高的品德。丙吉就是这样大德大贤之人。"汉宣帝封丙吉为博阳侯，食邑一千三百户。

临到受封时，丙吉却生了病，而且病得很厉害。汉宣帝很焦急，生怕丙吉病死了，无法活着看到受封。大臣夏侯胜安慰宣帝说："臣听说积德的人，必定会享受积德带来的快乐。丙吉是贤德之人，受上天保佑，一定会没事的。"果然，丙吉的病慢慢好了起来。

丙吉知道宣帝要封他，坚决推辞，说："臣只是做了该做的事情，不应该靠这空名受封，臣心中不安。"汉宣帝说："朕封您为侯，是因为您恩德贤能，不是靠空名。您如果不受封，岂不是显示朕知恩不报、无德无义吗？朕心中更为不安。"丙吉无奈，只得谢恩受封。五年之后，丙吉代替魏相做了丞相。

丙吉做了丞相，崇尚宽怀大度，礼让他人。下属有了过错，或者不称职，必须要处罚的，丙吉并不公开责罚，而是给他们留足面子，或者让他们自动辞职，或者以给他们放长假的名义去职。丙吉当丞相几年来，没有公开查办过一人。有的宾客对丙吉说："丞相如此宽厚，会使奸诈的官吏乘机做坏事的。"

丙吉说："人都有廉耻之心，我并不是不处罚他们，只不过是处罚的方式不同，我不忍心看到他们因过错而丢了脸面。"下属都知道丙吉宽厚仁德，心中敬服，反而做事更加谨慎小心，很少有犯错的。后来代替丙吉的人，都把这当成惯例，公侯之府不查办小吏，便是从丙吉开始的。

丙吉对待自己的下属，总是替他们掩过扬善，富有包容之心。给丙吉驾车的驭吏，爱喝酒，有一次喝醉了，竟然吐在丞相车上。负责管理驭吏的官员很生气，要开除他。丙吉为驭吏求情，说："他只不过是弄脏了我车上的垫子，不是大错，放过他吧，如果赶走了他，让他以后如何容身处世啊？"驭吏很感激他。

驭吏爱喝酒，酒友就多，信息就灵通。有一次，驭吏打听到胡虏将要入侵边界的消息，告诉了丙吉，丙吉心里就想好了对策。第二天，宣帝紧急召集大臣，通报商议胡虏入侵之事。由于事发突然，人人都束手无策，只有丙吉，把头一天晚上想好的对策，一条一条地讲了出来。宣帝十分高兴，夸赞丙吉忠于职守，有先见之明。

丙吉说："我哪里有什么先见之明啊！是驭吏提前告诉了我，才使我有了准备。"丙吉又感叹地说："人都各有所长，如果当初赶走了驭吏，就不会有今天这事了。对人宽容一些，是会有好的回报的。"众人听了，更加佩服丙吉的为人。

丙吉还有个很大的优点，他不仅不嫉贤妒能，反而总是觉得自己的才能比不上别人。丙吉对汉宣帝说："西河太守杜延年精通法度，治理地方有才能；廷尉于定国执行法律公正，天下没有冤狱；太仆陈万年敦厚孝顺，侍奉后母很周到。这几个人的德才，臣都比不上，希望皇上能够考察重用他们。"后来，于定国等人都被汉宣帝重用，成为一代名臣。

丙吉因病去世，汉宣帝为他举行了隆重的葬礼，谥号定侯，并把他列为麒麟阁十一功臣之一。《汉书》没有记载丙吉的出生年月，据推算，丙吉应该活到了六七十岁。

后世的人们对丙吉给予高度评价。到了清朝，康熙帝把丙吉从祀于历代帝王庙，获此殊荣的历代名人，只有四十人。

丙吉不仅自己一生多福，而且还福泽后代。丙吉的儿子、孙子和后代子孙，都受到朝廷恩惠，享受着荣华富贵。

后人一般都夸赞丙吉是厚德之人，而褚少孙却说，丙吉是大智之人。笔者认为，褚少孙说得对，他揭示了事物的本质。只有宽厚待人，明德仁义，才能够在施恩于人的同时，自己也从中得福。这才是做人的大智慧！

宣帝丞相全都善终

汉宣帝时期，共有六位丞相，汉宣帝对他们宽厚礼遇，丞相也都尽心尽责，君臣和谐，同心同德，开创了"昭宣中兴"。而汉武帝十二名丞相，却被杀掉了六个，这形成了强烈的反差。从这个方面，也彰显了汉宣帝的贤明仁爱。

《汉书》记载，汉宣帝登基时，丞相是蔡义。蔡义是今河南省温县人。他精通诗书，曾在霍光府中供职。他家里很穷，经常步行上班。亲戚朋友看不下去了，凑钱给他买了辆牛车乘坐。后来，蔡义入宫当了待诏，给汉昭帝讲解《诗经》。汉昭帝很满意，提拔他为光禄大夫给事中。几年后，升迁为御史大夫，后又当了丞相，封为阳平侯。

宣帝登基时，蔡义已经八十多岁了。他身材矮小，没有胡须，眉毛也脱落了，面相像个老太太，走路弯腰驼背，常常需要两名属吏架着，才能走路。尽管年老，因是昭帝任命的，宣帝没有更换他。蔡义四年之后去世了。

汉宣帝的第二任丞相，是韦贤。韦贤是今山东省邹县人。他为人质朴，清心寡欲，一心一意做学问，精通儒学，被称为邹鲁的大儒。后来朝廷征召他入宫当了博士，教授汉昭帝诗书，慢慢升迁至大鸿胪。

汉宣帝即位后，因为韦贤当过昭帝老师，对他很尊敬。韦贤在拥立宣帝时有功，被赐为关内侯。蔡义死后，汉宣帝任命他当丞相，封为扶阳侯，食邑七百户。韦贤当丞相时已经七十多岁了，干了五年，上书请求退休。汉宣帝觉得他年事已高，不宜太劳累了，就准他辞职，回归家乡，赏给他百斤黄金。几年后，韦贤寿终正寝，宣帝下诏颁赐他节侯的谥号。韦贤学识渊博，远近闻名，特别是教子有方，几个儿子都很成器，小儿子韦玄成在元帝时期又当了丞相。至今，邹县一带有谚语说："遗子黄金满籯，不如教子一经。"

汉宣帝的第三任丞相，是魏相。魏相就是霍氏奴仆上门闹事，他作为御史大夫，竟然向霍氏奴仆叩头谢罪的那位。这似乎太失身份了，但《汉书》就是这样记载的，原话是"御史为叩头谢"。别以为魏相是个胆小怕事之辈，他可是个敢作敢为、严峻刚毅之人。

魏相，是今山东定陶人，后来迁徙至平陵。魏相早年研究《易经》，做过郡中卒史，后被举为贤良。汉昭帝时期，担任茂陵县令。一天，桑弘羊的一个门客冒充御史，来到茂陵，态度蛮横，捆绑县丞。魏相怀疑有假，将其收监，查实确系冒充，按律处死，一时县中震动，治安大定。事后魏相升任河南太守，一上任即禁奸邪，整顿吏治，豪强畏惧，百姓拍手称快。

汉宣帝即位后，听说魏相贤能，召他入宫，担任大司农，掌管中央财政，后来升为御史大夫，成为三公之一。魏相担心霍氏势力过于膨胀，多次建议汉宣帝控制霍氏权力，这正对了汉宣帝心思，提拔他当了丞相，封为高平侯。霍氏灭门之后，魏相总领朝政，悉心辅佐，十分符合汉宣帝的心意。魏相任职期间，整顿吏治，抑制豪强，选贤任能，平昭冤狱，同时减免赋税，奖励开荒种田，为"昭宣中兴"做出了重要贡献。魏相当了九年丞相，病死于任上。汉宣帝追谥他为宪侯。

汉宣帝第四任丞相，是大名鼎鼎的丙吉。丙吉当丞相，十分重视民生和农业生产。有一次，丙吉外出，碰上群殴，死伤严重，丙吉却绕道而行，并不过问。没走多远，碰见一头牛气喘吁吁，丙吉忙让停车，他下车围着牛仔细观察了半天。属下不解地说："有人打架您不管，为什么对牛这么关心？"丙吉解释说："百姓斗殴，自有京兆尹处理。现在正值春天，未到酷暑，这头牛却热得舌头都伸出来了，显然是受了湿热，生了病。牛生病就会影响农事，农业是天下的根本，农业如果歉收，百姓就要饿肚子了，这正是丞相要管的大事。"属下一听，全都心悦诚服。

汉宣帝的第五任丞相，是黄霸。黄霸是今河南太康县人。他自幼攻读法律之学，胸有大志，后来当了地方官。黄霸善于治理郡县，勤政爱民，为官清廉，外宽内明，政绩突出。后世常将黄霸与龚遂作为"循吏"的代表，称为"龚黄"。

汉宣帝听说黄霸贤能，召他入宫，先当廷尉正，后任丞相长史。黄霸为人正直，不善阿谀奉承。汉宣帝登基不久，为了标榜自己是武帝的正统嫡孙，下诏颂扬汉武帝，要求群臣讨论武帝的"尊号"和"庙乐"，群臣莫不赞成。只有黄霸和夏侯胜反对，认为武帝对百姓没有恩泽，不能另立庙乐。群臣一致声讨黄霸二人"大逆不道"，两人被捕入狱，判处死刑。但是，汉宣帝迟迟不下令行刑，后来，却下令赦免了他们，重新予以重用。此后，黄霸先后任扬州刺史、颍川太守、京兆尹、太子太傅、御史大夫。丙吉死后，他接任丞相，干了五年，死于任上，享年八十多岁。

汉宣帝的第六任丞相，是于定国。于定国是今山东省郯城县人。他的父亲于公曾任县狱史、郡决曹等官职，执法公正，判案公平，郡中百姓为他立了生祠。于定国从小跟随父亲学习法律，也当过县狱史、郡决曹等官职，因办案有方，升为御史中丞。汉宣帝即位后，破格提拔他为廷尉。

廷尉，掌管天下司法，是个非常重要的职位。于定国为人谦虚恭谨，宽厚仁义，他坚持轻刑慎罚，不是特别严重的犯罪，都尽量从轻发落，特别体恤鳏寡孤独之人。他的这一执法理念，符合汉宣帝的治国思想，受到人们称赞。后世把他与张释之并列。丙吉多次向汉宣帝夸赞推荐他。于定国在廷尉岗位上干了十八年，天下没有冤狱。后来，于定国升为御史大夫，黄霸去世后，又接替了丞相之位。于定国任丞相三年后，汉宣帝驾崩，他继续当汉元帝的丞相，七十多岁时逝世，谥号安侯。

从汉宣帝六任丞相的经历来看，汉宣帝是一位宽厚仁义之君。但是，当皇帝的，光有仁爱的一面，是不够的，汉宣帝还有手段强硬的一面。为了铲除霍氏势力，汉宣帝在把霍氏灭门的同时，与霍氏连坐诛灭者达数千家。汉宣帝在位期间，处死或逼死赵广汉、盖宽饶、韩延寿、杨恽四位重臣，后人对此褒贬不一。

汉宣帝在位二十五年，可惜寿命不长，四十二岁时病逝。汉宣帝开创的辉煌事业，他的儿子能维持下去吗？

柔仁好儒的汉元帝

汉宣帝去世以后，太子刘奭继位，被称为汉孝元帝。汉元帝继承了父亲仁厚的一面，却没有继承刚毅的一面，《汉书》评价他"柔仁好儒"。刘奭喜好儒学，多才多艺，温文尔雅，但性情懦弱，优柔寡断，不明是非，不是当皇帝的材料，致使大权旁落，宦官擅权，朝纲紊乱，西汉王朝开始走向衰落。

《汉书》记载，刘奭是汉宣帝与许皇后在民间时生的孩子，许皇后被毒害后，汉宣帝把对爱妻的感情，全部倾注到刘奭身上。刘奭年幼，汉宣帝从后宫中挑选了敦厚谨慎的王氏，专门照顾他。王氏对刘奭很好，照顾得无微不至。宣帝并不宠爱王氏，但因为刘奭的缘故，后来仍然立王氏当了皇后。刘奭长大后，汉宣帝挑选了最好的老师，教他学习各种知识。刘奭勤奋好学，不仅喜欢儒学，而且兴趣广泛，书法、弹琴、吹箫，样样都行。

刘奭特别推崇儒学，喜欢儒生。但他只是学到了一些书本上的知识，并没有领悟到儒家治国的真谛。他见父亲多用法吏，不符合儒家学说，又见杨恽、盖宽饶等大臣被诛，心中不忍，劝父亲说："陛下持刑太深，宜用儒生。"

汉宣帝闻言，吃了一惊，说道："汉家自有制度，本以霸王道杂之，奈何纯任德教，用周政乎！且俗儒不达时宜，好是古非今，使人眩于名实，不知所守，何足委任！"

汉宣帝心里明白，刘奭这是书读得多了，读成书呆子了。汉宣帝十分担心，叹息说："乱我家者，太子也。"于是，汉宣帝产生了用刘钦替换太子的想法，说："刘钦明于察断而爱学法律，应该能够继承我的事业。"但是，汉宣帝与发妻许皇后感情深厚，犹豫不决，最终还是不忍心更换太子。

这是刘奭的幸运，但却是西汉王朝的不幸。汉武帝为了防止母后专权，残忍地杀害了无辜的钩弋夫人，他是理智大于感情，而汉宣帝则是把感情放在了第一位。若论做人，特别是当丈夫和父亲，汉宣帝强过汉武帝一百倍；若论当皇帝、保社稷，宣帝逊于武帝。

汉宣帝临终时，对刘奭仍不放心，特意为他安排了三位大臣辅政，以乐陵侯史高为主，刘奭的两个老师萧望之、周堪为副。史高，是汉宣帝祖母史良娣兄弟的儿子，属于外戚。史家抚养宣帝有功，汉宣帝很信任史高，任命他为大司马、车骑将军，领尚书事。萧望之和周堪都是当时的大家名儒，做刘奭的老师多年。

汉元帝登基时，已经二十五六岁了，正值年轻力壮，辅政大臣的作用并不是很大。元帝推崇儒学，与萧望之和周堪观点一致。萧望之和周堪推荐了刘更生、金敞在皇帝身边任职，四个人同心谋划计议，用儒家思想和古代制度劝勉引导皇帝。汉元帝对他们非常信任，反而把首辅史高晾在了一边。

当时，汉元帝身边有三派势力，除了儒生、外戚，还有一派就是宦官，宦官掌管中书，常在皇帝身边。这三派势力聚在元帝周围，左右着皇帝。如果皇帝睿智，完全可以把这三派势力玩弄于股掌之中，使其相互制衡，三足鼎立，以便稳固皇权。可惜，汉元帝是书呆子，不懂权术，根本玩不转。

史高被冷落，心理失衡，与萧望之等人产生嫌隙，便开始拉拢宦官。儒家一派得到皇帝支持，实力最强，影响力与日俱增。他们热情高涨，踌躇满志，积极推行仁政治国理念，可惜，萧望之也是书呆子，谈起儒家学说头头是道，但一遇到实际问题，就容易感情用事。

萧望之自视清高，看不起石显等宦官，想把宦官驱逐出去。他对元帝讲了一通"古不近刑人之义"的大道理，然后说："武帝优游饮宴于后庭，任用宦官掌管中书，不合乎古代制度和儒家礼仪。中书是朝廷重要职位，不宜由阉人担任，而应该让贤明的儒生掌管。"由于石显等宦官在元帝身边多年，元帝很信任他们，再加上任用宦官是祖上所制，汉元帝犹疑不定，久议不决。

宦官十分恼怒，自然与外戚派结成同盟，共同对付儒生。两派联手，略施小计，萧望之为了自己的名节，轻易地就自杀了。周堪、刘更生被免职。

听说萧望之自杀，汉元帝非常震惊。他与萧望之感情很深，为之痛哭流涕。但他没有看出这是宦官的阴谋，只是责怪了他们几句，并未追究。史高辅政五年后，告老还乡。汉元帝身边的三派势力，只剩下宦官一派得宠了，石显当上了中书令。

石显，是济南人，年轻时受过宫刑，后来当了宦官。石显为人机灵聪明，十分狡诈，善于揣摩皇帝心思，又谙熟法令文书，才能足以称职，因此受到元帝宠信。

汉元帝宠信宦官，还有一个天真的想法。他认为宦官无妻无子，社会关系简单，不会缔结"外党"，构不成对皇权的威胁。所以，汉元帝对石显很放心。当时，汉元帝正热衷搞音乐，又赶上生病，便把朝政全部委托给他处理，事无大小，都由石显汇报和拟定意见。石显提出的处理意见，全部都对汉元帝的心思。时间一长，汉元帝几乎离不开石显了，对他言听计从。

石显得到皇帝信任，大肆培养个人势力。对内，他对宫廷太监施以小恩小惠，结成"内党"；对外，他勾结外戚，拉拢大臣，结成"外党"。石显善施阴谋，玩弄权术，培植亲信，排除异己，一时权倾朝野，百官都对他毕恭毕敬。元帝贵为天子，大权却落在石显手里，而元帝浑然不觉，石显倒把皇帝玩弄于股掌之中了。

石显擅权长达十几年，直到元帝逝世后，他才被罢官失权，忧虑而死。石显专权，是为了自己的尊贵和权势，不会去管西汉王朝如何发展，所以，造成纲纪紊乱，吏治腐败，经济停滞，社会矛盾加剧，不仅没有保持住"昭宣中兴"，反而使西汉王朝走向衰落。

汉元帝在位期间，也有一些建树。元帝登基四年后，下令西汉帝王陵依据地界分属三辅管理，诏令不要重新建县邑和迁徙民众，以减轻百姓负担。汉元帝还采取了其他一些减轻民众负担的措施。元帝时期，匈奴分裂成两大部分，汉朝与呼韩邪部和亲，打击敌对的郅支部，保持了四十多年的和平，丝绸之路也畅通无阻。

汉元帝在位十六年，四十一岁病逝。

汉元帝时期，是西汉历史上的重要转折点，是西汉王朝衰落的起点，此后，中央集权削弱，土地兼并严重，社会危机加深，西汉王朝不可避免地走向了覆灭。

书生气十足的萧望之

萧望之，是西汉名人，汉元帝的老师。他精通儒术，兼学诸经，知识渊博，天下闻名。然而，他孤介耿直，一身傲气，处事能力欠缺。以笔者看来，就是一个书呆子。正是这样一位大书呆子，才教出了汉元帝那样的小书呆子。

《汉书》记载，萧望之是东海兰陵人，兰陵即今山东兰陵县。萧望之出生在一个农民家庭里，但他勤奋好学，拜名师学习儒家学说，还研究齐诗。他的赋写得也很好，儒生都很敬佩他。

霍光执政时期，丙吉推荐萧望之、王仲翁等几个儒生，霍光便召见他们。由于刚粉碎了叛乱，诛杀了上官桀等人，霍光担心有人报复，加强了戒备，凡是要接见的人，都需要脱衣搜身，去掉兵器，并由两个官吏挟持着。

萧望之见此情景，感觉人格受到侮辱，不想谒见，从小门退去，却被官吏拦住，争吵起来。霍光听说了，告诉官吏不要挟持他。萧望之来到霍光面前，毫不客气地说："将军辅佐幼主，应该推行教化政策，实行协调和平统治。可是，您这样对待士人，恐怕不符合周公辅佐成王的礼仪吧？"

霍光听了，心中发笑，这都什么时代了，还拿周朝说事？霍光见他迂腐，不肯用他，而把同去的王仲翁等人任命为大将军史。萧望之毫不在乎，拂袖而去。

三年之后，萧望之因为对策甲科，才做了郎官，代理小苑东门候。此时，王仲翁已升任光禄大夫，有车坐，有奴仆跟从，甚是尊宠。他对萧望之说："你不肯遵循常规，以至于只做了个守门官。"萧望之冷冷地回答"人各有志"，颇有不为五斗米折腰的傲骨。后来，萧望之到魏相府中做了属官，魏相也没有重用他。

霍光死后，萧望之上书汉宣帝，建议削弱霍氏权势。汉宣帝很感兴趣，任他为谒者，又连续升任为谏大夫和丞相司直，一年中提拔了三次。萧望之胸有才华，通晓历史，明晓经学，议事颇有见解，只是处理政事的能力不强。汉宣帝想让他在实践中锻炼一下，以便将来担任更重要的职务，便派他去当左冯翊。左冯翊比他现任的职务低，萧望之误认为自己所为不符合皇上意旨而被贬官，上书称病请假。宣帝知道他的心思，派人对他说明了缘由，萧望之这才高兴起来，立即到职任事。

萧望之任左冯翊三年后，被提拔为大鸿胪，后来，代替丙吉做了御史大夫。萧望之虽然有才，但恃才傲物，谁都看不起，甚至认为丙吉没有学问，仅凭仁厚就当上丞相，心里很不服气，对他很不尊敬。萧望之与同僚的关系都不好，许多人上书告他，说他蔑视丞相，不注意修养，以权谋私，收受贿赂，贪污公款等等。

汉宣帝对萧望之也很失望，对他说："你当了御史大夫以后，听不到你廉洁的名声，桀骜不驯，无法扶持朝政，不能做百官的表率。现在大臣告你，我不忍心让你受到法律制裁，就免除现职，去做太子太傅吧。你应该遵守道德，彰明孝义，端正自己的品行，深入思考一下，为何陷入这种污秽的境地？"从此，萧望之专职做汉元帝的老师，汉宣帝再也没有起用他。

霍光、魏相、汉宣帝都是出色的政治家，善于选贤任能，却都没有重用萧望之，说明萧望之确实有不足之处。他最大的缺点，是空有高深的学问，却不能用于实际。

汉元帝登基之后，萧望之积极辅佐皇帝，推行以儒家思想治国，数次推荐有名的儒生入朝做官，并要求把宦官逐出中书，罢免外戚中不称职的官员，引起外戚和宦官的联合攻击。他们指使亲信，纷纷上书诬告萧望之等人，说他们结成朋党，相互推荐，诽谤大臣，离间皇亲，欺骗皇帝，想要专权揽势。

汉元帝本不想理会，宦官石显等人在旁边说："上书如此之多，皇上如果不过问，恐怕不妥。可以请谒者传唤他们并送交廷尉。"汉元帝刚即位，还不清楚"送交廷尉"的意思就是关进监狱，便点头同意了。石显等人逮住这个机会，立刻把萧望之、周堪、刘更生等人关进大牢。

过了几天，元帝召集萧望之等人议事，才知道他们被关到监狱里去了。元帝大吃一惊，说："朕以为是让廷尉问问情况呢，怎么给关起来了？快放出来，朕还有事让他们办呢。"石显急忙找到辅政大臣史高，史高便去对元帝说："朝廷自有法度，不能说关就关，说放就放。可以按照程序审讯定罪，然后您再下诏赦免，这是最稳妥的。"汉元帝没有主见，耳朵根子软，又点头同意了。这样，经审讯后，把萧望之、周堪、刘更生免职，贬为平民。

过了几个月，汉元帝下诏说："国家要兴隆，应该尊重老师。萧望之教导我八年，功劳很大，赐萧望之关内侯的爵位，食邑六百户，任给事中之职，每月初一、十五朝拜，座位次于将军。"应当说，这待遇是相当高的。但萧望之清高自傲，无辜入狱，对他打击很大，他感到名节受辱，愤愤不平。

汉元帝打算让萧望之当丞相，继续推行儒家治国。正在这时，萧望之的儿子萧伋上书，申诉父亲的冤屈。看来，萧望之的儿子也是个书呆子，皇帝已经下诏赐侯了，这是多大的皇恩啊，还喊什么冤呢？凡事都要较真，非要辩个明白不可，这也是很多读书人共有的秉性。

这事又被石显他们逮住机会了，对元帝说："萧望之不思报答皇恩，反而指使儿子上书喊冤。他这是表明自己无辜，是皇上的过错。萧望之凭借着老师的身份，任性而为，有失大臣的礼仪，对皇上不敬，应该派官吏去审问。"

汉元帝犹豫说："萧太傅为人刚直，怎么肯接受官吏的审问，不会出事吧？"石显等人说："人的生命是最重要的，萧望之犯的罪，只不过是说错话的小罪，陛下不用担心。"汉元帝竟然又同意了。

其实，石显等人知道萧望之历来孤傲，书生气十足，受不得半点委屈，就想用这个办法逼他自杀。石显先将元帝的批复封好，派人送给萧望之，然后，命骑兵把他的府邸团团包围，但并不急于进去。

萧望之感到再次受辱，便想自杀。他的夫人阻止他，说这绝不是皇帝的本意。当时，萧望之有个学生叫朱云，正好在他家里。朱云却劝他自杀，说名节比生命重要。真是有什么样的老师，就有什么样的学生，这又是一个书呆子！

萧望之听了学生的话，心意已决，说："我也曾经担任过将相之职，今年已超过六十岁了，接受审问，苟且偷生，不是太鄙陋了吗？朱云，给我拿酒来，我宁死也不留于人世。"朱云把毒酒递给老师，萧望之接过毒酒，仰天大笑，一饮而尽。

萧望之自杀的消息传来，汉元帝大惊，拍着手说："我早就担心会出事，果然杀了我的好老师。"这时，太官刚好端来午餐，汉元帝一把打翻饭食，号啕大哭起来，悲哀之情感动了左右侍从。哭了一阵子，元帝下令把石显等人叫来，厉声责骂。石显等人趴在地上，心中暗喜，脸上却表现出一副悲伤的样子，叩头谢罪，连声说："奴婢考虑不周，该死！该死！"汉元帝骂了一阵后，挥手让他们走了。

萧望之属于畏罪自杀，有关部门请求废除他的爵位封邑，汉元帝却下诏加恩，长子萧伋继承关内侯，其他三个年长的儿子也封了大官。汉元帝追思萧望之不能忘怀，逢年过节就去祭祀他的坟墓。汉元帝在位十六年，年年如此。

萧望之为了名节而自杀，不知道他追求的名节是什么？难道比匡扶社稷、实现儒家治国的大业还重要？悲剧本不该发生，这样死去，毫无意义，也没有价值。

逼死萧望之，是宦官石显等人设的圈套，这个圈套并不高明，但却套住了两个书呆子。两个人都是满腹经纶，学问高深，竟然识不破一个小太监的圈套。

昭君出塞传奇多

汉元帝时期，出了一个大大的名人，就是王昭君。昭君出塞的故事，流传很广，据不完全统计，历代反映王昭君的诗歌有七百多首，戏剧小说等有四十多种。人们对她或怜悯、或悲伤、或颂扬，她的名声，远远超过了汉元帝。然而，这些都是王昭君的文学形象，大多都是传说。那么，历史记载中的王昭君，究竟是什么样子呢？

《汉书》是最早记载王昭君的正史，共有两处记载。一处是在《元帝纪》中，记载说，竟宁元年（前33年）春正月，匈奴呼韩邪单于到长安朝拜皇帝。汉元帝夸赞他不忘恩德，仰慕大汉礼仪，愿意和睦友好，"赐单于待诏掖庭王樯为阏氏"。王樯的名字，第一次出现在中国正史上。这次的名字，是木字旁的樯。樯，指船上挂帆的桅杆。

另一处是在《匈奴传》中，记载说，呼韩邪单于到长安朝拜时，"单于自言愿婿汉氏以自亲，元帝以后宫良家子王墙字昭君赐单于，单于欢喜"。意思是说，单于自己提出来，愿做汉朝的女婿，以表示亲近。汉元帝把一个后宫的良家女子赐给他，这个女子名叫王墙，字昭君。单于十分高兴。这次的名字，却是土字旁的墙。

《匈奴传》接着记载，说王昭君嫁给呼韩邪单于后，被封为宁胡阏氏。她生了一个儿子，名叫伊屠智牙师，被封为右日逐王。呼韩邪单于死后，王昭君按照匈奴习俗，嫁给他的长子新单于，仍做阏氏。王昭君与新单于生了两个女儿，长女叫须卜居次，小女叫当于居次。居次，是公主的意思。王莽执政时期，须卜居次曾经入朝侍奉过皇太后。后来，她的女婿当了匈奴的执政大臣，须卜居次常劝他与中原友好。

《汉书》对王昭君的记载，就这么多，后来的正史，对王昭君的记载也很少。虽然记载不多，却清楚地告诉我们一个基本史实。那就是在汉元帝时期，确实有一个名叫王昭君的女子，背井离乡，远嫁匈奴；王昭君和她的儿女们，确实为汉匈友好做出了一定的贡献。有这样一个基本事实，就足够了。文学家可以以此为依据，创作出许多有意义的传说故事来。

王昭君的丈夫呼韩邪，是匈奴历史上非常有名的单于。他是第一位到长安朝拜汉朝皇帝的匈奴单于，更是因为迎娶了王昭君而广为人知。呼韩邪单于即位后，匈奴发生分裂，五个单于相互攻打，最后剩下他和郅支单于两个。呼韩邪单于打不过郅支单于，就归顺了汉朝，对汉称臣，在汉朝帮助下，消灭了郅支单于。因此，呼韩邪单于对汉朝感恩戴德，三次到长安朝拜，与汉朝保持了四十余年的友好关系。

所以，王昭君和亲匈奴，与从前汉朝的和亲政策，有着本质上的不同。过去有成百上千的女子和亲匈奴，都是因为汉朝势弱，她们被迫和亲，连名字都没有留下来。而王昭君时期，汉强匈弱，皇帝恩赐单于一个宫女，并指定要当皇后，这有着根本的区别。王昭君嫁到匈奴，确实有利于汉匈友好，她也为之做出过一定贡献。但如果说是王昭君改善了汉匈关系，实现了汉匈和平，就言过其实了。

王昭君是被迫出嫁，还是自愿出塞，历来有不同的说法，这要看文学创作的主题了。如果是为了宣扬爱国主义和民族大义，当然是慷慨应召，不惧艰险，自愿出嫁了；如果是怜悯她的不幸身世，自然是悲悲戚戚，哭哭啼啼，被迫出嫁了。

后来，有人为她创作了《琵琶怨》。说昭君告别故乡，出塞北去，一路上黄沙滚滚，凄凄凉凉。王昭君心中凄惨，弹起了《琵琶怨》。一个美艳的女子和凄婉的琴声，让天上的大雁忘记了摆动翅膀，纷纷跌落，王昭君从此有了"落雁"的雅称，成为中国古代四大美女之一。也有人为她写了《怨词》和《报汉元帝书》，说王昭君丈夫死了以后，思念故乡，给皇帝上书，要求回来，被皇帝拒绝了。

王昭君传说中最精彩的，莫过于"画工弃市"。说王昭君入宫之后，画工毛延寿给她画像。当时宫中女子众多，皇帝看不过来，就根据画像召见宠幸。很多宫女都给画工送钱，希望被画得漂亮一些。王昭君没有行贿，毛延寿就故意把她画得一般。

等到呼韩邪单于求婚的时候，皇帝舍不得给美女，就挑了一个一般的赐给他，谁知召来一见，王昭君美若天仙，光彩照人，皇帝反悔也来不及了，一怒之下，把毛延寿杀了。这个故事记载在《西京杂记》中，《汉书》上没有。王安石作过一首名诗，其中两句是："意态由来画不成，当时枉杀毛延寿。"

王昭君的姓名字号，很不统一，有王樯、王墙、王蔷、王嫱、王昭君等，《汉书》在两处记载中也不一致。晋朝时，因避司马昭之讳，又称之为王明君、明妃。

王昭君是哪里人？这方面的争议倒不多，一般认为，王昭君故里是今湖北省宜昌市兴山县。兴山县有个宝坪村，原名烟墩坪，又叫王家湾、昭君村。据说王昭君就出生在这个小山村。村里人大多姓王，都说是王昭君娘家人的后裔。1983 年，兴山县建成昭君纪念馆。1988 年，湖北省政府将该纪念馆命名为"爱国主义教育示范基地"。

王昭君活了多大年纪，史书没有记载。有人说她活到五十多岁，有人说她只活了三十多岁。王昭君的墓葬倒不少，在内蒙古有昭君墓，坐落在呼和浩特市南郊大黑河南岸；在山西省有昭君墓，位于晋西北与内蒙古接壤的地方；河南省也有昭君墓，在许昌市襄城县境内，据说是为纪念昭君出塞所建的衣冠冢。

总之，关于王昭君的传说非常多。传说多的一个重要原因，是史料少而题材独特，这就给民众和文学家提供了广阔的想象空间，使昭君出塞的故事广泛流传。从历史上看，广泛流传的故事，不一定是真的。比如，包公铡陈世美的故事，妇孺皆知，但历史上却是子虚乌有。有人考证说，陈世美实际上是位清官，根本没有杀妻灭子那档子事。

文学作品不同于史籍，它虚构创作的人物形象和宣扬的主题，对于教育民众、推动社会发展，起着不可替代的作用。需要注意的是：不能把文学作品中的事件和人物，当成历史事实。

王政君入宫很神奇

汉元帝时期，还出了另一个名人，她与王昭君只有一字之差，叫王政君。王政君是王莽的姑妈，王莽就是靠着姑妈，步步高升，掌握大权，最后夺取了西汉政权，建立了新朝。王政君进入皇宫，当上皇后，有着一连串的巧合，颇有些神奇色彩。

《汉书》记载，王政君祖上是齐国人，是田姓国君的后代。秦灭齐之后，她这一支改姓王，流落到河北邯郸一带。王政君的父亲叫王禁，王禁年轻时在长安学习法律，做过廷尉史，属于中下级官吏。王禁胸怀大志，却不拘小节，沉湎酒色，妻妾很多，生了八个儿子、四个女儿，王政君是他的二女儿。王禁的正妻姓李，长子王凤、四子王崇和王政君，都是她生的。李氏因忌妒被休，改嫁给一个姓苟的，又生了一个儿子，叫苟参。

王政君长大以后，身材娇美，面如桃花，性情柔顺，很受父亲疼爱。王禁用心为女儿挑选了一户好人家，正准备结婚时，未婚夫却突然死了，王禁叹息不已。后来，东平王听说王禁女儿美貌贤惠，派人送来聘礼，想纳王政君为姬妾。能当诸侯王的姬妾，是十分荣耀的。王禁很高兴，心想，幸亏那个男的死了。王禁把女儿精心打扮一番，准备送进王宫，谁知，东平王也突然病死了。王禁吃了一惊，满腹狐疑，女儿这是克夫啊！

王禁心中忐忑，请来术士给女儿相面。术士看后，说："贵不可言。"王禁又高兴起来，他想，连诸侯王都不能享用女儿，那只有皇帝了。于是，他花气力教女儿读书弹琴，学习有关知识和礼仪。王政君长到十八岁的时候，通晓诗书音律，而且长得如花似玉，仪表不凡。王禁觉得把她培养好了，想托关系送进皇宫。但宫中编制不缺，王禁只好先把王政君送入掖庭，做家人子。家人子，就是皇宫嫔妃的预备人选。

这个时候，太子刘奭正在宠爱一个姓司马的良娣，两人感情浓厚，如胶似漆。不料，司马良娣病死了。临死前，司马良娣哽咽着对刘奭说："我并非死于天命，是因为其他姬妾得不到太子宠爱，忌妒诅咒我，才使我得病而死。"

刘奭对此深信不疑，心爱的女人死了，刘奭悲痛欲绝，神情恍惚，几天不吃不喝，常常一个人发呆，以致大病一场。特别是，刘奭一见到宫中其他姬妾，就想起司马良娣的话来，对她们怒目而视，吓得她们躲得远远的。刘奭和他爹一样，也是一个情种！

汉宣帝见儿子这个样子，十分担心，知道儿子敌视宫中女人，就让皇后在家人子当中，挑选能让太子高兴的人入宫。皇后精心挑选了五个，王政君就在其中。

王政君知道，决定她命运的时刻到了，不敢怠慢，对着铜镜梳洗打扮了半天，又特意穿上镶有红边的宽大上衣。皇后让五个花枝招展的美女排成一行，请太子过来亲自挑选。刘奭无精打采地进来，尽管美女光鲜夺目，他却毫无兴趣，又不好拂了皇后的美意，随意一挥手，说："就是她吧。"谁也没有看清楚，刘奭指的是哪一位，侍从说是王政君，王政君就稀里糊涂地进了太子宫。

很多人都说，这是王政君的巧合和幸运。笔者却认为，不排除王禁在宫中找了关系，做了打点。王禁在女儿身上下了那么多功夫，女儿做了家人子之后，他能不千方百计地想办法吗？

王政君到了太子身边，不久就怀孕了，生下一个大胖小子。原先，太子宫中的姬妾有十几个，服侍刘奭都在七八年以上，却没有一个生育的。如今王政君生了个儿子，皇宫上下一片喜庆，王政君的地位瞬间抬高。

汉宣帝更是喜得合不拢嘴，对这个嫡长孙疼爱有加，常常一抱就是半天，等他会跑了，天天带在身边。汉宣帝亲自为孙子起名，叫刘骜。骜，是千里马的意思。汉宣帝对这个孙子，寄予了无限期望。

汉宣帝去世，刘奭继位，就是汉元帝。元帝遵照宣帝遗命，立四岁的刘骜为太子，封王政君为皇后。元帝还封王政君的父亲王禁为阳平侯，提拔王禁的弟弟王弘当了长乐卫尉。王禁的心血没有白费，终于得到了丰厚的回报。王禁死后，长子王凤继承侯爵，并且担任了卫尉侍中。王氏家族崭露头角。

然而，命运并不都是一帆风顺的，一场危机悄然来临。王政君虽然美丽贤惠，又生了太子，汉元帝却并不十分宠爱她。后来，汉元帝遇见了一个姓傅的女人，觉得她与司马良娣有点像，又爱得不得了，封她为昭仪，整天黏在一起，很少召见王政君了。更要命的是，太子刘骜长大以后，好酒贪杯，宴饮取乐，元帝很不满意。傅昭仪也生了个儿子，取名刘康。刘康聪明伶俐，多才多艺，元帝觉得很像自己，非常喜欢，吃饭让他坐在身边，出行同乘一辆车。后来，汉元帝产生了更换太子的想法。王政君和长兄王凤，感到了巨大的危机。

王政君和王凤经过商议，决定找史丹帮忙。史丹是汉宣帝祖母史良娣的娘家人，史家养育宣帝有功，都受到信任和重用。史丹在汉元帝当太子的时候，就随从左右，已有十几年了，深受元帝宠信。皇上曾命史丹护卫太子一家，史丹也愿意帮助太子，便时常在元帝面前说太子的好话，替太子掩饰过错。

有一次，中山哀王死了，元帝十分悲痛，亲往吊唁，哀王是元帝的小弟弟，与太子刘骜从小一块儿长大，太子也去吊唁。汉元帝见太子并不十分悲伤，责备他缺乏慈爱之心。史丹在一旁看见，急忙摘帽谢罪，对元帝说："我见陛下为哀王悲伤，恐怕损坏身体，就私下里告诉太子，不要哭泣，免得陛下更加悲痛。过错都在我身上，请陛下处罚我吧。"这才化解了汉元帝对太子的怒意。

有一次，汉元帝得了重病，傅昭仪和她的儿子常常服侍在身边，而皇后和太子却很少能进宫见驾。汉元帝屡次向尚书询问汉景帝更换太子的事情，史丹觉得事情不妙。他乘无人的时候，径直闯入元帝寝室，伏倒在地，哭着说："臣听到外面谣言，说陛下有更换太子之意。太子被立已有十多年了，天下人心归顺，如果更换，势必造成动乱，大臣也会以死抗争。那样，国家就危险了。臣愿意以死进谏。"说完，磕头不止，痛哭流涕，引得汉元帝也流下泪来。

元帝喟然长叹，说："太子是已故父皇的最爱，我怎么能违背他的意愿呢？况且皇后细心慎重，朕不会抛弃太子的。请您好好辅佐引导太子吧！"汉元帝和他父亲一样，也是感情大于理智，他又缺乏主见，从此打消了更换太子的想法。

汉元帝去世之后，太子刘骜成了继承人。那么，被王政君和史丹精心保护下来的刘骜，会是一个什么样的皇帝呢？

以酒色自娱的汉成帝

汉元帝死了，十八岁的刘骜继位，被称为汉孝成帝。汉成帝登基之初，也想有一番作为，可在母亲王政君的干预下，大权落在王氏家族手里，竟然出现了王氏一门十侯五司马的现象。汉成帝没有志向和才能，也不是当皇帝的材料，只好整天沉湎于酒色之中。西汉王朝的大厦，开始倾斜了。

《汉书》记载，刘骜年少的时候，还是一个好孩子。他"好读经书，宽厚通达，恭敬谨慎"。有一次，汉元帝紧急召见他，刘骜不敢横穿皇帝专用的驰道，而是绕了一个大圈子。他虽然迟到了，汉元帝却很高兴，认为他谨慎知礼，特下令说，太子以后可以横穿驰道。刘骜长大以后，喜欢喝酒玩乐，差一点被废，在史丹的帮助下，才化险为夷。

汉成帝登基不久，就罢免了擅权十几年的宦官石显，把他赶出宫去。石显气得生了病，死在了路上。为了避免铺张浪费，成帝下令，乘舆车、牛马、禽兽，都不要随葬，并减少了皇帝乘舆的厩马。汉成帝还下诏，减轻天下赋税，免收赈贷，对鳏寡孤独赏以钱帛，对轻罪者予以赦免，并要求各地举荐贤良方正之人，颇有点贤明天子的气派。

汉成帝的母亲王政君，在元帝时小心谨慎，如今当了皇太后，立刻显赫起来。她要求汉成帝，让自己的同母哥哥王凤，担任了大司马、大将军，领尚书事，总揽朝政，承袭阳平侯。她的同母弟弟王崇，封为安成侯，其他五个同父异母的兄弟，先赐关内侯，后来在同一天，都被封为正式的列侯，史称"一日五侯"。

王政君有八个哥哥弟弟，除了弟弟王曼早死之外，其他七个都是侯了。王曼有个儿子，叫王莽。王政君可怜王曼死得早，没有享受到今天的荣华富贵，就想封侄子王莽为侯。可王莽年轻，没有功劳，这样做太扎眼了。王政君想了个办法，先追封王曼为新都哀侯，再由王莽继承爵位。这样，加上死去的王禁、王曼，王氏一家共有十个侯了。

王政君还不满足，想把母亲改嫁后生的儿子苟参也封侯。汉成帝终于忍不住了，顶撞母亲说："那姓苟的，与王家有什么关系？"坚决不予封侯。王政君只好退而求其次，让苟参进宫当官，做了水衡都尉，是个管钱的肥差。王政君七大姑八大姨之类的亲戚，纷纷涌入朝中做官，王氏家族占据了整个朝廷。

西汉建立以来，历代都有皇太后干政的习惯，汉文帝、汉景帝、汉武帝的母亲，都不同程度地干预朝政。可是，他们的儿子都很有本事，可以控制局面，而汉成帝没有那两下子，面对庞大的王氏势力，他根本无能为力。

王政君提拔王氏家族的人当官，只不过是为了让娘家人富贵而已，她对朝政干预不是很多，当时朝中真正掌握大权的，是王政君的长兄王凤。王凤没有治国才能，却十分霸道。有一次，定陶王刘康来朝。刘康就是汉元帝非常喜欢，打算立他为太子的那位，曾经是汉成帝的政敌。汉成帝却没有介意这事，两人相处很是融洽。成帝打算让他留在朝中，可是王凤不干，硬是把刘康撵走了，汉成帝连这点事都做不了主。

京兆尹王章看不过去，劝成帝不要重用王凤。王凤得知后，称病不上朝，王政君则哭泣绝食，搞得成帝手足无措，狼狈不堪。他依赖王凤惯了，又不想违背母亲意愿，只得好言安慰王凤，继续重用他。王凤返朝后，立刻诛杀了王章。后来，又排挤掉能力强、名声好的冯野王、王商等人，朝中再无与王氏抗衡的力量了，形成了王凤专制，汉成帝成了挂名皇帝。

汉成帝既无大志，又无才华，大权旁落之后，干脆自暴自弃，乐享其成，吃喝玩乐起来。他本来就好酒贪杯，如今更是敞怀豪饮，整天喝得醉醺醺的。汉成帝花了大量金钱，营造了豪华的宵游宫、飞行殿、云霄宫，供自己游玩淫乐。

汉成帝起初专宠许皇后。许皇后是今山东省菏泽市巨野县人，她色艺俱佳，犹擅文学，先当太子妃，后为皇后，宠冠后宫十几年，汉成帝很少召见其他嫔妃。许皇后生了一男一女，可惜都夭折了。

汉成帝年龄已大，却还没有儿子，王政君十分着急，命他恩宠六宫。后来许皇后色衰，汉成帝移情别恋，开始宠爱班婕妤。班婕妤是《汉书》主要作者班固的祖姑，她美而不艳，丽而不俗，博通文史，是西汉有名的才女。班婕妤生了个男孩，数月后也夭折了。

班婕妤为了让成帝能有儿子，就把自己的侍女李平进献给成帝。汉成帝很宠爱李平，说：“当初卫皇后也是从微贱而起。”于是，赐李平姓卫，封她为卫婕妤，卫婕妤也没有生下孩子。后来，汉成帝又喜欢上了赵飞燕、赵合德姐妹俩。赵飞燕姐妹轻佻妖艳，迷得成帝晕头转向，不知东南西北。

西汉统治者是这个样子，自然谈不上推动经济社会发展了。成帝时期，大兴徭役，民众负担加重。王氏家族不但控制了朝廷，而且横征暴敛，家财成亿，膏田遍野。上行下效，各级官僚也都倚仗权势，大占良田，随之而来的，是民不聊生，苦不堪言。山东、河南、四川等地发生农民暴动，暴动的农民杀死官吏，夺取兵库，声势浩大，西汉王朝开始走上崩溃的道路。

公元前7年二月的一天，汉成帝与赵合德夜宿，早晨起床，准备穿衣，谁知刚穿上裤袜，上衣还没披上，就突然身体僵直，眼歪嘴斜，口不能言，一头扎到赵合德怀里，死了！

现在看来，汉成帝可能是中风或心脏病。那个时候，人们不知道是什么原因。皇帝暴亡，皇宫一片恐慌，赵合德更是吓得肝胆俱裂。王政君追查皇帝死因，赵合德浑身颤抖，说不清楚，畏惧自杀了。汉成帝临死，还抓了一个美女垫背。

汉成帝在位二十五年，终年四十四岁。由于汉成帝没有儿子，只好让刘康的儿子刘欣继承了皇位。

赵飞燕 "燕啄皇孙"

　　赵飞燕，是中国历史上有名的美女。现在流传的四大美女，是西施、王昭君、貂蝉、杨玉环，而前些年在甘肃发现的南宋木刻年画《四美图》，却表明南宋以前流传的四大美女，是王昭君、赵飞燕、班昭、绿珠。

　　两者相比较，可以看出，现在流传的这四位美女，都有爱国救民或曲折感人的故事，因此，王昭君被保留下来，赵飞燕等人被淘汰了。看来，漂亮的女人，不仅要长得美，还要心灵美才行。

　　《汉书》记载，赵飞燕，是长安的宫人，家里很穷。她出生时，父母嫌她是个女孩，不想养她，把她扔掉了。但她三天都没有死，父母不忍心，又抱回家抚养。长大以后，她到阳阿公主家学习歌舞，因身材娇美，舞姿轻盈，号称飞燕。她的原名叫什么，《汉书》没有记载，野史《飞燕外传》说她叫赵宜主。

　　有一次，汉成帝外出游玩，来到阳阿公主家。阳阿公主，史书没有记载她的生父是谁，可能是汉宣帝或者是汉元帝，阳阿公主的地位，不是很显赫。阳阿公主见皇帝驾到，十分高兴和殷勤，把她培训的歌女都叫出来，为皇帝表演。汉成帝一眼看中了赵飞燕，赵飞燕的倾国美貌和婀娜舞姿，把汉成帝的魂都勾走了。整个歌舞表演，汉成帝不看别人，两眼直勾勾地盯着赵飞燕。阳阿公主当然看出来了，当即把她献给了成帝。汉成帝大喜，赏了阳阿公主一大笔钱。

　　汉成帝把赵飞燕带进宫去，如获至宝，夜夜临幸，再也离不开她了，什么许皇后、班婕妤、卫婕妤，统统都晾到一边去了。赵飞燕说，她还有个妹妹，长得比她还漂亮，勾起了汉成帝的欲望。成帝诏令她入宫，果然美貌如仙，与飞燕不相上下，特别妖娆妩媚，眼睛能勾魂，汉成帝也是喜欢得不得了，与姐妹俩日夜宣淫，丢魂落魄。赵飞燕姐妹"俱为婕妤，贵倾后宫"。《汉书》也没有记载赵飞燕妹妹的名字，《飞燕外传》说她叫赵合德。

赵飞燕虽然长得漂亮，但心肠歹毒，入宫不久，就盯上了皇后的宝座。当时的许皇后，色衰无子，早已失宠。恰在这时，许皇后的姐姐用巫术诅咒其他嫔妃，被人发现治罪。赵飞燕趁机诬告许皇后，说她与姐姐串通一气，共同作案，结果导致许皇后被废。也许汉成帝早就想废她了。

废了许皇后，汉成帝迫不及待地要封赵飞燕做皇后。不料，皇太后王政君看不上赵飞燕的妖娆作风，借口她出身卑微，不是侯门之女，不同意。赵飞燕和汉成帝来了个双管齐下，一方面，由赵飞燕找到王政君的外甥淳于长，求他帮忙，从中说合。淳于长本是善于奉承之人，见赵飞燕正在受宠，当然乐意效劳，他与姨妈关系很好，天天劝说王政君。另一方面，汉成帝封赵飞燕的父亲赵临为成阳侯，这样，赵飞燕就成为侯门之女了，以此堵住王政君的嘴。经过两方面的努力，王政君不再反对了，汉成帝就册封赵飞燕为他的第二任皇后，赵飞燕终于如愿以偿。

赵飞燕心里明白，她当上皇后，头等大事，就是赶紧给皇帝生出个儿子来。可是，不管怎么努力，都生不出来，赵合德也是如此。赵飞燕恨不得找个孩子，硬塞到自己肚子里。姐妹俩专宠后宫十多年，始终没有怀孕。至于什么原因，《汉书》没有记载。《飞燕外传》说，她们为了美色永驻，使用了一种药物，叫作息肌丸。息肌丸有副作用，能导致不孕，不知是否真的。不管是什么原因，总之是生不出孩子来，姐妹俩可急坏了。

《西京杂记》说，赵飞燕为了能怀孕，与一个叫庆安世的十五岁少年通奸，常常住在一起，但肚子就是不见动静。赵飞燕简直是疯了，从宫外找了许多年轻力壮的男子，让他们穿上女人衣服，混进宫来，每天达十数人，轮流干活，一刻也不停歇，仍然没有效果。不过，对这个事情，《汉书》并无任何记载，甚至连暗示也没有。所以，依笔者看来，这事可能性不大。赵飞燕再受宠，也不敢如此胆大妄为。男人最忌讳和痛恨的，就是这种事，一旦暴露，岂不是一切都完了？

赵飞燕自己生不出孩子来，也不准别人生，生下来的孩子，要千方百计除掉，以保住自己的地位。《汉书》说，有个姓曹的宫女，生下一个男孩，由六名婢女服侍。后来，姓曹的宫女死了，那六名婢女也死了。有个叫李南的宫长，持诏书把孩子抱走，不知下落。还有个叫许美人的，也生了一个孩子。赵合德知道后，对成帝大哭大闹，用手捶打自己，拿头撞墙，哭哭啼啼，不肯吃饭，成帝也不吃饭。后来，这个孩子死了。有个叫籍武的人，奉命把死婴埋在僻静的地方。

掖庭令吾丘遵在病死前，对籍武说："掖庭里得到皇上御幸，生下儿子的，都得死，许多人吃药堕胎。我先前和你商议过，想和你一起去告诉皇太后。现在我要死了，你自己难以办成。你有子女，不要祸及全家，千万不要泄露出去。"

后来，社会上流传童谣说："燕儿燕儿，尾巴光光，张公子来，时常相见。宫门森严，琚琅铿锵，燕儿飞来，啄杀皇孙。皇孙已死，燕儿啄矢。"童谣中说的张公子，是汉成帝的男宠。

《汉书》对这些情况，记载得十分详细，时间、地点、人物，都清清楚楚，看来是真的。赵飞燕美丽的外表里边，竟然包藏着一颗歹毒的黑心！

汉成帝没有儿子，始终是个大问题。刘欣的祖母傅太后，就是汉元帝宠爱的那位傅昭仪，看准了这个机会，拿了许多金银珠宝，送给赵飞燕姐妹俩，想让刘欣当汉成帝的养子，以便继承皇位。赵飞燕觉得也没有其他好办法，就答应了。同时，傅太后还贿赂了王氏家族的人。于是，在汉成帝死的前一年，刘欣以养子的身份，被立为太子。

汉成帝突然暴亡，太子刘欣继位，被称为汉孝哀帝。汉哀帝感念赵飞燕拥立有功，尊她为皇太后，封赵飞燕的兄弟赵钦为新成侯。

几个月后，司隶解光上书，揭发"燕啄皇孙"之事，矛头直指赵飞燕。议郎耿育上书，对解光揭露的杀害皇子案，持怀疑态度。汉哀帝不愿深究，只是免去了赵钦的侯爵，赵飞燕平安过关。

然而，汉哀帝只当了六年皇帝就死了，王氏势力东山再起，王莽掌握了大权。王莽重新追查杀害皇子案，以太皇太后王政君的名义下诏说："姐妹二人专房擅宠，残杀皇子，危害宗庙社稷，违逆天命。"废黜赵飞燕皇太后的尊号，仍称孝成皇后，迁往北宫。

　　一个月后，太皇太后又下诏说，赵飞燕"罪大恶极，有虎狼一般的狠毒，是国人的仇敌，居然还处在皇后的地位上，不合天意，废为庶人"。赵飞燕心里明白，这是要逼她自杀。当天，赵飞燕自杀身亡，时年四十四岁。

　　一代蛇蝎美女，终于呜呼哀哉！

荒诞无道的汉哀帝

汉成帝死了，十八岁的刘欣继位，被称为汉孝哀帝。汉哀帝是西汉事实上的最后一个皇帝，因为他之后的两个皇帝，年龄都小，只是挂名而已。汉哀帝行事荒唐，匪夷所思，根本不像个君主的样子，西汉王朝无可避免地走向覆灭。

《汉书》记载，刘欣的父亲叫刘康，就是汉元帝特别喜欢，打算取代刘骜为太子的那位。刘康后来被封为定陶恭王，生下儿子刘欣后三年就死了。刘欣三岁继承了王位，由祖母傅太后亲自抚养成人，他母亲丁姬管得倒不多。傅太后十分疼爱这个唯一的孙子，在他身上倾注了全部心血，祖孙俩感情很深。

汉哀帝是以成帝养子的身份登基的，按礼制，封王政君为太皇太后，封赵飞燕为皇太后，封自己的妻子傅氏为皇后，这都没有问题。按道理说，汉哀帝已经过继给了别人，傅太后这边就不应该再封赏了。可汉哀帝与傅太后这边感情深，心理不平衡，请求王政君，让她下诏，尊奉祖母傅太后为恭皇太后，母亲丁姬为恭皇后。王政君还不错，同意了。

过了一年，汉哀帝心理又不平衡了，觉得自己贵为天子，凭什么干奶奶王政君是太皇太后，亲奶奶只能是恭皇太后？汉哀帝想让亲奶奶与王政君平起平坐，但总不能有两个太皇太后啊。汉哀帝挖空心思，创造了一个新名词，下诏封自己的祖母傅太后为"帝太太后"，封母亲为"帝太后"。这个尊号，在历史上仅用过一次，还蛮有创意的。后来，汉哀帝仍不满意，又把"帝太太后"改为"皇太太后"，与王政君的太皇太后不分上下了。王政君住的地方叫长信宫，傅太后住的地方改为永信宫。这样，两家算是扯平了，但违背了礼制，引起王氏家族和大臣的不满。为了一个空虚的名号，翻来覆去的，有什么实际意义呢？

汉哀帝当然不会只玩虚的，还有实的。祖母傅太后有五个弟弟，母亲丁姬有两个哥哥、两个叔叔，他们的后代中有八个被封侯，三人担任了大司马，十二人做到九卿、将军等高官，在朝廷任侍中等官职的，多达三四十人。汉哀帝的舅舅丁明，任大司马骠骑将军，辅佐朝政。傅氏、丁氏势力骤然崛起，威震天下。与此同时，免去王莽大司马的职务，把他赶出宫去，王氏家族势力受到压制。在这个过程中，傅太后起了相当大的作用，王政君则采取了宽容忍让的态度。

傅太后在当汉元帝昭仪时，温顺恭谨，很受宠爱，如今孙子当了皇帝，她得志便猖狂。她对王政君很不尊敬，甚至称她为老太婆。傅太后想起过去冯昭仪的一件事，耿耿于怀，伺机报复。

当年，傅昭仪和冯昭仪一块儿陪着汉元帝看斗兽，忽然，一头黑熊逃出圈院，跑到殿上。傅昭仪吓得花容失色，扭头就跑，而冯昭仪却挺身向前，护住元帝。汉元帝非常感动，冯昭仪则说："只要皇上没事，臣妾甘愿让熊吃掉。"

这件事，让傅昭仪丢了面子，从此怀恨在心，现在有了权势，傅太后就诬告冯昭仪搞巫术，派人审查。冯昭仪不肯承认，审查官员说："当年你连熊都不怕，怎么现在害怕承认呢？"冯昭仪一听，心里明白了，这是傅太后在搞鬼，只好自杀了，冯昭仪的家族有几十人被杀。汉哀帝是被傅太后带大的，她的这种任意妄为的个性，肯定对汉哀帝有很大影响。

汉哀帝登基之初，土地兼并严重，社会矛盾尖锐。大臣师丹、孔光、王嘉等人建议限田限奴，并制定了具体规定。诸侯王和列侯，占田不得超过三十顷，奴婢分别不超过二百人和一百人。汉哀帝同意了，颁发了诏令，但遭到傅氏、丁氏家族的反对，诏令执行不下去。汉哀帝也根本没拿限田令当回事，他一次就赏给男宠董贤田地二千顷，是限田最高额的六十六倍。限田限奴令成了一纸空文和笑柄。

汉哀帝时期，有几位贤明能干的大臣，如果能够重用他们，西汉王朝可能还有希望。可是，这几个贤臣，都被汉哀帝罢免或杀死了。汉哀帝即位时，丞相是孔光。孔光是孔子的十四世孙，博学多才，为人正直，处事公平，因不满傅太后的做法，被免职回乡。后来的丞相王嘉，刚直严毅，威望很高，因多次规劝哀帝不要宠爱董贤，惹得哀帝大怒，把他打入大牢。王嘉在狱中绝食二十多天，吐血而死。

汉哀帝的老师师丹，忠诚厚道，廉洁正直。哀帝起初很信任他，让他取代了王莽的职务。汉哀帝行事荒诞，任意胡为，师丹痛心疾首，数十次上书劝谏，言辞诚恳率直。汉哀帝不为所动，反而心生厌恶，把他罢官免职，赶回家去。王莽执政时，又用隆重之礼，把师丹请了回来，相比之下，良莠分明！

汉哀帝当了六年皇帝，换了六任丞相，其中孔光当了两次。五个丞相中，有两人自杀或被逼死。

汉哀帝不喜好音乐，他继位两个月后，就下令裁减了四百一十四名乐工，占皇宫乐工总数的一半还多。有人据此认为，他是"躬行俭约，省减诸用"。其实，这是他性格使然。汉哀帝不爱音乐，不喜欢女的，却喜欢男的。在西汉皇帝中，有男宠的并不少见，但都比不上汉哀帝爱得深。汉哀帝爱男宠，达到了匪夷所思、登峰造极的程度。

汉哀帝的男宠叫董贤，性情温柔，长相俊美。汉哀帝登基两年后，偶然遇见董贤，一见钟情，爱得不得了，随即留在身边，如获至宝，日夜服侍左右，这和当年汉成帝遇见赵飞燕的情况差不多。从此，汉哀帝与董贤形影不离，出则同车，入则同室。有好吃的，先让董贤吃；有好穿的，先让董贤穿，一月之内，赏给董贤一万万钱，其富贵震动朝野。

可是，董贤是有家庭、有妻子的。汉哀帝有办法，把他的妻子也召进宫来，夫妻俩一左一右，共同服侍汉哀帝，真是闻所未闻。这还不算，董贤也像赵飞燕一样，说他还有一个妹妹，也献给了哀帝。这样，夫妻俩、兄妹俩齐心协力，一块儿供皇帝淫乐，这倒避免了争风吃醋，有利于团结。

汉哀帝爱董贤无微不至。有一天中午，两人同床睡觉。哀帝先醒了，想起床，却发现衣袖被董贤压在身子底下。董贤睡得正香，哀帝不忍心惊动他，就用剑截断了衣袖，才悄悄地起来。这个故事被《汉书》记载下来，后来形成了一个典故，叫作"断袖之癖"，泛指男子之间的同性恋行为。汉哀帝还在自己的陵墓旁边，专门为董贤修建了陵寝，打算"生同衾、死同穴"，下辈子还做同性夫妻。

汉哀帝爱屋及乌，提拔董贤的父亲为少府，赐关内侯，董贤的岳父担任将作大匠，董贤的内弟担任执金吾，董氏亲属，纷纷入朝做官，就连董贤家里的仆人，汉哀帝都看着那么顺眼，给了大量赏赐。董贤家族，风光无限，显赫一时。

董贤本人，更是连续提拔，不断升迁，做了高官。汉哀帝宠爱董贤两年后，就想封他为侯。实在找不到理由，哀帝就把别人的奏书，改成董贤的名字，把功劳偷换到董贤头上。堂堂皇帝，竟然干出这等龌龊事来。此时，汉哀帝的祖母和母亲已经死了，没人能管住他。

汉哀帝把辅政的舅舅丁明免职，由董贤代替。汉哀帝封董贤为高安侯，担任大司马卫将军，领尚书事，总揽朝政，成为百官之首，此时董贤只有二十二岁。不久，匈奴单于来朝，见统领百官的竟是一个美貌少年，十分纳闷。汉哀帝大言不惭地说："大司马虽然年少，却是大贤。"匈奴单于大为惊讶，连忙起身拜谢，祝贺汉朝得到一位世所罕见的少年大贤。

汉哀帝爱董贤，爱到了骨子里，竟然异想天开，想把皇位让给他。《汉书》记载，有一次，汉哀帝在麒麟殿设宴，宴请董贤父子及亲属。哀帝几杯酒下肚，看着董贤，越看越爱，笑眯眯地说："我想效法尧让位于舜，你看怎么样？"此言一出，满堂皆惊。

大臣王闳忍不住了，正色说道："天下是高祖皇帝打下来的，不是陛下私有的。陛下承继刘氏宗庙，应当传给刘氏子孙。皇统大业至关重要，天子没有戏言！"汉哀帝被扫了兴，十分恼怒，把王闳赶了出去，酒宴不欢而散。汉哀帝如此不爱江山爱男宠，这不仅是登峰造极，应该也是空前绝后吧。

还没等汉哀帝把皇位让给董贤，他就一命呜呼了，年仅二十四岁。关于他的死因，《汉书》说，他即位时就患痿痹之疾，以后逐渐加重。有的史书说，他因贪色纵情掏空了身子；有的则说，他死于服用了过量的春药。

汉哀帝在临死前，竟将皇帝玺绶托付给董贤，还嘱咐说："不要随便给人。"哀帝拉着董贤的手，恋恋不舍地离开了人间。汉哀帝死了，他最心爱和牵挂的董贤，该怎么办呢？

谦恭有礼的王莽

汉哀帝死了，太皇太后王政君立即驾临未央宫。大臣王闳持剑找到董贤，夺了皇帝玺绶，献给王政君。王政君命董贤前来，神色严肃地问他，应该如何办理皇帝后事？此时的董贤，痛哭流涕，六神无主，不知怎么办好。王政君看着他那样子，又恨又怜，说："王莽有经验，让他来办吧。"

王政君命人飞马去召王莽，同时下令，所有军队和文武百官，都由王莽指挥。王莽到来，立刻收缴了董贤的大司马印信。董贤知道末日来临，当天与妻子双双自杀。短暂的荣华富贵，瞬间变成过眼云烟。

王莽，是一位饱受争议的历史人物。在封建社会，几乎一致谴责他是篡位的巨奸；帝制完蛋之后，人们对他的评价出现了多样化、复杂化，至今仍然褒贬不一。

《汉书》是最早记载王莽的史书，用了近五万字的篇幅，专门写了《王莽传》，几乎记述了他的一生。

《王莽传》写他如何由一个谦谦君子，成为专权大臣；如何滋生了野心，篡夺了西汉政权；称帝后又是如何作为，导致最终灭亡。《汉书》是在东汉皇帝支持下写成的，自然要把王莽定位为"汉贼"，总体上对他持否定态度，但也客观地记载了他许多善举和好的品质。笔者读《王莽传》，感觉王莽并非奸诈邪恶之人，比起那些昏聩荒诞的皇帝来，不知道要好多少倍。

《王莽传》记载，王莽是战国时期齐国田姓国君的后代，秦灭齐之后，他所在的这一支，由田姓改成王姓，流落到河北邯郸一带。王莽的父亲叫王曼，死得早。王莽还有个哥哥，不幸也早亡了，撇下一个儿子叫王光。这样，家庭生活的重担，就全落在王莽一个人身上。他精心赡养母亲和寡嫂，替哥哥抚养侄子，日子过得十分艰难。

王莽一面养家糊口，一面学习儒学。他拜沛郡人陈参为师，学习《礼仪》《周礼》，勤奋不懈，十分刻苦。陈参是西汉名臣陈咸的儿子，父子俩都有贤名。王莽跟着名师学习，学业有成，修养良好，彬彬有礼。

后来，姑妈王政君当了皇太后，有了权势，王莽的叔伯全都封了侯，只有王曼死得早，未能封侯。王莽的堂兄弟成了侯门之子，个个骄横起来，行为放纵，生活奢侈，花天酒地，互相攀比，炫耀谁的车马高大，谁的姬妾漂亮。只有王莽一人，仍然生活俭朴，穿着普通书生的衣服，待人更加谦恭有礼，行为十分谨慎检点。人们都夸赞他，称他是王氏子孙中的"另类"。

王莽对寡嫂和侄子照顾得很好，他把侄子王光送到一个博士门下读书。王莽经常带着酒肉，去慰问侄子的老师，了解侄子的学习情况，比对自己的亲儿子还上心，人们都赞叹不已。

王莽的儿子叫王宇，比王光年龄大，定亲早，但王莽不让他早娶亲，等着与王光同一天结婚。结婚那天，宾客满堂，恰巧王莽的母亲生了病，王莽一边笑容满面地应酬宾客，一边锁着眉头安排母亲服药。宴席中间，王莽多次起身外出，去探视母亲。《王莽传》对这类细节，描述得很详细，也很真实。那个时候，王莽还没有做官，用不着伪装。

王莽对待各位伯父叔父也都很好，经常嘘寒问暖，委婉周详，颇有礼节。伯父王凤病了，王莽日夜在病床前侍候，亲自尝药，几个月不脱衣睡觉，也不梳头洗脸，搞得蓬头垢面。王凤见王莽比自己的亲儿子还孝顺，十分感动，临终时嘱咐王政君和汉成帝，托他们关照王莽。于是，王莽入朝做官。王莽入宫后，先当黄门郎，后任射声校尉，职务不是很高。

王莽的其他伯父叔父们，也一致看好王莽。叔父王商上书皇帝，表示愿意拿出自己的一部分封户，分封给王莽。当时朝中有些很有名望的人，像戴崇、金涉、陈汤等，都夸赞王莽是贤人。王政君自然对王莽关爱有加，于是，在王莽三十岁的时候，被封为新都侯，当上骑都尉兼光禄大夫，属于高官了。

王莽官职越来越高，态度却越来越谦恭。他从不居官自傲，总是礼贤下士，清廉俭朴，常把俸禄拿出来，分给门客和平民，甚至卖掉车马，救济穷人。家中的衣物，都拿出来送给衣不蔽体的穷人，以至于家里没有一件多余的衣服。王莽的名声，传遍朝野，成了人们赞扬的道德楷模。

王莽在处理政务上，也是兢兢业业，尽职尽责，而且忠诚正直，不徇私情。王莽的表兄淳于长，善于阿谀奉承，与姨妈王政君关系很好，又因为帮助赵飞燕当上皇后，深得汉成帝欢心，汉成帝提拔他做了九卿高官。此时辅政的，是王凤的弟弟王根，王根也喜欢淳于长的甜言蜜语，打算让淳于长接替自己的大司马一职。淳于长觉得接任大司马辅政，已是非他莫属，暗中做好了准备。不料，王莽搜集了淳于长许多不法行为，包括调戏被废的许皇后等，告诉了叔父王根，经调查属实。王政君大怒，淳于长被免官，死在狱中。于是，王根推荐了王莽，王莽当上了大司马，开始辅政。

很多人都说，王莽这样做，是为了清除政敌，实现个人野心。笔者却认为，就算王莽有这方面的私心，他这样做，也属于正义之举。因为淳于长不是好人，《汉书》就把淳于长列入了《佞幸传》。王莽揭发坏人，没有过错，淳于长是咎由自取。

王莽开始辅政那一年，是三十八岁，正值年富力强。他决心全力以赴，政绩超越前边辅政的几个伯父叔父。于是，王莽不知疲倦地日夜工作，好多天都不回家。他亲自选拔一批青年才俊，担任朝廷官吏；聘请一批名人贤达，请教他们治国之策。他个人的俸禄和其他收入，全部用来招待这些名人，而不用朝廷报销。王莽对自己要求更加严格，更加俭朴节约。有一次，他母亲生病，朝中大臣前去探望。王莽的夫人出门迎接，大臣们见她穿一身粗布衣服，还以为是王莽家里的奴婢呢。

正当王莽精心辅政、励精图治的时候，汉成帝去世了，汉哀帝继位当了皇帝。汉哀帝为了扶持自家势力，压制王氏家族，免去王莽的大司马职务。王莽没做任何争辩，遵旨回到自己的封地，三年闭门不出，安分守己。在此期间，他的次子王获杀死了一名奴婢，受到王莽严厉谴责，被迫自杀谢罪。

汉哀帝任用自己的男宠当大司马，那绣花枕头会干什么事？朝政自然是一团乱麻。人们怀念王莽，朝中上百名官员上书，要求王莽回朝。汉哀帝下诏，让王莽回到京城，但没有让他担任官职。王莽回到长安，在家闲居，没有理政。

王莽回京一年后，汉哀帝死了。王政君下令，让王莽负责朝中一切事务。王莽办完了哀帝丧事，当务之急是立新皇帝。当时皇帝人选范围很小，汉成帝只有兄弟三人，他是老大，老二是刘康，都没有了后代。老三叫刘兴，是挡熊的那位冯婕妤生的，被封为中山王。刘兴此时也死了，儿子刘衎继承了王位。刘衎是汉元帝剩下的唯一的亲孙子，按血缘关系来说，皇帝非他莫属。

于是，王莽奏明王政君，由王政君决定，立刘衎为皇帝，被称为汉孝平帝。因皇帝太小，由王政君临朝代理朝政。王政君此时已经七十多岁了，她把一切政务都交给王莽处理。有人说，王莽为了专权，不肯立年长的皇帝。但按照史书记载，王政君和王莽这次立幼帝，没有私心。因为按照血缘关系和礼制，刘衎是继承皇位的唯一合法人选，就是按照今天的继承法，也是如此。

就这样，王莽由一个谦恭有礼的君子，成为权倾朝野的执政大臣。这固然有姑妈王政君的提携，也是与他个人的品德和努力分不开的。过去不少人说，王莽的优良品德是伪装的，是沽名钓誉。白居易有一首名诗："周公恐惧流言日，王莽谦恭未篡时。向使当初身便死，一生真伪复谁知？"

《王莽传》也说，王莽的做法是为了追求名誉，以达到篡位的目的。但传记中记载了许多王莽好的做法和优良品质，甚至有一些生动的细节，明显让人感到，王莽当时的做法，不是矫揉造作，而是真实的。

笔者认为，即便王莽是为了追求名誉，那也总比追求享乐而不要脸的汉哀帝，要好得多吧！

西汉王朝"安乐死"

　　王莽，由一位谦谦君子，变成执政大臣，执政时间长了，自然会滋生野心，这符合人性的一般规律。人的欲望是逐步提升，没有止境的。王莽的篡位，经历了四步走，先做安汉公，后为"宰衡"，再当假皇帝，最后成了真皇帝。历时二百多年的西汉王朝，没有经历战争和流血，而是在平静中安乐地消亡了。

　　《王莽传》记载，王莽执掌大权以后，开始报复傅氏丁氏家族，把他们家族的人全部罢官，赶回原籍。取消了傅太后"皇太太后"的尊号，并要挖掘她的陵墓改建。王政君有点不忍心，王莽认为不合礼制，坚持把她的陵墓改小了。

　　王莽大权在握，开始培植自己的势力，凡是依附顺从他的，都得到提拔重用；凡是反对怨恨他的，都被罢官或杀害。王莽倒没有过多地重用王氏家族的人，因为王氏家族中没有几个贤人。王莽的叔叔王立，贪财昏庸，王莽怕他在朝中坏事，就说服王政君，让王立回他的封国去了。

　　由于王莽既有贤名，又有手段，他身边很快聚集了一批心腹亲信。这些亲信，不局限于王姓，姓甄的、姓孙的、姓刘的、姓崔的、姓陈的，姓什么的都有。这些亲信，都敬佩王莽，唯王莽马首是瞻，只要王莽略为示意，他们就能领会，秉承他的意思去办。

　　王莽辅政两年后，示意让塞外蛮夷进献白毛雉鸡。大臣纷纷上奏王政君，说获得白雉鸡，是祥瑞征兆。古代周公辅佐成王，安定天下，就获得过白雉鸡；如今王莽安定汉室，稳定国家，有周公那样的大功。相隔千年，符命相同，这是天意，建议封王莽为安汉公，增加封户。王莽假意推辞，并上书表彰孔光、王舜、甄丰、甄邯的功劳，要求授予他们"四辅"的职位，共同处理朝政。

王政君同意了，封王莽为安汉公，孔光等四人为"四辅"。王莽经过再三辞让，接受了安汉公的称号，但坚决辞掉了增加给他的二万八千户的封户，说等到天下百姓都富裕了，他才接受封户。看来，王莽并不追求自己的经济利益。

此后，王莽就以安汉公的身份，带领"四辅"共同辅政。四辅中的孔光，曾经两次担任汉哀帝的丞相，威望很高，王莽对他很尊重；王舜，是王莽的堂弟，为人正直严肃；甄丰，性情直爽，为人刚强，后来与王莽闹翻；甄邯，是甄丰的弟弟，也是孔光的女婿。四个人口碑都很好，这个领导班子，当时还是能够服众的。

王莽被封为安汉公之后，不仅坚决辞掉了给他增加的封户，反而拿出银钱一百万，献出田地三十顷，用来救济贫穷百姓。王莽一带头，群臣纷纷紧跟，有二百三十多名官员捐钱捐地。王莽还建议王政君带头过俭朴的生活，在朝廷形成了勤俭节约的好风气。每遇灾荒，王莽只吃素食，不用酒肉。在此期间，遭受了百年不遇的大旱和蝗灾，许多百姓流离失所。王莽组织全国财力实施救济，减免租税，抚恤灾民。同时，各地建房安置流民，长安城中也建了一千套房屋，连皇家的呼池苑，也腾出来安置灾民，终于渡过了灾荒危机。王莽还是能为老百姓办实事的。

汉平帝登基三年之后，在群臣奏请下，王莽把长女王嬿嫁给平帝，成为孝平皇后。按照惯例，朝廷聘皇后的彩礼是银钱二万万。王莽一再推辞，只接受了四千万，但一转手，把其中的三千三百万送给了别人，自己只留下了七百万。王政君觉得，这比姬妾的聘礼还少，下令增加二千三百万，凑成三千万。王莽又把其中的一千万，分给了九族中的贫苦人家，王莽并不看重金钱。

王莽重视教育，兴建明堂、太学和天文台等，给太学生修建宿舍一万余间。同时，在太学开设《乐经》课，增加博士名额，每一种经书，各有五人讲授。另外，收集天下各类书籍，编汇《汉语典》《医典》《文学典》等重要典籍。网罗天下各类人才，来的人前后数以千计。王莽还修建市场和常满仓，规模都很大。这些措施，对于推动经济和文化发展，起到了积极作用。

王莽为了独揽朝政，将汉平帝母亲卫氏一族，封到中山国，不准他们回京城。王莽的长子王宇，担心平帝日后会怨恨报复，极力反对此事，但王莽不听。王宇与老师吴章、内弟吕宽等人商议，将血洒在王莽门口，造成异象，想用迷信的办法，使王莽改变主意。不料，王莽识破了他们的计谋，逮捕王宇等人，借机诬陷诛杀了卫氏一族，牵连数百人。王宇见弄巧成拙，造成严重后果，便在狱中自杀了。王莽党羽把此事说成是王莽"大义灭亲"的壮举，写成赞颂文章，当作《孝经》一样教导世人。

王莽为了推行教化，以身作则，身体力行。他穿粗制的衣服，坐简陋的车子，驾车用的是劣马。他的童仆穿麻布衣服，喂马不用谷物，饮食的费用不超过平民百姓。他家中的食物，都是当天用完，从无剩余。王莽不断捐献田地和钱财，耗尽原来的家产。王公列侯和朝中官吏纷纷响应，有的捐钱，有的献地，赈济穷人。王莽严于律己的做法，在中国历代皇帝中，有几人能够做得到？

《王莽传》记载了大量这样的细节，虽然说他是伪装的，但使人感到，指责王莽是"伪君子"，明显是苍白无力的，王莽应该是一位真君子。

王莽的做法，得到天下人好评，特别是儒生，纷纷写文章赞扬。有个儒生叫张竦，是西汉名臣张敞的孙子，博学多才，声望很高。他替大臣陈崇起草了一份篇幅很长的奏章，从安邦定国、推行仁爱、遵行礼制、谦恭刚毅、礼贤下士、崇尚节俭等十二个方面，全方位地赞颂王莽，而且有理有据。最后结论说，这些都是过去少有的，就是夏禹、后稷也难以做到。《王莽传》几乎全文记载了这篇奏书，好像是为王莽歌功颂德似的。

与此同时，全国官吏和平民百姓，纷纷上书朝廷，赞扬王莽，要求对他加封重赏，上书人数共计四十八万七千五百七十二人。《王莽传》记载得如此详细，说明是有史料依据的。这么多人上书，不排除是王莽授意操纵的，但笔者认为，即便是操纵的，也相当不容易，在很大程度上确实反映了民意。

鉴于民意如此之盛，公卿大夫和朝廷官员共九百零二人，联名上书，要求封王莽为"宰衡"，赏赐九锡礼仪。因为伊尹叫阿衡，周公为太宰，把二人名号合在一起，称为"宰衡"，显示王莽功绩大于伊尹和周公。"宰衡"位于三公之上，王莽距离当皇帝，只有一步之遥了。此时王莽四十九岁。

第二年，汉平帝病死，只有十四岁。不少人说平帝是被王莽害死的，《汉书》没有丝毫这方面的意思，却记载汉平帝经常有病，"每次发病，气往上涌，不能言语"。《王莽传》还记载说，王莽对平帝患病十分担忧，他写了策书，佩戴玉璧，捧着玉圭，表示愿意用自己的性命代替平帝。这是古代的一种迷信做法，今天看是无所谓的事，但在崇尚迷信的古代，很少有人敢这样做，也只有周公做过一次。汉平帝死后不久，反对王莽的人就宣扬平帝是被毒死的，绿林军赤眉起义时，更是把此事作为王莽的一大罪状，社会上流传很广。如果汉平帝确实是被王莽毒死的，《汉书》是不会替他掩饰的。

过了六百年之后，唐代史学家颜师古，说王莽趁过腊八节之机，向平帝进献椒酒，在酒中下毒，毒死了汉平帝，说得有鼻子有眼。司马光在《资治通鉴》中，采用了这一说法。所以，平帝之死，至今众说纷纭。依笔者看来，王莽毒死平帝的可能性不大，因为平帝还没有对他构成威胁，没有必要过早下手。

这个时候，汉元帝的子孙已经全部死掉，只有从汉宣帝的后代中寻找继承人了，那范围就大了。汉宣帝的曾孙，活着的就有四十八人，都已年长，玄孙就更多了。王莽觉得年长的不易控制，借口兄弟平辈之间，不能继承帝位，特意在玄孙中，挑了个最小的刘婴，只有两岁。《汉书》在王莽立九岁的汉平帝时，未做评论，而这次立两岁的幼帝，则直接点明了王莽有野心，这应该是符合历史事实的。

汉平帝死后不久，武功县从地下挖出一块白石头，上面有朱红色的一行字，写着"告安汉公莽为皇帝"。王莽让大臣去禀告王政君。王政君很生气，一语道破玄机，说："这是骗人的，不可当真！"群臣说："安汉公没有别的想法，不过是想代行皇帝职权，好让天下人服从罢了。"王政君只好同意，让王莽做了"假皇帝"。

此时，王莽篡位野心已经暴露无遗，引起了刘氏宗族和一些人的反对。安众侯刘崇首先发难，但他只纠集了百余人，刚一发动就失败了。第二年，东郡太守翟义起兵，拥立刘信为皇帝，王莽派兵把他灭了。平息了叛乱，王莽的统治更加巩固。于是，他当了两年"假皇帝"以后，觉得不过瘾，便谋划起当真皇帝来。

王莽已经控制了整个朝廷，登基称帝并非难事，只不过需要造造舆论，显得符合天命罢了。一方面，他授意儒生大做文章，宣扬汉朝气数已尽，应当改朝换代了；另一方面，不断制造奇异怪象，显示王莽是真命天子。做好这些功课，王莽就要顺应天命，登上皇位了。

公元 8 年的一天，有个叫哀章的人，做了一个铜柜子，贴上两张题签，一张写着"天帝行玺金匮图"，另一张写着"赤帝行玺某传予黄帝金策书"。哀章趁着黄昏，穿着黄衣，把铜柜送到高帝刘邦的庙中。做这些的意思是说，天神命令刘邦，把汉朝江山禅让给王莽。

第二天，王莽来到高帝庙，接受了代表禅让的铜柜，戴上皇冠，宣布去掉汉朝名号，定国号为新，称为新朝。二百多年的西汉王朝，就这样无声无息地消失了。此时王莽五十四岁。

从《汉书》记载来看，王莽接受的，不是那个几岁孩童的"禅让"，而是接受刘邦的"禅让"，而且是天神所命，这自然权威性就大了。但不管怎么做，都是事先安排好的。

王莽当了皇帝，自己不敢去见姑妈，派人去向王政君索要传国玉玺。看来，皇帝玺绶始终都在王政君手里攥着，但有什么用呢？此时的王政君，已有八十高龄，管不住自己的侄子了。她一边哭泣，一边怒骂，说王莽忘恩负义，猪狗不如。她愤怒地把玉玺摔到地上，摔坏了一个角。

几年后，王政君寿终正寝，享年八十五岁，与汉元帝合葬于渭陵。不知她在地下见了元帝，应该说些什么。

其实，王政君没有必要内疚。王莽篡汉，根本原因是西汉王朝自身腐朽造成的。王莽的所作所为，不是比汉成帝、汉哀帝都好得多吗？所以，即便没有王莽，也可能会有张莽、李莽。由于其自身腐朽，西汉王朝非灭亡不可！

这样没有流血的"安乐死"，倒是天下百姓的一大幸事。

王莽改革"乌托邦"

王莽与霍光，都做过辅政大臣，两人却有着本质上的区别。霍光有私心但无野心，王莽有野心却无私心。王莽当皇帝，不是为了追求个人享乐和荣华富贵，而是想建立一个公平的理想社会，实现自己的政治抱负。为此，他大刀阔斧地进行了全方位的社会改革。遗憾的是，他的改革，是空想而不切实际的"乌托邦"，不仅没有解决社会问题，反而激化了社会矛盾，几乎得罪了所有阶层的人。这是王莽政权"一世而亡"的重要原因。

《王莽传》记载，王莽羡慕古代制度，喜欢说空话，凡事要依据经典，符合周礼。这表明，王莽信奉儒家思想，想要通过恢复西周时代的制度，来实现他治国安天下的理想。

王莽最大的改革举措，是实行土地国有、均产、废奴三大政策。西汉末年的主要社会矛盾，是土地兼并严重，贫富悬殊。官僚地主阶层占有的土地，连方成片，而大批贫民却无立锥之地，许多人不得不沦为奴隶。这与王莽心目中的理想社会，差距甚大。于是，王莽颁发诏令，宣布废除土地私有制，土地收归国有，恢复井田制，废止奴隶制度，土地和奴隶均不得买卖。还具体规定，凡一家男丁八人以下的，最多拥有土地九百亩，超过的部分，全部无偿分给穷人，颇有点"打土豪，分田地"的意味。

王莽改革的出发点是好的，是为穷人考虑的，这在今天看来，也是进步的。可是，在两千年之前，无疑是太超前了，几乎等于空想，根本实现不了。为了实现"耕者有其田"，孙中山奋斗了一辈子，都没有达到。中国共产党领导人民闹革命，经过几十年的浴血奋战，牺牲了无数人的生命，才实现了土地国有化。王莽认为，凭着他的权威和声望，一纸诏书，就能实现土地均等，岂不是"天方夜谭"？当时的土地占有者，都是各级官僚和地主豪强，他们把持着政权，诏令怎么可能推行下去呢？这些人过去大多都拥护王莽，现在回过头来成了反对派，王莽把社会上层给得罪了。那些社会下层的贫民，听说要分给他们田地，个个欢欣鼓舞，但光打雷不下雨，他们也失望埋怨。

王莽采取的另一个重大举措，是实行"五均六筦"制，即由政府管理五均赊贷及物价，征收商税；由政府经营盐、铁、酒、铸钱、山泽等，这似乎有点计划经济的意思。这项政策，对于限制商人囤积居奇，使贫民免受高利贷盘剥，平抑物价，减轻百姓负担，都是有利的，改革的出发点也是好的。但这涉及数量众多的商人和中产者的利益，再加上政策与实际情况不符，特别是方式方法欠妥，主要通过严刑峻法强制推行，使违法受罚者不计其数，加剧了社会动荡，效果并不理想。王莽把中产阶层也得罪了。

王莽最失败的是币制改革。当时贫富差距巨大，贵族富豪拥有大量财富。王莽想通过货币贬值，把他们的财富转化到国库里，实现财富均等，所以进行了多次五花八门的币制改革。这真是一个天真愚蠢的想法，富豪的财富缩水了，普通百姓的财富同样也缩了水。富豪财大气粗，受了损失能够扛得住，普通百姓可就苦不堪言了。币制改革还造成金融秩序混乱，物价飞涨，经济处于崩溃边缘。币制改革，对于新朝来说，是一场灾难，因为王莽几乎使天下所有的人都怨声载道，对新朝不满。

王莽在得罪国人之后，仍不罢休，还要得罪匈奴和周边民族。昭宣二帝以来，汉朝同西域和西南地区建立了平等友好关系，多年相安无事。王莽称帝以后，妄自尊大，无端地将西域等地的王改成侯，降了一级，引起西域等地的强烈不满。王莽又在一些具体问题上处置不当，引起西域各国和西南地区兴兵反抗。王莽派兵征讨西域，结果大败，几乎全军覆没。西南地区的反抗，也一直持续到东汉初年。

在匈奴问题上，王莽更是自找麻烦。呼韩邪单于归顺汉朝以后，汉朝对匈奴十分客气，给他的印是"匈奴单于玺"，王莽却硬要改成

"新匈奴单于章"。玺和章大不一样，不是一个级别用的，这自然引起匈奴单于的不满。

《汉书》在《匈奴传》中记载了一个有趣的故事。王莽派了六个使者，带着新印去匈奴换旧印。匈奴单于大大咧咧，当场就要将玺印交出来，旁边大臣提醒说："还没有看到新印呢，先别给他。"王莽使者不敢让他看新印，于是先吃饭。在酒宴上，使者趁着单于半醉，再次索要旧印。单于掏出旧印交给使者，把新印往怀里一揣，又继续喝酒。使者回来后，连夜把旧印砸毁了。第二天，单于看到新印上的字，很生气，派人索要旧印。使者指着一地的碎片说："已经销毁了，没办法换回去了。"匈奴单于十分气恼，加上其他问题处理不当，匈奴又开始侵扰边界，平静多年的北方重起战事。

另外，王莽为了消除汉朝的痕迹，将全国的地名和官吏名称统统改成了新的，造成了很大混乱。

王莽实行改革，不是为了追求个人享乐，而是想建立一个理想社会，特别是为穷人考虑得比较多。但改革严重脱离实际，不符合社会发展规律，带有浓厚的空想主义色彩。所以，王莽不仅没有得到人民支持，反而几乎得罪了各个阶层的人，加剧了社会矛盾，注定是要失败的。

对于王莽的改革，在封建社会时期，受到一致的否定和抨击。进入现代社会以后，人们开始客观冷静地分析，最早为王莽翻案的，是中国新文化运动领导者之一的胡适。

胡适认为："王莽是中国第一位社会主义者。可怜这样一个勤勤恳恳，立志要'均众庶，抑并兼'的人，受了近两千年的冤枉，至今没有公平的论定。"我国许多著名的史学家，如翦伯赞、吕思勉、何兹全等人，也都认为对王莽的评价不够公正。有的甚至认为，王莽是一位有远见而无私的社会改革家，是中国历史上最有胆识的政治家。

同时，仍有不少史学家对王莽持否定态度，认为王莽是个伪君子、皇帝迷、野心家、投机分子，他的改革是复古，是倒退，给人民带来了更大的灾难和痛苦。

看来，对王莽的认识和评价，还需要有一个复杂的过程。

大灾荒摧垮王莽政权

    王莽的新朝，只存在了十五年就灭亡了。很多人认为，是王莽政权不得人心，导致绿林赤眉大起义，灭了王莽。然而，从《汉书》和其他史料记载来看，绿林赤眉起义的初衷，并不是为了推翻王莽政权，而是为灾荒所迫，无法生存，不得已聚众造反，后来逐步形成了规模。所以，王莽政权的垮台，固然有改革失败、处置不当的人祸因素，也有难以抵御的天灾原因。

    从《中国灾荒史记》来看，西汉末年，是中国历史上自然灾害最严重的时期之一，水灾、旱灾、蝗灾、瘟疫等各种灾害频发，受灾范围广，持续时间长，灾民遍布全国各地。这在太平年头都很难应付，何况出现在社会动荡时期。王莽登基以后，偏偏又撞上了几百年未遇的大灾难，那就是黄河下游大决口，更是雪上加霜。

    黄河由于大量泥沙淤积，很容易决口，危害最大的，是下游的决口改道，这在当时是人力不可抗拒的。据黄河水利委员会资料显示，在 1938 年以前，黄河下游大规模决口改道有七次。第一次有记载的大改道，发生在公元前 602 年的周朝。六百年以后的王莽新朝，不幸遇上了第二次。

    在王莽称帝后的第三年，黄河在今河北临漳县决口，大水汹涌而出，淹没了河北、河南、山东千里之地，改道至利津一带入海。山东夹在新旧两个河道之间，受灾最为严重，人口死亡五分之一。在这种情况下，在山东灾区爆发赤眉起义，就不足为奇了。

    《王莽传》记载，灾民们因为饥寒交迫，才铤而走险去做盗贼，逐渐聚集成群体，到处抢劫糊口，每天吃完就算了。虽然数以万计，但为首的只称巨人、从事、三老、祭酒，这都是乡村低级官吏的名称，说明他们没有大的欲望和野心。他们时常盼望着年岁好了，能够返回家园，并不想与朝廷为敌，也不攻打城市。有些县郡的官吏被杀，都是他们自己乱碰乱撞被杀死的，盗贼并不是存心想要杀害他们。

《王莽传》还记载了一个故事。有一次，朝中有个大司马士到豫州办案，被盗贼们抓住了。盗贼听说他是朝廷大官，对他很客气，诉了一番苦之后，把他放了。盗贼怕他再遇到危险，还专门派人把他护送到县里。

南方的绿林起义，也是这种情况。荆州一带发生灾荒，百姓没有粮食吃，不得不成群结队地到沼泽地区挖野荸荠充饥。由于人多野荸荠少，经常发生争吵抢夺。有叫王匡、王凤的两个人，时常给大家调解，大伙就公推他俩当首领。王匡、王凤把这些饥民组织起来，聚集了几百人，上了绿林山，占山为王，劫富济贫。绿林好汉的名称，就是从这里来的。

赤眉绿林起义，与陈胜起义有着本质的不同。陈胜起义之初，就鲜明提出了"诛暴秦，伐无道"的口号，矛头直指秦王朝。而赤眉绿林起义，只是因受天灾，无法生存，聚众造反，寻条活路罢了。后来，起义规模越来越大，一些地主豪强和刘氏宗室纷纷加入，他们痛恨王莽篡汉和改革，触犯了他们的利益，矛头便指向了王莽政权，这就由自发的农民造反，变成有政治倾向的武装团体了。

对绿林赤眉造反，王莽起初采取安抚的办法，同时对灾民进行救赈。无奈灾民太多，国库空虚，解决不了问题。王莽没有办法，居然派人去各地，教给饥民煮木头吃。当时流入关中的灾民有几十万，王莽从粮库里拿出粮食，煮粥给饥民喝。但人多粥少，官吏又乘机将赈济的粮米据为己有，致使饿死者十之七八。王莽听说了，责问负责赈民的官员。那个官员从市场上买来肉羹，端给王莽看，说："灾民们就吃这样的饭，都在盛赞皇上的恩德。"王莽居然相信了。王莽后期所用之人，很多是这类拍马奉承、刻薄寡恩的小人。

为了度过灾年，表示与民众共患难，王莽还下令停止发放各级官吏的俸禄。这又是一个天真愚蠢的做法。各级官吏为了养家糊口，变着法地敲诈勒索民众，进一步加重了民众负担，形成了新的人祸。

灾情持续不断，朝廷无能为力。灾民越来越多，各地造反者风起云涌，后来主要会聚成两大势力。南方有绿林军，由王匡、王凤率领；北方有赤眉军，由樊崇率领，因他们把眉毛涂成红色，便于识别，故称赤眉军。两股力量都发展到几十万人，多次打败王莽派来的围剿部队，声势浩大。

后来，起义军的实权，被有政治野心的刘氏宗室和地主豪强控制，打出了"恢复汉室"的旗号。绿林军找了个叫刘玄的当皇帝，他们宣扬王莽毒死了汉平帝，历数王莽罪状，要推翻王莽政权。王莽虽然尚有不少军队，但由于在改革中侵犯了官僚集团的利益，他们已与王莽离心离德了。地主豪强对王莽更是恨之入骨，成为反对王莽的骨干力量。王莽军队屡战屡败，王莽政权处于崩溃状态。

面对这破败的江山，王莽想要建立公平社会的理想彻底破灭了。他带领群臣，来到南郊，举行哭天大典。王莽写了有一千多字的策文，向上天陈述自己的理想和所做的一切，对天祷告，发誓说："如果是我王莽做得不对，就请上天降下霹雷，把我劈死！"说完，趴在地上，捶胸大哭，声泪俱下，以至于哭哑了嗓子，发不出声来，但仍然不肯起来，不停地叩头痛哭。

许多人都认为，这是王莽的荒唐之举。笔者却觉得，这是王莽内心真情的流露。王莽确实大有苦衷，他满肚子的委屈，也只有向上天倾诉了。王莽勤勤恳恳，廉洁自律，不图享乐，一心为天下苍生着想，为什么会遭到天下人的反对和抛弃呢？王莽想不明白，心中冤屈，所以才大哭特哭。

公元 23 年，绿林军攻入长安。王莽见大势已去，走出白虎门，登车前往渐台，想依托池水做最后的抵抗。公卿大夫和随从官吏等一千多人紧紧跟随，不肯离去。绿林军把渐台团团包围，双方进行最后的决战。

王莽这边箭用完了，就短兵相接，展开肉搏。战至最后，一千多人全部牺牲，没有人投降或逃跑。

最后，王莽死在一个叫杜吴的人手里，终年六十八岁。可怜王莽，壮志未酬身先死，长留遗憾在人间！

过去，有些人将王莽政权的垮台，完全归罪于王莽改革失败和对人民的压迫，但这并非全面和客观的，大灾荒也是摧垮王莽政权的重要原因。历史发展到今天，我们应该全面辩证地分析王莽新朝覆灭这一历史现象。

王莽，是历史上第一个以辅政大臣身份夺取皇位的，自然要成为历代统治者的公敌。封建统治者极力丑化歪曲王莽，肯定是必然的。《汉书》虽然总体上否定王莽，但能够秉持史学家的职业道德，对他的一些善举和优良品质作了如实记述，是很不容易的。《汉书》尚且能够做到这一点，社会向前发展了两千多年，作为信仰历史唯物主义和辩证唯物主义的人们，是否应该对王莽进行重新认识，并做出客观公正的评价呢？

通过读《汉书》和其他史料，笔者认为，虽然王莽是改革失败者，也有一些缺陷和问题，但总体来看，王莽应该是一个严于律己的正人君子，是一个愿意为天下苍生谋利益的理想主义者，是一个满怀壮志有胆略的改革家，是一个可歌可泣的历史人物！

王莽死了，但战乱仍在继续。刘氏宗室兼地主豪强出身的刘秀，灭掉了其他起义军，建立了东汉王朝。

记述东汉历史的正史，是《后汉书》。笔者将根据《后汉书》的记载，继续撰写《新视角读后汉书》，敬请广大读者给予指导帮助。